西樵歷史文化文獻叢書

衍烈堂族譜（三）

（清）羅有聯 編修

广西师范大学出版社
GUANGXI NORMAL UNIVERSITY PRESS
·桂林·

衎烈堂世行錄

18至25世

孟房十八世

蕃衍字喬芝社富長子母陳氏生于康熙癸亥終于
雍正己酉七月十四享年四十七妻林氏合葬莫考一子
卓有無嗣
蕃茂字喬蘭社富次子母陳氏生于康熙己丑六月
十七終于雍正丁未五月初五享年四十三妻何氏合葬
后岡二子　甲有　振有俱無嗣
祖能字喬元文炯長子母梁氏生于康熙丙辰二月
二十五終于康熙乙酉八月初十享年三十葬后岡南向
妻謝氏別適失傳
祖錫字喬會文炯次子母梁氏生于康熙癸亥正月
初二終于康熙戊子七月二十四享年二十六妻本里陳
氏別適失傳
祖賜字喬宜文炯三子母梁氏生于康熙乙丑正月
十二終于雍正戊甲十二月十六享年四十四葬后岡妻

陳氏別適四子　帝保往廣西上保　福保無嗣　禄保
無嗣

祖榮字喬華文炯四子母梁氏生于康熙甲戌十二
月二十二終于乾隆辛未正月初十享年五十八妻區村
區氏合葬莫考一子　真濟

觀佑字喬玉文耀長子母吴氏生于康熙壬申十月
二十終于乾隆己卯十月享壽六十八葬莫考妻大渦張
氏繼娶白坭陳氏一子　社保張氏出

新德字喬楚文輝子母孔氏生于康熙辛巳十一月
二十終于雍正癸丑六月二十六享年三十三葬后岡妻
別適無嗣

先開字喬龍迪存長子母陳氏生于順治己亥十二
月二十一終于康熙癸酉十二月二十七享年三十五妻
渦村李氏合葬后岡二子　帝綱　帝相

先明字喬鳳迪存次子母陳氏生于康熙戊申二月

二十六終于康熙戊寅六月初九享年三十一妻　氏合
葬后岡無嗣
先聖字喬麟迪存三子母陳氏生于康熙庚戌十一
月初三終于乾隆壬戌正月十一享壽七十三妻大仙岡
陳氏合葬后岡二子　帝佑　帝賁
閏九字榮穗賢侯長子母游氏生于乾隆丁巳正月
初二終莫考妻梁氏合葬后岡無嗣
鵬九字翠雲賢侯次子母游氏生于乾隆辛酉十一
月十九終于嘉慶壬申十一月二十五妻陳氏合葬后岡
二子　發喜　盛喜
聯九字和穗賢伯長子母陳氏生乾隆辛未正月初
三終于道光丙戌正月二十三妻杜氏合葬后岡一子
興喜
聘九字能穗賢伯次子母陳氏生終莫考葬后岡妻
蘇氏無嗣

光啓字元昌號午時士珩長子母梁氏生于康熙已
已八月十六廣州府掾史終于乾隆丁卯五月二十四享
年五十九妻沙滘何氏合葬西邊坑三子　浮　池　漢
光壯字浩昌號悦南士珩次子母梁氏生于康熙庚
寅十月十五終于乾隆丁丑十一月十一享年四十八妻
大杏麥氏合葬西邊坑三子　江　桓　樅
光大字志昌士璋長子母林氏生于康熙戊寅　月
日終于康熙戊戌八月三十享年二十一妻　氏葬潤
螺岡立一子　校
光義字儀昌士璋子母林氏生于康熙癸未　月
日終于康熙壬寅十月十九享年二十葬閏螺岡無嗣
光有字富昌士璋繼子繼母林氏生母陳氏生于康
熙乙未五月二十二終莫考妻本里陳氏合葬潤螺岡立
一子　鴻
光海字熾昌號文沛士球子母何氏生于康熙丁亥

十二月初九乾隆辛酉張文宗取進邑癢治書經癸酉科
蒙同考試官陽山縣知縣金　薦今特未膺鹿鳴宴耳乙
卯重修譜帙編緝觀成終于乾隆甲申二月二十一享年
五十八葬何屋岡妻西城潘氏葬上坑岡三子　柱　校
出繼　楹

光賜字錫昌士興子母陳氏生于雍正丙午十二月
二十一享年五十六終于乾隆辛丑七月二十一妻本里
陳氏合葬石仔岡坐子向午兼丁癸之原繼娶倫氏二子
鵬　鶴俱陳氏出

貴儒字榮昌士勤長子母鄧氏生于雍正癸卯三月
初五終于乾隆丁卯八月十九妻杜氏合葬石仔岡三子
鶚　鴻出繼　鵠

三儒字贊昌士勤三子母鄧氏生于雍正辛亥十月
二十五終于乾隆乙未十月十六享年四十五葬石仔岡
妻林氏二子　鶬　鵵

偉甫字喬昌號乾九喜弟子母陳氏生于康熙戊申
正月初一終于乾隆乙丑九月二十八享壽七十八妻灣
頭杜氏合葬白雲山四子　觀惠　觀宦　觀朝　觀振
偉鐸字遠昌號榮九喜泮長子母游氏生于康熙庚
戌四月初五終于康熙辛丑九月初十享年五十二妻仙
來岡區氏繼娶沙浦程氏合葬白雲山二子　觀卜區氏
出　觀撰程氏出
偉剑字仲昌號恒九喜泮次子母游氏生于康熙庚
戌九月初三終于康熙壬寅十二月二十八享年五十一
妻田心馮氏合葬大坑一子　觀節無嗣
偉燧字遠参號介孚喜敏長子母關氏生于康熙甲
寅十二月十七終于乾隆乙未九月十六享壽六十六妻
區氏合葬潤螺岡二子　觀龍　觀榡
偉綬字遠朋喜敏次子母關氏生于康熙丙寅十二
月二十一終于乾隆壬申六月十一享壽六十七妻陳氏

合葬白雲山二子　觀泰　觀堯
偉簪字遠爵喜敏三子母關氏生終葬莫考妻黎氏
一子　觀讓失傳
宗顯字彌昌喜壁長子嫡母李氏生母周氏生終莫
考妻張氏繼娶陳氏合葬白雲山一子　端品失傳
宅顯字衍昌喜壁次子嫡母李氏生母周氏生終葬
莫考妻陳氏合葬大坑岡失傳
富顯字奕昌號半閒喜壁三子嫡母李氏生母周氏
生于康熙壬午閏六月十八終于乾隆壬辰十二月初七
妻大杏甘氏合葬葫蘆岡一子　睿品
定顯字必昌號逸閑喜瓚子母張氏生母梁氏生于
康熙乙亥正月初九終于乾隆庚午五月初一享年五十
六妻丹灶謝氏合葬莫考二子　義品　占品
宜顯字葉昌喜周繼子繼母區氏生母鄧氏生于雍
正戊申十二月終葬莫考妻本里陳氏四子　鴒品早亡

鸡品　鹤品

一添字搏海號如東紀名子母梁氏生于康熙乙卯
八月二十四終于乾隆丁亥十二月十四享壽六十九妻
孔邊孔氏合葬獅頭岡三子　宜興　宜仲　宜龐寵

壽添字令海號如杏紀名子母方氏生終葬莫考妻
梁氏二子　公卿　見卿失傳

賜添字官海號一河善名長子母蘇氏生于康熙辛
卯七月初二終于乾隆乙巳八月十一享壽七十五妻西
城潘氏合葬獅頭岡東向一子　桂興

進添字朝海善名次子母蘇氏生于康熙辛丑正月
十八終葬莫考妻新涌陸氏無嗣

貴字　阿有子生終莫考妻　氏一子　義勝往順
德桂洲住

胤龍字應蕃號順翁帝師長子母黄氏生于康熙丙
子正月二十終于乾隆戊寅八月二十三享壽六十三妻

清塘陸氏合葬后岡二子　公先　富先

胤輝字應海號泌翁帝師次子母黄氏生于康熙乙卯十一月初二終于乾隆戊寅八月十三享壽六十葬村頭岡妻周村杜氏三子　從先　賢先　貴先

胤開字宣蕃帝陛長子母潘氏生于康熙乙丑十一月二十四終于康熙壬寅正月初二葬上坑岡妻大沙何氏一子　五真

胤佳字美蕃帝陛次子母潘氏生于康熙丙寅十一月二十九終葬莫考妻大果杜氏三子　族性　巨性　日性

胤光字瑞蕃帝陛四子母潘氏生終葬莫考妻關氏一子　添性失傳

胤秀字挺蕃帝侯長子母方氏生于康熙癸未五月二十四終于乾隆甲戌四月十三享年五十妻西城潘氏合葬后岡三子　結成早亡　利成　才成外出

胤洪字廣蕃帝侯三子母方氏生終葬莫考妻麥氏
二子　長明　長蔭俱失傳
胤禧字長蕃帝錫長子母潘氏生終葬莫考妻方氏
失傳
胤禎字桂蕃帝錫次子母潘氏生終葬莫考妻謝氏
一子　真庇
胤騰字之蕃帝錫三子母潘氏生終葬莫考妻黃氏
失傳
卜麟字　泰順子母　氏生終葬莫考妻黃氏二子
鸞　一鵬無嗣
兆宰字光裕號貽翁泰宏子母方氏生于康熙甲子
二月初六終于乾隆庚午十月二十享壽六十七葬后岡
妻王氏五子　登仕　登潤失傳　登讓失傳　登貴失
傳　登信失傳
公帶字敬賓號樂客貴才長子母張氏生于康熙庚

申六月二十九終于乾隆己卯八月十六享壽八十葬蜆
殼岡妻吴氏繼娶方氏妾游氏四子　福聯　永聯　康
聯　泰聯俱游氏出
公兆字愛賓號悦客貴才次子母張氏生于康熙壬
戌十月初二終于雍正癸卯十二月三十葬蜆殼岡坐丁
向癸兼未丑妻孔邊方氏四子　成聯　萬聯　國聯
智聯
公錫字俟賓貴才三子母張氏生終莫考妻方氏合
葬蜆殼岡無嗣
公就字進賓貴才四子母張氏生終莫考妻方氏合
葬蜆殼岡無嗣
公惠字琰賓號知客貴才五子母張氏生于康熙庚
辰十二月初五終于乾隆乙亥十一月二十五享年五十
六葬蜆殼岡妻沙浦周氏一子　官聯
公閏字逢賓貴芳子母暨氏生于康熙戊子閏三月

二十八終于雍正辛亥十二月二十七葬蜆殻岡妻陳氏
別適一子　開聯
公壽字賢賓號會客貴德子母梁氏生于康熙甲申
八月十六終于乾隆戊申二月二十九享壽八十五葬獅
頭岡北向妻大杏梁氏葬后岡北向二子　綱聯　紹聯
公甫字禮賓貴榮長子母陳氏生于雍正巳丑二月
十三終于乾隆戊子十二月十八妻大杏張氏合葬蜆殻
岡二子　紀聯　會聯
擶山字義賓貴營次子母陳氏生終莫考葬石灣大
墓岡妻　氏失傳
弘瞻字偉翰號爵林祖寬長子母林氏生于康熙庚
辰十月初四終于乾隆壬申五月初五享年五十三妻華
夏馮氏合葬大有圍桑根西向四子　家隆　家安早亡
家暢　家振早亡
舉瞻字俊翰號智林祖寬次子母林氏生于康熙癸

未六月初九立心純直制行端方厚重無文喜行善事終
于乾隆壬寅五月十三享壽八十葬沙浦岡坐甲向庚兼
卯酉妻勞邊勞氏葬梅步岡午向續娶吉利廖氏葬本境
烏飯岡辛向一子　家美勞氏出

廷瞻字仕翰號宦林祖寬三子母杜氏生于康熙丙
申二月初六終于乾隆乙亥四月二十六享年四十葬伏
水竹圍園岡妻赤勘陳氏合葬一子　家悦

殿瞻字柱翰號墨林祖寬四子母杜氏生于康熙辛
丑九月十一終于乾隆乙丑七月十九葬屈龍岡西向妻
灣頭杜氏三子　家懷　家忱　家環早亡

聖瞻字儒翰祖寬五子母杜氏生于雍正辛亥二月
二十三終于乾隆戊申二月十八享年五十八葬后岡妻
本里陳氏二子　家恒　家松

擇瞻字仁翰號德齡祖寬六子母杜氏生于雍正十
月十九終于嘉慶戊辰七月十一妻孔邊方氏合葬蘇公

坑口大地二子　家為　家鰲早亡
進贍字祖健子母譚氏生終葬莫考妻　氏二子
家平　家勝往沙滘住
帝信字御簡承德子母謝氏生終莫考妻劉氏合葬
竹逕岡一子　志平失傳
公保字殿高巨開長子母何氏生終葬莫考妻甘氏
失傳
義保字建高巨開次子母何氏生于康熙壬辰十二
月十七終葬晨考妻黄邊蘇氏二子　景新　景輝俱往
百色
運保字達高巨開三子母何氏生于雍正乙巳正月
十九終葬莫考妻大果杜氏一子　景萬
佑保字爵高巨開四子母何氏生于雍正庚戌正月
初一終于乾隆甲寅十一月初六妻赤勘陳氏合葬梅步
細岡二子　景有早亡　景灝

全保字禄高號廉大巨開五子母何氏生于乾隆丁巳三月初八終莫考葬岡嘴妻華夏馮氏二子　景洮　景淇俱附祀鳧江祖

日長字御高號品一同公長子母區氏生終莫考陳氏合葬區屋岡無嗣

日槗字御邦同公次子母區氏生娶終莫考葬鳳凰岡無嗣

日桂字進高號仰九同公三子母區氏生于康熙乙酉十二月十六終于乾隆甲申十二月十六享壽六十妻張氏繼娶大杏區氏合葬岡嘴一子　永泰區氏出

日秀字燕高號近霞同志長子母潘氏生于康熙丁酉三月二十三終于乾隆辛丑正月初二妻陳氏合葬岡一子　永受

日槐字烈高同志次子母潘氏生終莫考妻陳氏合葬區屋岡失傳

日富　字天時子母謝氏葬岡嘴無嗣
帝拔字御龍應期長子母何氏生于康熙乙巳七月
二十四終于康熙辛巳正月初十妻區村陸氏合葬新社
岡一子　美成
帝珍字御奇應球次子母方氏生于康熙丙寅九月
十二終于康熙壬寅三月初十享年三十七陳氏合葬新
社岡卯向無嗣
帝高字御上號天仰應球長子母方氏生于康熙壬
戌八月二十四終于乾隆辛酉十月十七享壽六十妻蘇
氏合葬松岡癸向副室梁氏葬岡癸向副室梁氏葬岡嘴
癸向五子　玉成蘇氏出　康成　子成　德成　福成
俱梁氏出
帝政字御德應球三子母方氏生于康熙甲戌八月
初四終于乾隆乙卯五月十七享壽六十六妻本里區氏
合葬上坑岡丙向無嗣

帝猷字御佐應運長子母陳氏生于康熙甲寅九月十九終于康熙乙亥七月初九享年四十六葬新社岡妻沙浦陳氏繼娶灣頭杜氏二氏同葬岡嘴二子 葉麟 葉騶俱杜氏出

帝創字御銓應運次子母陳氏生于康熙甲子十一月十八終于雍正丁未七月十三妻沙寮杜氏合葬區屋岡北向三子 葉蘭 葉藻 葉收

帝載字御升應運三子母陳氏生終莫考妻官園譚氏合葬區屋岡無嗣

帝垣字御師號臺客應運四子母陳氏生于康熙戊辰七月初三宅心醇厚處事廉明終于乾隆戊辰五月十二享壽六十一妻本里陳氏合葬竹逕岡午向繼娶鄧氏葬區屋三子 葉陽 葉星 葉宿俱陳氏出

五美字御禄號爵一應運五子母陳氏生于康熙乙未三月二十三終于乾隆戊戌五月十五制行端方推為

族正妻華夏馮氏合葬竹逕大坑五子　葉元　葉魁
葉三　葉宗　葉棠
帝駒字御華號爵美社魁長子母薛氏妻陳氏一子
葉盛
帝周字御蕃社魁次子母薛氏妻方氏無嗣
帝駴字御宸號錦成社魁三子母薛氏生于康熙丙
申十月初七嘉慶初年　恩賜八品職銜終壽葬莫考妻
沙浦陳氏二子　森　杰
帝教字祥遠號瑞峰社太子母林氏生于康熙　日
嘉慶初年　恩賜八品職銜妻　氏終壽葬莫考無嗣
元安字寧高應昌長子母鄧氏生于乾隆丙辰九月
十一終于乾隆丙午八月初二葬大坑岡三子　公發早
亡　英發　三子出繼
元和字兆高應昌次子母鄧氏生于乾隆己未八月
十一終于乾隆己亥七月初五葬大坑岡妻陳氏一子

德發
　元樂字裕高應昌三子母鄧氏生于乾隆巳巳十二
月十六終莫考葬后岡立一子　達訓族出　應照譜例
例缺其名
　洪材原名遠茂字梗楠號砥柱閏連長子母陳氏生
于乾隆癸酉十月十八考授從八品經營磋務克俾鹽課
井然歸隱鄉呂復使規條肅終于嘉慶丙寅六月二十七
享壽六十四葬伏水細岡坐丁向癸之原妻華夏陸氏妾
姜氏二子　湛鯪　汕鯪俱姜氏出
　日茂字昱楠號美運閏連次子嫡母陳氏生母黄氏
生于乾隆丁亥十月初一終于道光乙巳六月初九葬省
城青龍嘴妻游氏三子　長智　衍智　陛智
　宗茂字廣高閏三長子母潘氏生于乾隆壬申十月
初九終葬莫考妻杜氏無嗣
　成茂字善高閏三次子母潘氏生終葬莫考妻游氏

無嗣

祥茂字禧秀閏三三子母潘氏生于乾隆辛巳四月

二十終莫考葬省城小北門外青龍岡嘴妻杜氏一子

興福

榕茂字　閏三四子母潘氏生于乾隆戊子十二月

二十四終葬莫考妻周氏失傳

帝安字朝高應謀長子母黃氏妻馮氏合葬新社岡

一子　貴魁失傳

帝賢字廷高號結真應謀次子母黃氏生于雍正甲

申七月初十終于嘉應丙辰五月十二妻徐氏繼娶鄧氏

合葬新社岡三子　聯魁　福魁　緒魁俱鄧氏出

帝南字任高號結正應謀三子母黃氏生于雍正庚

戌正月十二妻灣頭杜氏終葬莫考一子　癸發

帝九字式高號中信應謀四子　黃氏生于乾隆辛酉

二月十六終葬莫考妻新村潘氏四子　成魁　明魁

辰魁　金魁俱失傳

帝節字榮高號愼柔應讓長子母嚴氏生于乾隆丙辰十二月二十二終于道光戊子三月十七享壽九十四葬上坑岡妻鄧氏一子　祖帶

帝通字華高應讓次子母嚴氏妻勞氏無嗣

帝簡字富高應讓三子母嚴氏生于乾隆丁卯二月十三終莫考葬上坑岡妻麗山陳氏無嗣

帝和字福高應讓五子母嚴氏生于乾隆癸酉二月十三終莫考葬上坑岡妻沙浦陳氏附入崇祀祠二子

妹帶　長帶

帝會字壽高應讓六子母嚴氏生于乾隆丙子四月初十終于道光戊子十月初十享壽七十四葬上坑岡無嗣

得占字遂恒尚迪長子母鄧氏生于康熙已未三月二十五終于雍丁未四月二十九妻陳氏合葬巷邊二子

公尚　雍德
禮占字儀恒尚迪次子母鄧氏妻陳氏合葬巷邊無
嗣
自占字達恒號弘悅尚本長子母陸氏生于康熙辛
亥五月二十九終于乾隆戊午八月初九享壽六十八妻
蘇氏合葬松岡一子　公勝
三占字遇恒號上寵尚本次子母陸氏生于康熙癸
丑八月初七終于乾隆庚申十二月二十三享壽六十八
妻蘇氏妾陳氏合葬松岡二子　天勝　二勝陳氏出
殿占字居恒尚本三子母陸氏生于康熙丙辰正月
十八終于康熙甲午二月初三妻鄧氏合葬松岡二子
公裔　公保
三平字端賢一俊長子母梁氏妻陳氏合葬屈龍岡
無嗣
三實字堅恒一俊次子母梁氏妻杜氏合葬屈龍岡

無嗣

三顯字　一俊三子母梁氏葬屈龍岡無嗣

三達字偉恒一俊四子母梁氏妻方氏合葬屈龍岡無嗣

三育字恩恒一杰長子母甘氏妻暨氏合葬潤螺岡一子　五常失傳

三錫字惠恒號悦吾一杰次子母甘氏生于康熙戊午四月初四終于乾隆辛未六月二十享壽七十四妻潘氏合葬菴邊四子　五典　五徽　五國失傳　五俊失傳

三振字德恒一杰三子母甘氏生于康熙甲子三月二十終于乾隆庚午十一月初四妻潘氏合葬松岡二子五勝　五朝

三順字端恒一信長子母倫氏妻區氏合葬松岡無嗣

三捷字忠恒號省吾一信次子母倫氏生于康熙戊申九月初八終于乾隆乙丑月　日享壽七十八妻陸氏繼娶吴氏合葬屈龍岡一子　遠繁吴氏出

三勝字義恒懷敬一信三子母程氏生于康熙甲子正月十七終于乾隆庚午五月二十五享壽六十七妻高氏合葬屈龍岡四子　遠茂　遠謷　遠聞　遠英

三遇字芳恒號美吾一倫長子母蘇氏生于康熙乙卯五月二十七終于乾隆甲戌四月初一享壽八十妻陳氏合葬屈龍岡二子　遠庇　遠祚

三進字清恒號潔吾一倫次子母蘇氏生于康熙庚申五月二十終于乾隆壬申十月二十二享壽七十三妻梁氏合葬菴邊岡一子　遠悦

三詧字志恒號柏川逢吉子母陸氏生于康熙壬申八月初八終于乾隆己卯二月初十享壽六十八妻朱氏合葬公岡一子　應舉失傳

賓智字會書康瑞長子母蘇氏葬白雲岡無嗣

賓亮字朗書號耀文康瑞三子母蘇氏生于康熙乙酉十二月二十六終于乾隆甲申二月十五妻鄧氏繼娶高氏合葬松岡園一子 撰言鄧氏出

賓頔字漢書貴隆子母薛氏妻蘇氏一子 正言外出

賓廷字國書康裔子母梁氏生母區氏生于二月十二終莫考妻西城游氏繼娶蘇村陳氏二子 睿長 睿元俱陳氏出

賓尚字迪書號吉公康猷子母陳氏生母潘氏生于康熙庚子九月二十三終于嘉慶丁巳三月初十妻梁氏合葬對面岡無嗣

賓師字瑞書號韜儒偉量長子母陳氏妻區氏合葬屈龍岡繼娶陳氏游氏葬石仔岡一子 擢言區氏出

賓客字貺書偉量次子母陳氏葬大坑岡妻游氏立

一子　雅言

賓居字所書偉佐子母區氏繼母鄧氏生終莫考葬

沙岡一子　興言

賓恭字恪書偉任子母杜氏生母鄧氏妻張氏合葬

大坑岡二子　慎言　則言

賓章字煥書號悅樂偉裕子母何氏妻李氏合葬大

坑岡五子　雅言出繼　學言　顧言　樂言　順言俱

無嗣

賓清字揚書號時重偉爵子母杜氏生于康熙戊子

十二月二十九終于乾隆丁酉九月十八妻陳氏妾黃氏

合葬大坑岡五子　大遲無嗣　君成　君志　君美

君興

賓興字應書號廷對偉學長子母陳氏生于康熙壬

子九月初三終于康熙庚子七月十一妻小杏黃氏合葬

大坑岡立一子　知言

賓服字拜書號殿颺偉學次子母陳氏生于康熙乙
卯正月初九孝弟可嘉義方是訓終于雍正已酉六月二
十二妻大杏高氏合葬三水大岡鄉中心乙向三子 聖
言 知言出繼 富言

賓王字全書號若松偉達長子母周氏生于康熙丙
辰十一月二十終于乾隆壬戌十一月十六享壽六十七
妻大杏甘氏合葬大坑岡五子 仁言 孝言 善言
綍言 鼎言

賓臣字玉書號若柏偉達次子母周氏生于康熙丁
卯正月二十三終于乾隆戊午十一月初六享壽五十二
葬大坑岡妻伏水陳氏一子 孫言

賓敬字簡書號臨民偉顯長子母杜氏生于康熙乙
未四月二十終于乾隆辛酉六月十一享壽六十三葬大
坑岡妻小杏黃氏葬白雲岡二子 文言 永言

賓謙字尊書偉顯次子母杜氏妻區氏無嗣兄弟子

孫永遠祀奉

賓濟字千書偉顯三子母杜氏妻林氏葬大坑岡繼

娶鄧氏二子　弘言　徵言

賓㲄字燕書號樂三偉彦子母高氏生于康熙甲戌

閏五月二十六宅心清正制行廉明始推族副繼膺族正

終于乾隆丁亥十月初一妻何氏合葬松園一子　侃言

機明字德存號長仁以振長子母梁氏生于崇禎庚

午六月初五終于康熙辛卯十月初二享壽八十二妻高

氏合葬菴邊岡三子　啓順　啓聰　啓惠

機定字任存以振次子母梁氏生于順治戊子十二

月初三終于康熙壬申八月十六妻陸氏合葬巷邊三子

桂標無嗣　桂魁外出　桂枝

會聰字福存以言長子母陳氏生于順治乙酉十二

月十一終于雍正乙巳三月十一妻陳氏合葬區村鄧州

岡二子　帝順　帝坤

受聰字壯存以言次子母陳氏生于順治丁亥十一
月十七終于莫考妻王氏合葬石牛岡一子　帝和

仲房十八世
觀弟字興爵胤先子母潘氏生終莫考葬大坑岡妻
杜氏一子　亞富
君長字定邦號可如天麟長子母區氏生于　庚戌
七月十二讀書未就改業刀筆先充高州府掾續入武營
年老歸鄉重建　二世祖祠殫力經營闋成厥事終于乾
隆癸亥十二月二十二享壽七十四妻西城吴氏合葬大
坑二子　蘭玉　芝玉
君甫字憲邦天麟次子母區氏生于康熙乙丑十一
月十五終于雍正甲寅十一月初五享年五十葬大坑妻
方氏葬白雲山三子　誠通　文通　時通
君卿字贊邦號日怡天鵬長子母陳氏生于康熙丙

辰十一月二十九終于雍正乙卯六月十一享壽六十妻
西城游氏合葬白雲山二子　懷玉　廷玉
君相字振邦號逸林天鵬次子母黎氏生于康熙辛
未三月初二終于乾隆壬戌五月初五享年五十二妻西
城陳氏合葬白雲山三子　徽玉　文玉　純玉
君佐字經邦天鵬三子母黎氏葬白雲岡無嗣
君澤字建邦天鵬四子母黎氏生于康熙癸未二月
二十五素行端方推為族正終于乾隆丙午正月初三妻
區村陸氏合葬白雲山無嗣
宗擯字顯大號廉泉康長長子母林氏生于康熙甲
申六月二十二終于乾隆庚申六月十五妻何氏合葬后
岡四子　社雄　社恩　社連　社榕
宗聖字正大康長次子嫡母林氏生母馮氏妻　氏
一子　社養廣西百色住
殿章字御典群生長子母杜氏生于康熙丁卯八月

初九終于乾隆丁巳三月二十三葬沙岡妻方氏一子

奕燕

殿穀字良典號美翁群生次子母杜氏生于康熙己卯三月初一終于乾隆庚辰正月十八妻陳氏合葬潤螺岡二子　朝燕　義燕失傳

五穩字中立文聰長子母謝氏妻渡滘陸氏二子

亞鷂　二鷂俱失傳

晚穩字奇立文聰次子母謝氏妻佛山吴氏生一子

閏新失傳

君保字朝立彌覺長子母陳氏生于康熙辛丑八月十六終于乾隆丙午十一月十七妻林氏繼娶馮氏鄧氏合葬竹園一子　新勝林氏出

觀保字　彌覺次子母陳氏生終莫考葬白雲山失傳

來香字升立三覺長子母蘇氏生于康熙辛丑閏六月十四終于乾隆丁未六月初九妻西城游氏合葬荔

枝園一子　春玉
二香字德立三覺次子母蘇氏生于雍正乙巳九月
初三終于乾隆已亥六月初一妻西城潘氏合葬潤螺繼
娶霍氏葬鳳凰岡一子　長興霍氏失傳
有香字名立三覺三子母蘇氏生于雍正已酉四月
二十四終于乾隆戊申正月初七葬閏螺岡妻杜氏一子
炳壽
有祥字弘典號文翁祖養長子母梁氏妻李氏一子
令發
有德字堯典祖養次子母梁氏妻　氏三子　振元
振坤　振乾俱往廣寧住
社龍字巨黄號石翁祖佑長子母潘氏生于康熙壬
申正月二十八終葬莫考妻麗山陳氏二子　定安　萬
安無嗣
社元字進典祖佑次子母潘氏生于康熙已卯閏七

月初四終于乾隆甲子十二月十六妻梅步嚴氏葬屈龍
岡一子 遠發
瑞典字倫簡文附長子母周氏妻陳氏合葬大坑無
嗣
瑞介字倫璽文附次子母周氏生于康熙乙卯十一
月初八終于康熙辛丑三月初九妻陳氏合葬大坑一子
三妹
孕秀字清懷挺繁子母陳氏生于康熙戊申二月初
二終于康熙甲午三月二十八妻陳氏合葬西邊坑一子
石琚
春開字旦元喻義長子母謝氏妻吴氏合葬松園一
子 觀龍
細開字擇元喻義次子母謝氏生于康熙辛酉六月
二十三終于雍正戊申七月初六享年四十八妻林村林
氏合葬大坑二子 帝賢無嗣 帝在

初福字清元喻義子母　氏生終葬莫考妻何氏一子　偉聯

春發字清輝號明綱喻權長子母何氏生于康熙甲寅二月十三終于乾隆庚申六月十一享壽六十七妻西城吴氏合葬大坑岡一子　君壽

秋發字清漢號明揚喻權次子母何氏生于康熙丁已十月初八終于乾隆庚申七月十三享壽六十四妻馮村蘇氏合葬地塘園一子　君勝

庚發字清賢喻權三子母何氏妻黃氏合葬沙岡一子　君朝失傳

嘉燕字清尚號明鑑喻禮子母杜氏生于康熙庚寅十二月二十終于乾隆癸已十月二十享壽六十四妻大沙馮氏合葬屈龍岡西向繼娶西城陳氏三子　得珠定珠　明珠俱馮氏出

禄珍字御倖積養子母陳氏妻本里區氏失傳

萬鐘字御鼎號朝爵公養長子母方氏生于康熙庚午九月十八終于乾隆己卯六月二十七享壽七十妻林氏合葬沙岡繼娶吉贊張氏二子　應謨無嗣　光發俱張氏出

萬鏗字御相公養次子母何氏生于康熙甲申六月初十終于乾隆甲戌五月初二享年五十一妻大渦鄧氏合葬沙岡一子　偉韜無嗣

有權字永盛亞順長子母陳氏生于康熙丁酉十二月初十終于乾隆乙巳十月十九葬大園妻陳氏葬莊邊岡黃坭地一子　聚興

昌奇字秀隆初法子母吳氏生于順治丙申八月十六終于康熙癸巳五月二十二享壽六十八妻伍氏合葬大坑岡一子　亞聖

社報字秀廷號實夫初旺次子母陳氏生于康熙庚戌十二月十七終于雍正乙卯二月二十四享壽七十六

妻用里林氏合葬西邊坑岡一子　閏壽
有報字秀翰初旺三子母陳氏生于康熙甲寅四月
十二終莫考妻蘇村徐氏合葬大坑岡一子　永壽
昌政字秀經初薦長子母張氏生于康熙庚戌八月
初三終于康熙丙申十二月初七享年四十七妻勞氏合
葬沙岡一子　德勝
昌弟字秀偉初薦次子母張氏生于康熙壬戌正月
十五終于乾隆癸酉四月十五享壽七十二妻杜氏合葬
大坑岡二子　嗣勝　尚勝
有兆字秀國號柱客康澤長子母陸氏生于順治乙
亥九月十二終于雍正癸卯十一月二十六享壽六十九
妻游氏合葬大坑五子　進壽　會壽　秩壽　元壽
士壽早亡
有佩字秀環號廷玉康澤三子母陸氏生于康熙巳
酉五月十三終于乾隆丙子正月二十四享壽八十八妻

高氏合葬烏飯岡三子　悦壽　積壽　五壽
有保字秀朝號柱臣康澤四子母陸氏生于康熙戊
午三月初八遇事信誠行有終始乾隆已未自行購料鳩
工重修
二世祖祠終于乾隆壬戌三月二十九享壽六十五
妻孔邊龎氏合葬沙岡一子　廣壽
有琳字秀倫祖澤子母馮氏生于康熙庚戌三月初
七終于雍正乙卯八月二十七享壽六十六妻竹逕關氏
合葬大坑岡立一子　興壽失傳
有運字秀千帝澤長子母張氏生于康熙乙卯八月
二十七終于雍正丁未三月初五享年五十三妻陳氏合
葬大坑岡四子　真壽　興壽出繼　榮壽　美壽
有財字秀端號正卿帝澤次子母張氏生于康熙已
未三月二十三終于乾隆癸酉七月初十享壽七十五妻
隔海區氏合葬大坑岡一子　華壽

康健字秀長滋澤長子母李氏生于康熙己巳十二
月十七終于乾隆甲寅十月二十五妻陳氏合葬大坑岡
再健字秀儀滋澤次子母李氏生于康熙壬申七月
十二終于乾隆丁卯十二月初二享年五十六妻沙寮高
氏合葬屈龍岡二子　長齡　長茂
社健字秀剛號樂野候澤子母陸氏生于康熙庚午
八月二十四終于乾隆庚寅十一月二十一妻孔邊方氏
合葬大坑岡五子　敬壽　三壽　為壽　開壽　禄壽
觀演字秀宏遥澤長子母陳氏生于康熙癸酉四月
二十八終葬大坑岡一子　貴壽無嗣
觀戴秀冕號益壯遥澤次子母陳氏生于康熙丁酉
六月十九終于乾隆乙酉十一月十一妻竹園岡歐陽氏
葬區屋岡二子　現壽　吉壽
觀元字秀仁誠名子母　氏妻陳氏合葬烏飯岡二
子　維福　維兆早亡

亘安字秀華康烈子母李氏生于康熙壬寅六月二
十玉豹字秀彩初壁長子母關氏妻高氏合葬大坑岡無
嗣
康豹字秀彦初壁子母關氏生終葬莫氏妻　氏一
子長成
應周字秀茂社壁子母區氏生于雍正已酉九月十
三妻杜氏繼娶　氏終葬莫考一子　帝順
應通字秀誠聖裔次子母馮氏妻杜氏一子　帝紹
失傳
應科字　聖裔次子母馮氏妻　氏一子　帝錫失
傳　帝從字秀儒號柱卿子良次子母李氏生于康熙
乙卯十月十二終于乾隆庚午九月二十五享壽七十六
妻林村葉氏合葬區屋岡一子　添保
光典字秀五聖德子母林氏生于康熙壬午六月十
九終于雍正戊申五月二十六享年二十七妻小杏黃氏

合葬烏飯岡一子　天聯
有恒字秀亮號美漢康裔子母杜氏生于康熙乙巳
七月初四終于雍正丁未五月二十六享壽六十三妻孔
邊方氏合葬西邊坑三子　公壽早亡　奇壽　志壽
祚興字秀生號有年儒長子母杜氏生于順治庚子
九月二十終于乾隆辛酉五月　享壽八十二妻關氏合
葬蜆殼岡一子　兆成
祚昌字秀賓儒次子母杜氏生于康熙丙午九月十
二終莫考妻方氏合葬沙岡一子　兆聯外出

季房十八世
觀虬字見龍善紀長子母杜氏妻陳氏合葬潤螺岡
失傳
社虬字扳龍善紀次子母杜氏妻竹逕關氏繼娶劉
氏合葬潤螺岡一子　錫祥劉氏出

觀麟字雲龍號春濤善運子母何氏生于康熙癸卯
九月十三終于雍正丁未六月十二享壽六十五葬省城
東門外妻黄氏繼娶鄧氏俱葬蜆殼岡遺有銀兩附祀
季房祠
觀鵬字耀龍號錦波善選長子母陳氏生于康熙丁
未十二月十一終于乾隆庚申十月初六享壽七十四妻
蘇村徐氏繼娶梁氏合葬蜆殼岡三子 錫福徐氏出
健福 賜福俱梁氏出
觀鶚字兆龍號富海善選次子母陳氏生于康熙庚
戌九月二十九終于雍正甲辰十一月十五享年五十五
妻本里方氏合葬蜆殼岡一子 錫榮
觀鳳字躍龍號德匯善選三子母陳氏生于康熙丙
辰三月初七終于雍正丁未四月十一享年五十二妻灣
頭杜氏合葬上坑岡一子 錫魁
有同字殿龍善謙子母高氏生于康熙乙丑二月初

五終于雍正乙巳十月二十二享年四十一妻梁氏別適
遺有銀兩附祀　季房祠
社保字賓惠拱弟長子母游氏生終葬莫考妻馬氏
一子　貴添
有保字廷惠逢弟長子母　氏生終莫考妻潘氏合
葬沙岡一子　壽添
有潤字章惠逢弟次子母　氏生終葬莫考妻鄧氏
三子　成添　和添　順添俱佛山住
長民字國惠號朝翁天裕子母黃氏生于順治丙申
八月十七終于乾隆丙辰八月十八享壽八十一妻大坑
甘氏妾李氏合葬蜆殼岡三子　觀信甘氏出　觀載李
氏出　觀裔甘氏出
長德字臺惠號怡勤崇杰長子母謝氏生于康熙癸
卯正月二十八終于雍正戊申三月初九享壽六十六妻
大仙岡陳氏合葬菴邊三子　福臨　茂臨　富臨

長義字侯惠號效東崇杰次子母謝氏生于康熙癸
亥二月二十六終于乾隆庚午十一月初六享壽六十八
妻大杏杜氏合葬菴邊岡一子　成臨

祖賢字國聖崇茂子母陳氏生終葬莫考妻區村陸
氏別適一子　孫榮無嗣

初丙字肇昌添祿長子母吴氏生終葬妻莫考二子
君載　君義無嗣

初癸字肇華添祿次子母吴氏生娶終葬莫考二子
社載早亡　閏載

貴麟字肇周天麒子母區氏生于康熙乙巳二月初
二終莫考妻沙浦程氏合葬岡嘴二子　錫璋　錦璋

宗發字禎祥初貴子母陳氏生終莫考妻大果陳氏
二子　成歲早亡　成名失傳

裔先字開惠日喜長子母龍氏葬竹逕岡失傳

裔賓字朝惠日喜次子母龍氏妻杜氏葬區屋岡失

傳

裔芝字燕惠日明子母區氏生于康熙乙酉三月初七終于朝隆壬戌九月二十六享年三十八葬區屋岡妻大杏張氏二子　初元　社元

智猷字信惠日蟾子母譚氏生于康熙乙丑九月初八終于康熙乙亥二月初四享年三十五葬村頭岡妻梁氏别適二子　帝廣　帝連

帝閏字倫惠興子母黄氏生于康熙壬午八月初一終于乾隆己卯十一月　日妻區氏繼娶大果杜氏二子祖恩杜氏出　祖福杜氏出外出無踪

帝現字朝清天鳳長子母吴氏生于康熙甲午十月二十五終葬莫考妻勞氏二子　昌泰　宗泰　倫泰

帝長字宜惠天球長子母陳氏生終葬莫考妻徐氏失傳

士勝字伯斯號熏翁天聰長子母潘氏妻陳氏終葬

莫考一子　富言

士騰字仲斯號秉翁天聰次子母潘氏生于　已丑

正月二十三終于乾隆已亥十月初八妻隔沙杜氏合葬

蜆殼岡二子　成言　義言

士奇字特斯號東作天睿長子母高氏生于康熙甲

申九月二十二終葬莫考妻西城游氏繼娶竹逕曾氏丹

竈梁氏四子　進言　泰言　順言　享言俱梁氏出

士鸞字鳳斯號東峰天睿次子母高氏生于康熙丙

戌十一月三十終于乾隆丁未五月二十八妻灣頭杜氏

合葬屈龍岡二子　芳言　義芳

士德字明斯號東啓天睿三子母高氏生于康熙乙

未十二月十四少讀儒書鵬程未遇長充掾吏案版通明

職考巡司鄉推保正終于乾隆辛亥正月十六日妻隔沙

杜氏合葬丹竈圓岡三子　發言　登言　恒言

裕太字琰笄君成子母薛氏妻杜氏繼娶勞氏合葬

上坑岡二子　式燕　式中俱勞氏出

載太字琰掌鳳翔子母陳氏妻徐氏合葬榕山岡一

子　汪涵

渭太字琰官鳳池長子母林氏妻葉氏合葬榕山岡

無嗣

佐太字琰坤鳳池次子母林氏妻區氏合葬榕山岡

一子　爵福失傳

吕太字琰周鳳池三子母林氏生終葬莫考妻陳氏

一子　爵位

裔太字琰琛鳳九長子母區氏生于康熙癸未八月

二十九終于乾隆癸酉五月二十妻陳氏合葬上坑岡二

子　葉昌失傳　鎮昌外出

饒太字琰豐鳳九次子母區氏妻杜氏合葬榕山岡

無嗣

裕宗字琰干鳳榮長子母吴氏妻陳氏合葬蜆殻岡

無嗣
裕祖字琰瑛號老克鳳榮次子母吴氏生于康熙庚
辰十一月初八終于乾隆癸卯十月初七妻本里方氏合
葬村頭岡一子　孔大
裕昇字琰洪鳳榮三子母吴氏生終莫考妻梁氏合
葬岡嘴無嗣
潤志字汝漢紹弟長子母杜氏生于康熙壬午八月
初九終葬莫考妻方氏妾陳氏一子陳氏出　違訓出族
德志字汝泮紹弟次子母杜氏生于康熙壬辰四月
二十九終于乾隆乙巳十二月十七妻大岡林氏合葬竹
逕岡三子　孔評　國評　萬評
克繩字汝賢鳳翱子母張氏生于康熙壬午九月二
十一終葬莫考妻蓬村周氏一子　孔育
康澤字仞演帝恩子母陳氏生于康熙甲子六月二
十四終于雍正壬子五月二十二妻陸氏繼娶張氏葬莫

考一子　積睿張氏出失傳
德庇字仞蟠號樂莘帝膏子母關氏生于康熙己巳
月　日終于乾隆乙卯五月十一享壽七十一葬岡嘴
妻陳氏葬上坑岡二子　金山　銘山
祖庇字仞長帝寵子母杜氏生終葬莫考妻蘇氏一
子　積顯
觀庇字仞廣帝胄子母梁氏生于康熙戊辰九月二
十四終于雍正甲寅二月二十八享年四十一妻區氏合
葬岡二子　積學　積善
觀雄字調宰帝簡繼子母陳氏生于康熙壬午二月
二十五終葬莫考妻大杏杜氏一子　得貴失傳
觀佐字和宰帝舉長子母陳氏生于康熙辛未閏七
月二十九終于乾隆壬戌十月十一享年五十二妻周氏
葬岡一子　恩松
觀連字周宰帝舉三子母陳氏生娶終葬莫考二子

昌就　昌勝往沙邊住
觀發字祥宰帝永次子母潘氏生于康熙乙酉八月
十六終葬妻莫考繼娶鄧氏一子　愛松鄧氏出
觀俸字桓宰帝英子母杜氏生于康熙戊子八月初
六終于乾隆癸酉正月初二享年四十六葬　岡妻陳氏
別適二子　友松　實松俱外出
觀錫字璧宰天聖子母符氏生終莫考妻杜氏繼薛
氏葬區屋岡一子　見歡失傳
安寧字貞宰帝德子母張氏生終葬莫考妻麗山陳
氏一子　阿祖
兆魁字仞宰善文長子母區氏生終莫考妻徐氏繼
娶黄氏合葬區屋岡無嗣
高魁字翰宰號西園善文次子母區氏生于康熙丙
辰十二月初一終于乾隆乙丑七月初十享壽七十葬岡
妻方氏繼娶杜氏一子　維松杜氏出

廷魁字御宰善文三子母區氏妻潘氏合葬區屋岡

無嗣

觀魁字勉宰號阿叟善政長子母方氏生于康熙辛

酉十月十六終莫考妻陳氏繼娶陳氏葬大坑岡三子

錦松　青松　升松俱繼室陳氏出

占魁字掄宰號希一善政次子母方氏生于康熙戊

辰十月初二少讀儒書壯充縣掾退處園林推居族正介

修家譜終于乾隆癸未正月十二妻隔沙杜氏合葬　岡

妾游氏一子　碧珠游氏出

世魁字連宰善政三子母方氏生于康熙癸酉九月

初一終于乾隆丙寅九月初九享年五十四妻孔邊方氏

合葬岡嘴二子　秀松　齡松

繹魁字敷宰善材長子母蘇氏生于康熙乙丑六月

十二終于乾隆壬戌六月初九享年五十八妻大杏薛氏

葬　岡二子　式鑑　式環

偉魁字端宰號經萬善村次子母蘇氏生于康熙已
已九月初三終于乾隆丁亥三月初一妻孔邊方氏繼娶
順德馮氏葬蜆殼岡一子　式老馮氏出無嗣
純魁字良宰號温直善村三子母蘇氏生于康熙甲
戌正月初六終于乾隆丁丑正月十九享壽六十四卜葬
岡嘴妻陳氏葬區屋岡繼娶黎氏一子　式交黎氏出
宏魁字冠宰號延公善村四子母蘇氏生于康熙癸
未三月二十終于乾隆戊子三月十六妻楊氏合葬岡嘴
一子　式璜
大壽字南宰善彰子母杜氏生終葬莫考妻謝氏一
子　朱紫失傳無嗣
銘魁字柱宰善賢長子母林氏生終莫考妻陸氏葬
上坑岡一子　式榮
金魁字鼎宰號定朝善賢次子母林氏生于康熙辛
酉八月二十九終于乾隆癸乙八月初六妻孔邊方氏合

葬上坑岡三子　式良　式奇　式均
志魁字漢宰號天池善賢三子母林氏生于康熙丙
戌七月二十五終于乾隆辛卯十一月初八妻大杏張氏
合葬蜆殼岡五子　式琳　式郎　式番　式興　式琬
鈿魁字美宰善賢四子母林氏生于康熙癸巳四月
初三終于乾隆乙酉十月十八葬上坑岡妻蘇村徐氏葬
蜆殼岡四子　式矩　式華　式昌　式韜
大魁字洪宰善孝長子母謝氏葬蘇坑岡妻陳氏一
子早亡
一鳳字宏辛號朝輔開先子母潘氏生于康熙己卯
正月二十八葬莫考妻高要劉邊梁氏二子　致富　致
安俱失傳
大福字東宰號啓明善慶子母蘇氏生于雍正甲辰
六月二十六終于乾隆乙卯二月初三妻用里林氏合葬
后岡一子　昌期

國魁字　善咏長子母蘇氏生終莫考葬上坑岡失
傳
介魁字　善咏次子母賴氏生終莫考無嗣
三魁字聯宰善諫長子母潘氏妻陳氏生終莫考外
出
四魁字時宰善諫次子母潘氏生終莫考無嗣
大興字榮宰序帶長子母區氏生于雍正乙巳十二
月十三終于乾隆甲午十二月初二葬上坑岡妻何氏二
子　昌如　昌倫無嗣
大廷字藩宰號克勤序帶次子母區氏生于雍正甲
寅十一月二十一終葬莫考妻陳氏一子　昌齡
大乾字明宰科帶子母方氏生于乾隆辛酉正月初
八終葬莫考妻何氏一子　昌隆
閏建字功宰號臺輔善甫子母陳氏生于康熙乙卯
閏七月十四充廣西左江鎮稿妻莘涌陸氏葬　岡妾曾

氏三子　致中陸氏出　致和陸氏出　致祥曾氏出廣
西住
徵魁字珏宰善志長子母蘇氏妻方氏合葬區屋岡
失傳
德魁字賢宰號佐輔善志次子母蘇氏生于康熙丙
戌三月初十充陽山縣吏妻沙寮高氏合葬　岡二子
至大　金姑
復魁字　善志三子母蘇氏生終莫考葬上坑岡失
傳
三德字全宰大成子母謝氏生于康熙己亥九月初
五終于乾隆庚辰正月十三妻黃牛岡鐘氏合葬后岡二
子　富興　富榮
社德字平宰引成長子母陳氏生于雍正戊申八月
十三終莫考妻清塘陸氏葬后岡一子　富祥
佑德字祈宰引成次子母陳氏生于雍正辛亥九月

十八終莫考妻灣頭杜氏葬后岡一子　富長失傳
禄德字福昌序成長子母方生于乾隆庚申終莫考
葬后岡妻謝氏二子　富在無嗣　富偉　富堅俱失傳
受科字乾省社元長子母黄氏生于康熙丁丑四月
十八終于乾隆庚午七月初四妻張氏葬莫考一子　潤
秋順德住
張帶字乾光號化日社昌長子母左氏生于康熙壬
寅十二月十一嘉慶初年　恩賜八品職銜終于嘉慶丙
辰三月二十一葬后岡妻伏水陳氏一子　冬發
義章字乾士社昌次子母左氏生于雍已酉二月二
十二終于乾隆甲辰二月二十四葬上坑岡妻莘涌李氏
一子　冬滔
從科字乾學社賢子母楊氏妻梁氏順德龍潭住
亞才字國翰帝孫子母潘氏妻陳氏一子　社添失
傳

有貴字國章應韜子母潘氏妻黄氏無嗣

有勝字國彩帝高長子母李氏妻蘇氏三子　春魁

明魁無嗣　晚魁無嗣

有科字國享帝高次子母李氏生于康熙甲午十一

月十一終于乾隆已卯二月妻陳氏合葬后岡一子　實

魁

芝賢字乾禧文德長子母梁氏妻陳氏遠出

芝琳字乾贊號天育文德次子母梁氏生于康熙已

未六月十七終于乾隆戊申十月十一葬新社文德山脚

妻李氏繼娶陳氏二子　維績　維綉

天澤字乾愷文元長子母陳氏生于康熙戊子十一

月初九終于乾隆辛未閏五月十八享年四十四妻孔邊

方氏合葬竹逕新社岡一子　日泰

天從字乾廣文元次子母陳氏妻游氏妾梁氏無嗣

天藉字乾仰文元三子嫡母陳氏生母張氏生于康

熙丙申四月初三終莫考葬沙岡妻沙浦周氏繼娶傅氏
四子　泰成周氏出　遠成　聚成　九成俱傅氏出
天詔字乾高號碧霞文元四子嫡母陳氏生母張氏
生于雍正丁未閏三月二十八嘉慶初年　恩賜八品職
銜終于嘉慶丁丑三月初八享壽九十一妻孔邊方氏繼
娶陳氏合葬新社岡三子　泰星　三星　輝星俱方氏
出無嗣
天富字乾玉嘉元長子母梁氏生于康熙甲午十月
二十四終葬莫考妻大杏蕭氏二子　日士　日洪失傳
天閏字乾開嘉元次子母梁氏生于康熙丙申閏三
月二十四終莫妻伏水陳氏合葬上坑岡二子　日柱失
傳　日翰
天壽字乾伯嘉元三子母梁氏妻馮氏無嗣
天恩字乾德貴元長子母鄧氏葬岡嘴無嗣
天宗字乾甫貴元次子母鄧氏生于雍正癸丑正月

二十六終于乾隆甲寅三月十八妻伏水陳氏合葬上坑
岡一子　昌大
義寬字容宰癸發子母劉氏生于雍正壬子九月二
十九終葬莫考妻勞邊勞氏繼娶李氏生三子　亞興
亞采俱早亡　五興
潤聯字宏善觀明子母陳氏妻杜氏終葬莫考無嗣
士升字洪超裔雄長子母方氏生于順治丙戌正月
初四終于康熙癸亥九月初十享年三十八妻沙水劉氏
娶杜氏孔氏合大辣地三子　佑先劉氏出　敬先杜氏
出　慶先孔氏出
士騰字國超裔雄次子母方氏生于順治丙戌十月
二十七終于康熙丁亥十月二十九享年五十五妻大仙
岡妻陳氏合葬后岡隔鄰地一子　君庇
觀祿字國瑞應鴻子母鄧氏生于康熙壬子六月十
七終于雍正己酉八月二十二享年五十八葬莫考妻李

氏一子　文先外出

觀任字國藩應鰲長子母劉氏生于康熙壬子十一月十三至誠忠厚重義輕財康熙丁亥修建　季房祠推為總理度支有法工料無虛終于康熙壬辰九月初一享年四十一葬丹竈岡妻灣頭杜氏葬上坑岡一子　魁先

觀赦字國師號朝輔應鰲次子母劉氏生于康熙壬戌十月初七終于康熙癸已五月初八享年三十一妻小杏何氏生于康熙壬戌四月二十九終于乾隆乙未九月初二享壽九十四合葬丹竈岡坐辛向乙兼酉卯之原二子　魁多　魁上

公生平刑于雅化裕后垂徽其妻何氏于乾隆壬午四月二十九日見諸

縉紳先生稱傷贊壽恭祝

榮封大閑範羅母何太君八袠開一榮壽序

余少依慈教得受和熊畫荻之最稍長讀書西樵山

麓興羅子杰士為晨夕攻苦友每于終誦之余道及家世
始知其母何太君者年三十一即孀居遭逢景況與余相
類相對泣然乙而余叨一第進署玉堂而杰士則潦倒文
場尋改蕭曹業參商异處不通音問者數年后余進先秩
秋官請假旋里荷
大憲延掌粵秀書院教復得往來叙論詢及　太君
狀備悉其風規如昨精神勃至日以含飴弄孫為樂康侯
壽母不是過也歲戊寅余束裝進京候補前職乙卯冬奉
聖天子命督學黔省諸戚友垂函抵署以杰士羅母
壽躋八旬庚辰秀要秒為設悅令旦光等請制錦稱祝推
余言以胡康爵余以戚友至誼分不容辭遥乙　太君自
歸相國翁備極婦道克儉克勤祥毓二子后芾爾鸞分飲
泣凄其幾欲相從地下第顧弱息撫育無人于是强起支
持崇先裕后凡百家政黽勉忘勞令德徽音聞于遐邇彼
尋常巾幗處此鮮不苦其難而　太君辛勤措理靡所不

周内美蘊釀微罔間離且日督二子就學以母道而行師
道歐柳慈幃兼而有之俾皆成立長公即杰士考授贊政
名登天府指日可沛霖雨于蒼生次公郎杰尊暨諸孫文
會文華文光文粈文佳或供事藩邸或奮志難窗循循然
凜守　太君庭教襟期遠大冰角峥嶸异日上國觀光后
先濟美則　太君之閑範子孫用以備備彤廷矣故夫人
之有賢母也在家則教之以孝友在國則教之以忠貞其
待人也則教之以誠信廉和其任事也則教之以勤勞專
業此余身受慈幃之教即和杰士史弟均受慈幃之教也
太君不誠賢乎哉余觀往哲賢必獲五福賢必獲百禄
太君頌惟是黔粤相去里隔數千且陟鳳凰山上南望
樵雲中泉明芳杜次靈泉玉液以寄大科峰谷之巔為
太君慶也可乎
賜進士出身奉政大夫
欽命提督貴州等處學政禮部儀制司郎中兼翰林

院編修加一級紀録三次前祠祭司郎中籠查正黄旗教
習癸酉科鄉試
欽命四川大主考官吏部文選司員外郎充大清令
典館纂官壬申科鄉試順天同考試官庚午科鄉試
欽命福建大主考官念封司主事稽動司額外主事
理考功司事翰林院庶吉士年家眷世侄馮成修頓首拜
撰
觀試字國球應鰲三子母劉氏生于康熙甲子十月
二十一終于康熙乙未十一月初八享年三十二妻方氏
合葬后岡附祀應鰲公
觀聯字國綸應鰲四子母劉氏生于康熙丁卯九月
十二公學問有余德威素著終于康熙甲午四月初九享
年二十八妻灣頭杜氏合葬大松岡一子　嘉謀
觀干字國賓應鰲五子母劉氏生于康熙庚午五月
三十終于雍正戊申五月初五享年三十九妻小杏黄氏

合葬竹逕新社岡四子　嘉猷　嘉貽　嘉志早亡　嘉
仁早亡
開懷字國詵應科長子母梁氏妻馮氏合葬后岡無
嗣
開萬字國琛應科次子母梁氏妻薛氏合葬后岡無
嗣
開揚字國珍應元長子母區氏妻合葬大辣地無嗣
開聰字貴珍應元次子母區氏妻陳氏二子　亞歡
奕歡俱失傳
開顯字國英號朝寶應元三子母區氏生于康熙庚
申九月十五終于乾隆丁巳八月十七享年五十八妻方
氏合葬大辣地二子　伯歡　多歡
帝發字國祥應朝長子母薛氏妻馮氏無嗣
帝邦字國祚應朝次子母薛氏妻梁氏無嗣
帝昌字國佐號邦彥貴生子母方氏生于康熙甲寅

十二月初四終于乾隆癸酉十月十七享壽八十妻灣頭
杜氏合葬沙岡三子　泰來　泰宏　泰能
帝有字國材號廷各社相子母甘氏生于康熙乙亥
三月初二終于乾隆壬辰十二月十三妻赤勘陳氏合葬
潤螺岡一子　泰讓
開發字紹祖仲麟子母陳氏妻大岸何氏別適失傳
美報字國瓊號珍宇公義子母方氏生于康熙壬戌
二月二十二終于乾隆壬申九月二十九享壽七十一妻
大岡陸氏合葬蜆岡四子　萬志　順志　奮志　奮五
無嗣
義寶字崇璧號念逸公附子母張氏生于康熙戊子
十一月二十二終于乾隆辛酉十二月十三享壽六十四
葬西樵山睡牛岡妻林村程氏三子　晟長　豪長　言
長華夏新村住
頎報字國玖公瑞長子母方氏生終葬莫考妻孔邊

梁氏一子　堅志外出
潤滿字宏海號匯川觀爵長子母張氏生于康熙乙
酉九月二十四終于乾隆甲申十二月初三妻灣頭杜氏
合葬蜆殼岡二子　榮舉　榮啓
潤遠字宏高號時進觀爵次子母張氏生于康熙壬
辰二月十七素行純良推為族正終于乾隆甲寅妻梁氏
繼娶梁氏合葬行路岡二子　榮亮　榮芳早亡
潤身字宏茂觀富長子母游氏生于康熙庚辰七月
初七終于葬莫考妻南豊坑潘氏二子　榮宗　榮祖
潤泮字宏漢觀富次子母游氏妻馮氏葬黄坑地無
嗣
潤考字宏思號長文觀貴長子母杜氏生于康熙丁
亥十月十八終于乾隆庚寅十月三十妻本里方氏合葬
上坑岡北向二子　榮高　榮子
潤多字宏太觀貴次子母杜氏生于康熙辛丑五月

二十四終于乾隆丙子三月初一享年三十六妻灣頭杜
氏合葬上坑岡四子　榮德　榮錦　榮耀外出　榮祥
俱無嗣

名興字憲朋觀漢長子母陳氏生于康熙辛酉二月
初八終于康熙壬寅正月二十五葬蜆殼岡妻薛氏別適
三子　懷仁　懷義　懷德出繼

士興字憲章觀漢三子母陳氏妻陳氏合葬蜆殼岡
無嗣

帝烏字士豪觀庇次子母李氏生終葬莫考妻　氏
立一子　亞湛往順德大良住

潤發字宏夫號邦客保同子嫡母杜氏生母符氏生
于康熙乙未十月二十四終于乾隆癸未七月二十一妻
陳氏合葬白沙岡辛向二子　卓昇　其次子達訓出族
現有孫林秀譜以繼后

帝柱字洪昌號紹基三同長子母何氏生于康熙乙

卯六月十八終葬莫考妻西城潘氏繼娶本里區氏一子
舊勝潘氏出

帝梓字洪友三同次子母何氏妻周氏合葬上坑岡
無嗣

帝日字宸福同子母陳氏生于康熙壬午四月初三
終于康熙壬寅三月初四享年二十一未娶而亡葬上坑
岡立一子　懷德

潤旦字洪　廣同子母黃氏妻梁氏無嗣

潤屋字宏居號題宇觀宰長子母梁氏生于康熙甲
戌閏五月初三終莫考妻田心霍氏合葬新社岡乾向四
子　卓觀　卓孩　卓簡　卓斌

潤君字宏剛號寵三觀宰次子母陳氏生于康熙甲
申二月二十八終于乾隆辛丑正月二十二妻丹竈謝氏
合葬上坑岡立一子　卓禮

潤才字宏昌號隱樵觀宰三子母陳氏生于康熙丙

申十月十五　恩賜八品職銜終于嘉應丙辰十月十四
妻灣頭杜氏三子　卓佑　卓豐　卓禮出繼
潤德字宏拱號西金觀蛟長子母潘氏生于康熙壬
午四月初四終莫考妻丹竈謝氏合葬黄坭地二子　卓
言　卓都
潤廣字宏充號遠溢觀蛟次子母潘氏生于康熙癸
未十月二十一終于乾隆戊戌五月二十九葬省城員岡
妻區村區氏卜葬上坑岡一子　卓賢
潤富字宏邦觀質長子母陳氏妻勞氏別適生一子
卓隆失傳
嘉會字憲賓泮客子母梁氏生于康熙己未八月初
二終于雍正甲寅八月初三享年五十六妻灣頭杜氏合
葬番禺市橋大烏岡二子　靄士　靄龍
大中字宗翰觀策長子母杜氏葬廣西百色妻劉氏
無嗣

大義字邦翰觀策次子母杜氏生于康熙庚寅七月
初二終于乾隆庚午六月二十八享年四十一葬后岡妻
梁氏合葬二子　祖成　文成
大賢字才翰觀策三子母杜氏生于雍正甲辰四月
初二終于乾隆甲午十二月十一葬區屋岡妻蘇村徐氏
附祀季房祠
大有字宏翰觀覺子母方氏生于康熙丁酉十一月
十四終于乾隆已卯二月十二葬后岡妻陳氏五子　士
成無嗣　士瑶　士能無嗣　士國無嗣　士星無嗣
大量字宏志觀覺四子母方氏妻梁氏一子　士陵
失傳
大仰字宏萬觀覺五子母方氏生娶終葬莫考失傳
章保字宏佑觀奇子母林氏生于乾隆丙寅五月二
十六終于嘉慶癸亥十二月二十一妻大果陳氏合葬沙
岡一子　春燕

有德字宏遠號盛菴觀俊子母杜氏生于乾隆辛酉
十月初六終于乾隆已酉十二月十四葬區屋岡妻張氏
葬大坑三子　春松　春柏　春桂
成德字宏仁號恕菴觀韞長子母杜氏生于乾隆已
未二月十五終壽莫考妻陳氏合葬區屋岡生二子　春
茂　春和
必德字宏畧觀韞次子母杜氏妻　氏葬區屋岡無
嗣
文第字貴昌家玉子母陳氏生于康熙丙戌六月十
五終于乾隆癸卯正月初六葬潤螺岡妻上竈周氏二子
英漢　德漢
蘊第字貴興家璉子母潘氏妻　氏失傳
科第字貴衍日進字子母陳氏妻杜氏無嗣
在宗字作賓號西林杜庇長子母陳氏生于康熙甲
寅五月初五終于乾隆已卯九月初五享壽八十六妻甘

氏合葬　岡四子　書懷　芝懷　美懷　志懷
惠宗字用賓社庇次子母陳氏葬上坑岡無嗣
惠祖字佋賓號隱林社庇三子母陳氏生于康熙壬
申二月終葬莫考妻關氏繼娶梁氏生二子　秋懷　玉
懷俱梁氏出
在國字應隆首榮子母何氏生終娶葬莫考二子
書忠　書囊俱往順德桂洲住
在廷字喜嘉賓號玉林帝孫四子母謝氏生于康熙
壬午九月十一終莫考許氏合葬區屋岡入崇祀祠立一
子　見懷
華璋字紹美號善林帝孫五子母謝氏生于康熙丙
戌十一月二十三享年五十四妻伏水陳氏合葬莫考五
子　勝懷　舉懷出繼在標　明懷　見懷出繼在廷
敬懷
在標字元賓友孫子母梁氏生于康熙甲戌四月二

十九終于乾隆甲子十月十二享年五十一妻畢氏葬潤
螺岡立一子　舉懷

孟房十九世
上保字世長祖賜次子母陳氏葬后岡無嗣
真濟字聖資祖榮子母區氏生于雍正己酉七月十
七終葬莫考妻方氏一子　賜實失傳
社保字德資觀佑子母張氏生終莫考妻勞氏合葬
后岡一子　自實失傳
帝綱字敏如先開長子母李氏生于康熙癸亥　終
于乾隆戊辰九月　妻沙寮杜氏合葬清遠地方一子
始兒
帝相字贊如先開次子母李氏生于康熙庚午六月
初六終于乾隆癸亥十一月妻區村陸氏合葬后岡一子
文學

帝佑字錫如先聖長子母陳氏生于康熙戊子二月
初三終葬莫考妻莊邊張氏二子　結實　結子
帝賁字弼如先聖次子母陳氏生于康熙已卯十月
二十終于乾隆戊辰三月初四享年五十妻伏水陳氏合
葬后岡二子　瀚實　瀾實失傳
發喜字顯光鵬九長子母陳氏生于乾隆丙午六月
二十八終于道光已亥十月初四妻陸氏合葬竹逕墟岡
一子　培饒
盛喜字儀光鵬九次子母陳氏生于乾隆辛亥六月
二十九終于道光丙午七月初四享年五十四葬逕墟岡
妻梁氏葬后岡四子　贊饒早亡　冠饒　國饒　杰饒
興喜字作芳聯九子母杜氏生于乾隆甲辰八月初
八終于咸豐丙辰六月二十五享壽七十三葬后岡妻陳
氏三子　桂成　桂安　桂林
浮字義峰號西樵光啓長子母何氏生于康熙乙未

八月初三終于乾隆戊寅四月十一享年四十四妻石牛
岡蘇氏合葬石仔岡無嗣附祀朝東祖祠
池字奇峰號靈洲光啓次子母何氏生于康熙戊戌
十月初八終于乾隆己酉正月二十六享年四十二妻新
生謝氏合葬何屋岡失傳
漢字名峰號石門光啓三子母何氏生于雍正癸卯
二月二十七終于乾隆　　妻大杏薛氏合葬區屋
一子　金聲
江字岱峰光壯長子母麥氏生莫考終于乾隆　五
月初五葬西邊岡無嗣其弟桓樅子孫永遠奉祀
桓字華峰號西嶽光壯次子母麥氏生于乾隆戊午
正月初六好讀儒書善成后學居家務期質樸教子更有
義方終莫考妻莘涌陸氏合葬高田三子　家聲　仁聲
早亡　韶聲
樅字樵峰號尚志光壯三子母麥氏生于乾隆己巳

正月二十二終于乾隆乙卯十月初六享年四十六合葬
西邊坑妻大仙岡陳氏一子　頌聲
校字建中光大繼子生母潘氏生于乾隆壬戌二月
二十八充廣寧縣掾吏終于嘉慶丁巳正月三十享年五
十六葬何屋岡妻杜氏立一子　浩聲
鴻字翰中光有繼子繼母陳氏生母杜氏生于乾隆
辛未十二月初九終于乾隆　葬潤螺岡妻馮氏
別適二子　鏂躍　鯤躍
柱字秉中光海長子母潘氏生于乾隆庚申八月二
十八初充肇慶協稿房后改充番禺縣　吏終于乾隆戊
戌五月十一享年三十九葬何屋岡妻林氏一子　宏聲
楹字衡中光海三子母潘氏生于乾隆庚午十月初
二充廣寧縣掾吏終于嘉慶丙辰八月初七妻勞氏合葬
上坑岡繼娶黄氏二子　揚聲勞氏出　浩聲黄氏出出
繼

鵬字位中光賜長子母陳氏生于乾隆丁卯九月二
十五充番禺縣掾吏終嘉慶丙辰三月十二享年五十妻
梁氏合葬石仔岡坐午向子之原妾梁氏杜氏葬后岡三
子　桂梁嫡梁氏出　燕梁杜氏出　楠梁妾梁氏出
鶴字凌中號嵩嶽光賜次子母陳氏生于乾隆庚午
九月二十終于嘉慶丁丑十月十五享壽七十一葬屈龍
岡坐乙向辛之原妻石牛岡蘇氏葬桑根坐甲向庚兼寅
辛即醫帝廟前之西南也二子　鮮躍　鯨躍
鶚字占中號悦庭貴儒長子母杜氏生于乾隆戊辰
六月十一終于道光　十一月初五妻陳氏合葬石仔岡
二子　鯉躍　鈇躍早亡
鶺字禮中號儀庭貴儒三子母杜氏生于乾隆丙子
九月二十四終于道光辛巳十二月二十三享壽六十六
妻竹逕關氏合葬石仔岡五子　可躍　文躍　鱘躍早
亡　鯨躍早亡　鮫躍

鵠字和中三儒長子母林氏生于乾隆癸未九月初
四終于　妻游氏合葬石仔岡繼娶潘氏葬三
丫衙岡二子　志躍游氏出　江躍潘氏出
觀惠字國燕偉甫長子母杜氏生于康熙庚午二月
初二外出同會同縣改名羅琛終葬莫考三子　尚魁
尚元往海南　尚品往海南
觀宦字題英偉甫次子母杜氏生于康熙壬午三月
初九終于乾隆　妻赤勘陳氏合葬大坑岡二子
尚聘　尚相
觀振字廷燕號近天偉甫四子母杜氏生于康熙庚
寅十月二十終于乾隆癸巳正月初六妻陳氏合葬大坑
岡一子　尚帶
觀卜字升燕號樂天偉鐸長子母區氏生于康熙丁
丑七月初三終于乾隆庚寅三月十三享壽七十四妻本
里陳氏繼娶灣頭杜氏合葬白雲岡四子　尚院　尚帝

尚稔　尚寬俱杜氏出

觀撰字鳴燕偉鐸次子母程氏生于康熙庚子二月

二十二終于乾隆乙巳四月十二享壽六十六葬佛山妻

黄邊蘇氏葬大坑岡一子　宗發外出

觀節字題全偉釗子母馮氏生終莫考葬大坑岡妻

游氏別適無嗣

觀龍字題雲偉燧長子母區氏生終莫考妻游氏合

葬潤螺岡無嗣

觀棖字興偉燧次子母區氏生于康熙乙未三月初

二終于乾隆戊寅五月初十享年四十四妻沙浦杏陳氏

合葬潤螺岡二子　士魁　正魁

觀泰字題剛號逢吉偉綬長子母陳氏生于康熙正

月二十四終于乾隆壬子五月初一葬潤螺岡妻謝氏葬

三丫衙二子　元魁　賜魁

觀堯字題光偉綬次子母陳氏生于雍正乙巳正月

初五終于乾隆　妻蘇村陳氏　岡一子

高魁

睿品字明資號奮軒富顯子母林氏生于雍正丁未

十二月初一充番禺縣掾吏終于乾隆乙巳九月十七妻

西城游氏合葬大坑岡三子俱違訓出族照譜例缺其名

其次子之子　始興　永興三子之子　同　新興早亡

善興　齊興　全興譜以繼后

義品字賢資　定顯長子母謝氏生終葬莫考妻大杏

張氏二子　裕發　本發俱失傳

占品字卓資號順翁定顯次子母謝氏生于雍正甲

寅九月初三終葬莫考妻梁氏一子　舜發

鴳品字英進宜顯三子母陳氏生終莫考妻黃氏合

葬大坑岡無嗣

鵖品字敏進宜顯五子母陳氏生于乾隆庚寅五月

十三終于道光乙亥十二月初二葬大坑岡妻麥氏一子

賢發
公卿字善隆壽添長子母梁氏生終葬莫考妻陳氏
失傳
宜卿字廷爵一添長子母方氏生于雍正戊申三月
二十四終于嘉慶甲子五月初二葬獅頭岡南向之原妻
沙浦杏陳氏三子　抗祥　龍祥　會祥
宜仲字端爵一添次子母方氏生于乾隆乙卯正月
初二終于乾隆丁未六月二十二享年五十二妻孔邊方
氏合葬后岡北向之原二子　迎祥　禮祥
宜寵字誠爵一添三子母方氏生于乾隆癸亥六月
初二終于乾隆甲辰五月初十妻渦村李氏合葬獅頭岡
東向之原三子　星祥　洪祥　發祥外出
桂興字榮爵號達勸賜添子母潘氏生于乾隆丙辰
七月十六終于乾隆壬子九月二十一享壽五十八妻莘
涌陸氏合葬獅頭岡東向之原二子　永祥　雲祥

義勝字　亞貴子母　氏生終葬莫考妻　氏一
子　文富往順德桂洲住
公先字明宗號鏡洲胤龍長子母陸氏生于康熙辛
丑十一月十四　恩賜八品終葬莫考妻華涌陸氏三子
家嚴　信嚴早亡　國嚴
富先子明朗　胤龍次子母陸氏生于康熙戊申十二
月二十二終葬莫考妻横村劉氏二子　樂嚴　廣嚴
從先字明禮胤輝長子母杜氏生于雍正庚戌九月
十一終葬莫考妻周村杜氏一子　端嚴早亡
賢先字明義胤輝次子母杜氏生于雍正壬子七月
初四終莫考妻小杏黄氏合葬獅頭岡南向之原二子
祖嚴　芳嚴
貴先字明惠號雍賓胤輝三子母杜氏生于乾隆癸
亥八月初一終于嘉應己巳十二月初十享壽六十七妻
大仙岡陳氏繼娶陳氏葬獅頭岡三子　品嚴正陳氏出

昌嚴　君嚴俱繼娶陳氏出

五真字明聰號睿志胤開子母何氏生于康熙癸巳四月二十四終于乾隆丙午六月二十八享壽七十五妻西城潘氏合葬上坑一子　三狗

族性字明高胤佳長子母杜氏生于康熙甲午正月十五終于乾隆乙亥十月二十八享年四十二妻勞氏合葬后岡一子　會狗失傳

巨性字明駒胤佳次子母杜氏生于康熙戊戌十一月二十四終葬莫考妻沙寮杜氏一子　二狗

日性字明星胤佳三子母杜氏生于康熙壬寅六月十九終于乾隆乙未二月十五享年五十四妻小杏何氏合葬后岡四子　福朝　賜朝　潤朝　有朝

利成字明滔胤秀次子母潘氏生終妻葬莫考一子　興發外出

真庇字明讓胤禎長子母謝氏生于雍正戊申十二

月二十終莫考妻大杏麥氏合葬獅頭岡一子　祖裔外

出

一鸞字翔漢卜麟長子母黄氏妻　氏一子　勝起

失傳

一鵬字翎漢卜麟次子母黄氏妻區氏無嗣

登仁字高進號漁翁兆宰長子母王氏生于康熙乙

亥七月十七終于乾隆戊申十月二十享壽七十一葬后

岡妻沙水劉氏葬潤螺岡三子　萬興　才興早亡　作

興

福聯字德聰公帶長子嫡母吴氏生母游氏生于康

熙戊戌九月初三終于乾隆丁卯三月二十七享年四十

妻高氏合葬大坑岡二子　登魁　義登

永聯字以聰公帶次子嫡　母吴氏生母游氏生于雍

正癸亥五月二十五終壽莫考妻杜氏合葬村頭岡一子

悦元

康聯字　公帶三子嫡母吴氏生母游氏生于乾隆戊午四月初八終于乾隆乙亥十二月初五妻　氏葬岡立一子　科元

泰聯字進聰　公帶四子嫡母吴氏生母游氏生于乾隆庚申閏六月初八終于乾隆庚戌七月十八享年妻陳氏合葬區屋岡三子　秋元　科元出繼　穗元

成聯字善聰號恒庵公兆長子母方氏生于康熙癸巳七月二十八居心正直處世和平教養功成長嗣公門拔萃經營利就群兒市肆豐財終于乾隆庚子七月十七享壽六十八妻梅步嚴氏合葬伏水岡坐癸向丁之原繼娶周氏葬竹逕岡東向之原三子　文元　章元　華元俱嚴氏出

萬聯字仕聰公兆次子母方氏葬后岡北向之原失傳

國聯字仕聰公兆三子母方氏生于康熙乙亥九月

十七終于乾隆乙亥十月二十八享年三十七妻區村區
氏合葬逕墟岡東向之原一子　朝陽
智聯字仁聰號和庵　公兆四子母方氏生于康熙壬
寅正月十九　恩賜九品終于嘉慶戊午四月二十五享
壽七十七妻横村楊氏繼娶天仙岡陳氏又繼娶黄氏合
葬區屋北向之原一子　朝元失傳
官聯字儒聰公惠子母周氏生于雍正庚戌九月初
七終于乾隆甲辰八月二十四妻大仙岡陳氏合葬獅頭
岡二子　殿元　聖元
開聯字啓聰公閏子母陳氏生于雍正丁未十月十
四終于乾隆戊申二月初四妻灣頭杜氏妾梁氏合葬潤
螺岡三子　福元杜氏出　海元杜氏出　錦元梁氏出
綱聯字達聰公壽長子母梁氏生于乾隆己未二月
十七終于乾隆己丑六月初八妻灣頭杜氏繼娶岡頭林
氏合葬后岡一子　汝魁失傳

紹聯字閏聰　公壽次子母梁氏生于乾隆辛未閏五月二十終于嘉慶丁卯七月初九享年五十七妻陳氏繼娶謝氏葬獅頭岡三子　桂元陳氏出　揚元陳氏出　良元謝氏出

紀聯字時聰公甫長子母張氏生于乾隆丁丑三月二十八終于乾隆丁未十二月三十享年五十九葬村頭對面岡妻深灣吴氏三子　極元　品元　陵元

會聯字友聰號健仁公甫次子母張氏生于乾隆癸亥五月二十八終于道光乙丑十二月初十享壽八十六妻渦村李氏合葬村頭岡地坐丙向午之原妾區氏葬后岡三子　燦元李氏出　雄元區氏出　拱元區氏出早亡

家隆字給遠號益良弘瞻長子母馮氏生于雍正甲辰八月初九終于乾隆庚寅十月十五享年四十七妻區村李氏繼娶西城游氏合葬伏水竹圍園岡乾向之原復

在靈山娶鐘氏終葬靈山三子　敏基　縣基俱游氏出
戊基鐘氏出早亡
家安字　弘瞻次子母馮氏早亡葬蜆殼地
家暢字給遂號丙良弘瞻三子母馮氏生于乾隆丁
已十月二十九壯事刀筆老耕硯田為人剛烈敏捷鄉族
娶訟賴排解之終于嘉慶甲寅六月十四享年五十八葬
龍涌實内桑根下高田坐艮向坤之原妻丹竈梁氏后附
祀凫江祖四子　榮基　耀基　沛基　潤基早亡
家振字　弘瞻四子母馮氏早亡葬蜆殼地
家美字給觀號品山舉瞻子母勞氏生于乾隆戊午
八月二十三幼失顧復長業蕭曹廉介居心體嚴品正壬
子年六月初三在靈山縣署告終享年五十五扶樞回葬
沙涌岡坐嶃向辛之原妻赤勘陳氏葬區屋岡坐丙向壬
兼午子之原一子　肇基
家悦字給誠號本齊廷瞻子母陳氏生于乾隆乙丑

九月初五克勤克儉和光可挹當路以簿書見志居鄉而
水道有功終于乾隆乙卯六月十四在靈山縣署弃世享
年五十一扶柩回葬伏水竹圍園岡坐乾向巽兼巇亥之
原妻高氏繼室鄧氏一子始基鄧氏出

家懷字給揚殿瞻長子母杜氏生于乾隆壬申五月
十八終于嘉慶丁巳十二月二十四享年四十六葬竹逕
坑妻劉氏一子　開基

家忱字給裕號安和殿瞻次子母杜氏生于乾隆丙
子十二月初三終于嘉慶己卯二月十四享壽六十四妻
馮氏合葬坑口大地無嗣

家恒字給廣號德潤聖瞻長子母陳氏生于乾隆丁
丑五月十一終于道光壬午十二月二十享壽六十六妻
關氏葬岡咀

家松字給秀聖瞻次子母陳氏生于乾隆甲申九月
十三終于嘉慶戊辰十月二十九葬省城東得勝竹林

家為字給干擇瞻長子母方氏生于乾隆丁丑八月
二十六終于嘉慶庚午五月初六享年五十四妻陳氏二
子　咸登　聯登早亡
家鰲字　擇瞻次子母方氏早亡葬蜆殼地
家平字給正晉瞻長子母張氏生于乾隆壬午九月
十七妻潘氏遷沙滘住
家慶字給高晉瞻次子母張氏生于乾隆乙酉二月
二十二適沙滘住
景萬字　運保子母杜方生于乾隆乙亥九月二十
八遷佛山住終葬莫考
景浩字會洪佑保子母陳氏生于乾隆丁亥十二月
初八妻區氏外出附祀㲋江祖祠
景洗字慶滄全保長子母馮氏生于乾隆庚寅三月
二十八妻劉氏別適附祀㲋江祖祠
景淇字　全保次子母馮氏生于乾隆辛丑九月十

六附禮凫江祖祠
永泰字世寧日桂子母區氏生于乾隆乙丑十二月
十八終于乾隆甲辰正月初十葬區屋岡東向妻梁氏一
子 秋成
永壽字其寧日秀子母陳氏生于乾隆甲戌四月十
二終于嘉慶丙辰正月十八葬沙浦岡妻陳氏一子 錦
成失傳
美成字昌彥帝拔子母陸氏生于康熙庚辰十二月
初三終于雍正丙午九月十七享年二十七妻莘涌陸氏
合葬竹逕新社岡一子 啓瑞
玉成字衍璧帝高長子母蘇氏生于康熙乙未三月
初六終于乾隆甲子三月二十妻謝氏合葬坑尾巳向之
原無嗣
康成字衍儀帝高次子嫡母蘇氏生母梁氏生于康
熙戊戌十二月二十八終于乾隆己丑十月二十一葬上

坑岡卯向妻勞氏別適三子　新妹早亡　可來　可勝
外出
子成字　帝高三子嫡母蘇氏生母梁氏妻　氏合
葬上坑岡丙向無嗣
德成字衍才帝高四子嫡母蘇氏生母梁氏生于雍
正乙酉七月二十終于乾隆甲寅正月十九享壽六十六
妻陳氏合葬岡咀癸向二子　可貴　可緒
福成字衍爵號達先帝高五子嫡母蘇氏生母梁氏
生于乾隆庚申十一月二十賦性樸素宅心和融儉積以
營生明斷而應事終于乾隆辛亥十月二十七享年五十
二葬岡咀坐丁向癸之原妻赤勘陳氏二子　長大　長
元
葉麟字衍祥號得桃帝猷長子母杜氏生于康熙戊
子三月初九終于乾隆乙卯三月十五享年五十二妻沙
寮杜氏葬岡咀繼娶沙滘何氏三子　遠慎杜氏出　遠

燦杜氏出　遠題何氏出早亡

葉鄒字衍基帝猷次子母杜氏妻本里方氏合葬區

屋岡無嗣

葉蘭字衍亮帝創長子母杜氏生于康熙乙未八月

十三終于乾隆癸未十一月初十妻孔邊方氏旌表節孝

合葬大松岡無嗣

葉藻字衍傳帝創次子母杜氏生于康熙丁酉十一

月十一終于乾隆己卯十二月二十四妻西城潘氏旌表

節孝合葬大松岡無嗣

葉收字衍豐帝創三子母杜氏生于熙正甲辰十月

十二終于乾隆乙巳十月二十五妻灣頭杜氏旌表節孝

合葬大松岡無嗣

葉陽字衍剛號秉正帝垣長子母陳氏生于康熙甲

午十一月終于乾隆丁未四月初三享壽七十四葬竹逕

岡妻方氏葬大山一子　遠條

葉星字衍明號豪輝帝垣次子母陳氏生于雍正丁
酉十一月初五終于乾隆丁未二月十九享壽七十一妻
本里方氏合葬竹岡午向二子　遠達　遠弼
葉宿字衍樞號拱辰帝垣三子母陳氏生于康熙庚
子八月二十八終莫考妻勞氏葬區屋岡二子　遠紹
遠述俱失傳
葉元字衍登號高品五美長子母馮氏生于雍正癸
卯正月十五嘉慶元年　恩賜八品終于嘉慶已未享壽
七十六妻本里區氏繼娶陳氏合葬村頭岡一子　遠貴
區氏出
葉魁字衍林號仰品五美次子母馮氏生于雍正丙
午正月十四終壽莫考葬岡嘴北向妻伏水陳氏二子
遠裔　遠嗣
葉三字衍俊五美三子母馮氏生于雍正癸丑正月
十一終于嘉慶戊午十二月初七享壽六十六葬屈龍岡

妻本里方氏三子　元椿早亡　遠發　遠澤
葉宗字衍枝號榮品五美四子母馮氏生于乾隆丁
巳三月十三終于乾隆癸卯十月二十九妻赤勘陳氏葬
大坑岡二子　遠秋　遠潤外出
葉棠字衍秀號端品五美五子母馮氏生于乾隆庚
申八月二十八終于乾隆甲寅十月二十一享年五十五
葬竹逕大坑岡妻大沙何氏二子　遠義　遠順
森字衍多帝驌長子母陳氏生于乾隆壬申九月二
十一終于嘉慶　妻蘇村陳氏葬莫考二子　遠宋
遠富
杰字衍廣帝絨次子母陳氏生于乾隆丁丑九月初
十終葬莫考妻小杏陳氏無嗣
英發字杰才元安次子母陳氏生于乾隆庚寅
終于道光　五月初一葬省城白雲山青龍咀
妻杜氏葬大坑岡繼娶李氏四子　桂芳杜氏出早亡

紅芳杜氏出早亡　念祖　旺祖俱李氏出
德發字達才號國貞元和子母陳氏生于乾隆乙丑
七月初八終葬莫考妻杜氏無嗣入崇祀祠
湛凌字雲宗遠茂長子嫡母陸氏生母姜氏生于乾
隆乙卯二月十五終于嘉慶壬申正月二十九葬區屋岡
妻游氏別適無嗣
汕凌字　遠茂三子嫡　母陸氏生母姜氏生于嘉慶
丁巳九月十三終于嘉慶己卯三月初三葬區屋岡妻陳
氏別適無嗣
長智字秩宗日茂長子母游氏生終莫考妻區氏合
葬區屋岡一子　成倫
衍智字　日茂次子母游氏生終葬莫考妻陳氏
陛智字　日茂三子母游氏生終葬莫考妻黃氏三
子　滿堂　祥倫　十全
興福字用敷祥茂子母杜氏生終葬莫考妻何氏繼

娶鍾氏別適一子　河清鍾氏出

聯魁字　帝賢長子母鄧氏生于乾隆甲辰八月二十六終葬莫考妻　氏別適無嗣入崇祀祠

緒魁字振宗帝賢三子母鄧氏生于乾隆乙未十二月初三終葬莫考妻　氏別適無嗣入崇祀祠

癸發字光宗帝南子母杜氏生于乾隆壬辰五月初十終于道光壬辰五月初四享壽六十一葬三丫衘岡妻區氏二子　耀蒼　順蒼

祖帶字衍宗帝節子母鄧氏生于乾隆巳亥九月二十四終于道光戊子六月初二享年五十葬三丫衘岡妻陳氏無嗣

妹帶字沛宗帝和長子母陳氏生于乾隆丁未十一月二十八終莫考葬上坑岡妻　氏無嗣入崇祀祠

長帶字懷宗帝和次子母陳氏生于乾隆乙酉正月二十八終莫考葬上坑岡妻　氏無嗣入崇祀祠

公貴字紹宗夢益曾孫母陳氏生于康熙庚子十月
二十七終葬莫考妻陸氏一子　北海失傳
公尚字元茂得占長子母陳氏生于康熙戊子二月
二十終莫考妻梁氏二子　乙有　巳有失傳
雍德字元意得占次子母陳氏生于雍正癸卯十月
初八終于乾隆丁巳十一月十一葬莫考妻陳氏三子
曉通　鎮通　四通失傳
公勝字元開號懷山自占子母蘇氏生于康熙癸未
六月二十七終葬莫考妻關氏一子　士賢
天勝字元附三占長子嫡母蘇氏生母陳氏生于康
熙巳亥七月十八終于乾隆巳巳十月十三葬竹逕岡妻
杜氏三子　璇機　瑛機出繼　珠機
二勝字　三占次子嫡母蘇氏生母陳氏生于雍正
丁未十一月二十四終于乾隆丙寅五月十九葬巷邊岡
立一子　英機

公裔字元贊號賢相殿占長子母鄧氏生于康熙甲
申七月二十四終于乾隆壬午十月二十二葬潤螺岡妻
本里區氏二子　宗慶　新慶早亡
公保字元興號賢發殿占次子母鄧氏生于康熙戊
子四月二十三終于乾隆戊戌七月十九葬后岡妻勞邊
勞氏二子　景菊　升菊
五典字廷猷三錫長子母潘氏妻蘇氏合葬菴邊岡
無嗣
五徽字廷英號直江三錫次子母潘氏生于康熙丁
酉八月十三終于乾隆乙酉正月二十六葬潤螺岡妻陳
氏三子　大量　大理失傳　大晃
五勝字廷寬號直慈三振長子母潘氏生于康熙甲
午十一月二十一終于乾隆丙午十一月二十四葬潤螺
岡妻蘇氏二子　大富　大倫
五朝字廷萬號直柔三振次子母潘氏生于康熙丁

未八月十九終于乾隆庚戌十一月二十三妻潘氏合葬
潤螺岡繼娶潘氏二子　大周早亡　大林
遠繁字芝宏三捷子嫡母陸氏生母吴氏生于康熙
庚寅十二月初一終葬莫考妻陳氏二子　明德早亡
秋德往南雄住
遠茂字芝盛號仰松三勝長子母高氏生于康熙乙
酉九月十七終于乾隆壬寅八月十三享壽七十八妻何
氏陸氏合葬白雲岡三子　純德早亡　成德　瑞德俱
何氏出
遠譽字芝顯號仰月三勝次子母高氏生于康熙乙
丑七月二十三終于乾隆丁未二月十四妻黄氏合葬大
坑岡二子　存德早亡　在德
遠聞字芝華三勝三子母高氏生于康熙壬辰八月
二十八終于乾隆戊辰四月初五葬屈龍岡妻蘇氏繼娶
杜氏一子　爾德杜氏出

遠英字芝雄號仰柏三勝四子母高氏生于康熙戊戌七月初四終于乾隆辛丑八月二十九享壽六十四妻李氏劉氏合葬石仔岡四子　良德　耀德　慎德　厚德俱李氏出

遠庇字芝翰三遇長子母陳氏生于康熙甲申五月十九終于乾隆丙寅五月十六妻李氏繼娶李氏合葬巷邊立一子　令德

遠祚字芝祥號仰輝三遇次子母陳氏生于康熙戊子四月初四終于乾隆庚寅三月二十一享壽六十三妻區氏葬　岡三子　經德　令德出繼　昭德出繼

遠悦字　三進子母梁氏早亡立一子　昭德

撰言字啓相號多星賓亮子母鄧氏生于雍正癸丑正月二十八終葬莫考妻周氏一子　士敬

擢言字啓一賓師子母區氏生于康熙丁亥十月初六終于雍正戊申五月二十六享年二十二葬屈龍岡妻

大沙何氏別適立一子　士杰

雅言字啓昌賓容繼子繼母游氏生母李氏生于雍正丙午十月初五終葬莫考妻沙水劉氏三子　士忠早亡　士孝　士勝早亡

興言字啓禎賓居子母蘇氏生終葬莫考妻張氏一子　士魁外出

慎言字啓余賓恭長子母張氏生于康熙乙未二月十二終于乾隆甲子十二月初五妻石鰲岡蘇氏合葬屈龍岡三子　士杰出繼　士英　士達早亡

則言字啓堯賓恭次子母張氏生終葬莫考妻陳氏二子　士觀　士彬早亡

學言字啓發賓章次子母李氏生終葬莫考妻温氏無嗣

顧言字啓行賓章三子母李氏生終葬莫考妻孔氏無嗣

君成字啓盛賓清長子母陳氏生于乾隆甲申正月
二十三終葬莫考妻沙水劉氏失傳
君志字啓漢賓清次子母陳氏生于乾隆戊子四月
初四終葬莫考妻陳村蘇氏一子　士勇
君美字啓芳賓清三子母陳氏生于乾隆庚寅九月
十二忠誠樸實鄉里推為坊正終于道光乙酉十一月十
六葬菴邊岡妻蘇村潘氏失傳
君興字啓邦賓清四子母陳氏生于乾隆壬戌四月
十二終葬莫考妻　氏失傳
知言字啓浩賓服次子帶業繼伯父賓興繼母黃氏
生母高氏生于康熙丁亥二月二十七終于乾隆壬戌二
月十九妻蘇村陳氏合葬大坑岡二子　士雄　士紳
聖言字啓睿號鏡池賓服長子母高氏生于康熙癸
未九月十三終于乾隆癸未正月初十享壽六十一妻蘇
氏勞氏合葬大坑岡二子　士奇蘇氏出　士安勞氏出

富言字啓隆號潛修賓服三子母高氏生于康熙乙丑八月十六終于乾隆甲辰四月十六葬大坑岡妻何氏葬封面岡二子　士槐　士桂

仁言字啓元號開泰賓王長子長甘氏生終葬莫考妻謝氏一子　士强

孝言字啓忠賓王次子母甘氏生終莫考葬大坑岡妻氏失傳

善言字啓賢號昆山賓王三子甘氏生于康熙丁未四月十九終葬莫考妻陳氏二子　士鵬失傳　士棟

悖言字啓猷號樵逸賓王四子母甘氏生于康熙丁亥四月十九終葬莫考妻陳氏三子　士鰲　士瓊　士環

鼎言字啓彝賓王五子母甘氏生于康熙丙申十二月十九終于乾隆乙亥七月十四享年四十殯在西鹽縣土名懷鄉妻大果杜氏二子　士炳　士紀

紹言字啓璋號嶽芳賓臣子母陳氏生于康熙壬寅
十二月十一終于乾隆乙亥九月初四享年四十四葬大
坑岡妻上大仙岡陳氏二子　士廣　士剛

文言字啓華賓敬長子母黃氏生于康熙壬辰十一
月初五終于乾隆已卯閏六月初四享年四十八妻西城
游氏合葬潤螺岡二子　士龍　士光

永言字啓遠賓敬次子母黃氏生終莫考妻陳氏葬
白雲岡繼娶葉氏一子　士寧失傳

宏言字啓起賓濟長子母林氏生終葬莫考妻梁氏
失傳

徵言字啓明賓濟次子嫡母林氏生母鄧氏終葬莫
考妻蘇村陳氏一子　士亨無嗣

侃言字啓誠號實修賓穀長子母何氏生于康熙壬
寅九月二十四終于乾隆甲戌十月十五享年三十三妻
大果杜氏合葬大坑岡二子　士行　士驥

帝順字振亨會聰長子母游氏生于康熙戊申三月二十三終于康熙辛亥六月初三享年五十四妻陸氏合葬區村鄧州岡二子 年勝 庇勝

帝坤字振良會聰次子母陳氏生于康熙乙卯四月初六終于乾隆庚午十月二十葬 岡妻陳氏一子 真勝

帝和字振明受聰子母王氏生于康熙壬戌十月初五終于乾隆辛未九月初四妻鄧氏葬 岡一子 聯勝

仲房十九世

亞富字元德觀弟子母杜氏生終莫考葬大坑妻本里方氏一子 壽禄

蘭玉字超佐號昆山君長長子母吴氏生于康熙丁丑三月十一終莫考妻梁氏合葬白雲岡三子 長寧馨次寧安 季出族季子之長子亦然均照譜例缺其名

其季子現有次子嘉慶其季子之長子現有三子　世學
世倉　世維譜以繼后
芝玉字超瑞號奮君長次子母吴氏生于康熙已卯
十一月二十九終于乾隆戊戌五月十三妻馬嶺尾鐘氏
合葬白雲岡一子　寧昌
誠通字超信君甫長子母方氏生于康熙已酉九月
初九終于乾隆壬寅五月二十三妻大果杜氏合葬石仔
岡一子　寧聲
文通字超章君甫次子母方氏生于康熙壬辰八月
初二終葬莫考妻杜氏無嗣
時通字超海君甫三子母方氏生終莫考葬白雲岡
妻小杏黄氏無嗣
懷玉字超瑜君卿長子母游氏生于康熙壬午二月
十八終葬莫考妻陳氏一子　廣仁
廷玉字超琳君卿次子母游氏生于康熙已亥二月

十三終葬莫考舟里林氏一子達訓出族現有孫士佳失
傳
徽玉字超番君相長子母陳氏生于康熙戊戌三月
十四終于乾隆乙未五月二十九妻陳氏合葬白雲岡三
子 廣暢 廣校早亡 廣用
文玉字超瓊君相次子母陳氏生于雍正甲辰九月
二十四終于乾隆戊戌五月十三妻李氏合葬白雲岡一
子 廣緒無嗣
純玉字超環號元璋相三子母陳氏生于雍在庚戌
四月初七立心正直制行端方推為族正嘉慶初年恩賜
八品終于嘉慶庚辰八月二十四享壽九十一葬大松岡
妻蘇村陳氏葬石仔岡繼娶區氏與公合葬三子 廣志
廣帶 廣明俱區氏出
社雄字英才號德來宗擯長子母何氏生于雍正辛
亥十月十三終于乾隆辛亥八月十九享壽六十一妻大

杏張氏合葬大坑岡一子　堂梅
社恩字育才宗擯次子母何氏生于雍正乙卯正月
十二終于乾隆丁卯十月十九妻區氏合葬大坑岡無嗣
社連字御才宗擯三子母何氏生于乾隆庚申二月
三十終于嘉慶丁丑正月二十六妻方氏合葬大坑岡一
子　佳有
社庸字茂才宗擯四子母何氏生于乾隆辛未九月
二十二終于道光壬辰八月初葬獅頭岡妻周氏葬大坑
岡四子　堂如早亡　堂在　堂進　堂升早亡
朝燕字廷仕號百川殿殼長子母陳氏生于雍正丙
午正月十九終于乾隆丁未十月十四妻陳氏合葬潤螺
岡三子　才寬　文寬　齡寬
新勝字萬佳君保子母林氏生于乾隆庚辰八月二
十四妻方氏無嗣
春玉字萬來香子母陳氏生于乾隆戊辰五月初七

終于道光壬午八月初七妻潘氏合葬獅頭岡二子 乙

長 辰光

炳壽字萬全有香子母杜氏生于乾隆丙子十月二

十九終葬莫考妻杜氏繼娶 氏一子 洪昌

令發字華士有祥子母李氏生終葬莫考娶陳氏一

子 大弟失傳

定安字國士杜龍長子母陳氏生于雍正乙巳九月

二十二終于乾隆辛丑十一月二十四妻孔邊方氏合葬

白沙岡二子 新福 新與

萬安字和士社龍次子母陳氏妻關氏繼娶 氏無

嗣

遠發字恒士社元子母嚴氏生于雍正辛亥六月初

八終于乾隆戊戌六月十九葬廣寧妻蘇村蘇氏一子

新廣

三妹字成鯤瑞介母陳氏生于康熙丁亥十月初十

終于乾隆己未七月二十八享年三十妻華夏吴氏合葬
大坑一子　流源
石琚成衍孕秀子母陳氏生于康熙辛巳八月十四
終葬莫考妻沙浦杏陳氏失傳
觀龍字成高春開子母吴氏生終葬莫考妻區氏一
子　二帶失傳
帝在字成遇細開子母林氏妻李氏無嗣
偉聯字成大初福子母何氏生于雍正庚戌二月十
七終葬莫考妻　氏無嗣
君壽字成熙春發子母吴氏生于康熙乙未十月十
三終于乾隆己卯五月二十六享年四十五妻大亨陳氏
合葬大坑岡一子　大汪
君勝字成附秋發子母蘇氏生于康熙乙酉九月初
一終葬莫考妻竹逕關氏二子　維大　富大早亡
得珠字成光嘉燕長子母馮氏生于雍正乙卯十一

月二十八終于乾隆壬寅四月十三妻黄氏合葬大松岡

西向三子　昌發　盛發　康發

定珠字成輝號贊龍嘉燕次子母馮氏生于乾隆庚

申正月初九終于嘉慶戊午三月初九妻陸氏合葬大松

岡西向六子　榮發　華發早亡　祖發　宗發　綿發

長發

明珠字成耀嘉燕三子母馮氏生于乾隆丙寅九月

初三終于嘉慶庚申八月二十六妻黎州陳氏繼娶大岡

梁氏一子　冬發陳氏出

光發字廷敏萬鐘次子母潘氏生于乾隆丙辰十月

二十四終于乾隆戊辰四月二十一妻大沙周氏合葬沙

岡東向六子　源來　源玉　源士　源才　源重　源

聚

聚興字廷任有權子母陳氏生于乾隆丙子閏九月

初八終于　壬戌六月十二妻沙滘何氏俱葬墟邊墩五

子　保養　保受　水養　華福　保珠俱往横江住
亞勝字倫標昌奇子母伍氏生于康熙壬戌十月二
十四終于乾隆丙辰四月二十二妻潘氏葬大坑岡四子
宗慶　宅慶　榮慶　安慶
閏壽字富標社報子母林氏生于康熙癸未四月二
十二終于莫考妻大杏高氏合葬烏飯岡四子　純大
傳大早亡　可大　言大
永壽字簡標有報子母徐氏生于康熙庚辰三月二
十五終葬莫考妻陳氏失傳
德勝名標號天甫昌政子母勞氏生于康熙己卯四月
十二終葬莫考妻順德黄氏一子　大球
嗣勝字萬標昌弟長子母杜氏生于康熙辛卯十月
十二終于乾隆戊子十二月十九妻赤勘陳氏合葬屈龍
岡六子　大享　大開　大倫　大登　大麒早亡　大
科早亡

尚勝字萬載昌弟次子母杜氏生于康熙乙未十一
月三十終葬莫考妻　氏失傳
進壽字瑞標號如柏有兆長子母游氏生終莫考妻
潘氏合葬沙岡無嗣
會壽字瑞志號如松有兆次子母游氏生于康熙癸
酉九月二十六終于康熙戊戌三月初十享年三十六妻
丹灶謝氏玉燕投懷守孀居以勵節柏舟失撫合葬大坑
岡一子　文啓
秩壽字瑞安號如晏有兆三子母游氏生于康熙丙
子正月初九終于乾隆戊寅五月二十九享壽六十三妻
孔邊方氏葬后岡三子　文祥　文聚　文勝
元壽字瑞長號如川有兆四子母游氏生于康熙巳
卯七月初四終于乾隆丁酉八月十二享壽六十九妻大
仙岡陳氏合葬烏飯岡一子　文恩
悦壽字定標有佩長子母陸氏生于康熙乙亥九月

十二終于乾隆壬辰十一月十九享壽六十五妻潘氏合
葬烏飯岡一子　觀松
積壽字景標有佩次子母高氏生于康熙戊子正月
初十終于乾隆乙丑十一月九享年三十八妻陸氏妾高
氏葬莊邊岡二子　觀德陸氏出　觀童高氏出
五壽字帝標有佩三子同氏生于康熙乙未十一月
十五終于乾隆庚子五月初九享壽六十六妻陸氏合葬
大坑岡四子　見德早亡　信德　聚德早亡　四德早
亡
廣壽字天元有保子母龐氏生于康熙丙申十二月
二十九終于乾隆戊辰正月二十五享年二十三妻陳一
子　永善失傳
禄壽字爵德社健五子母方氏生終葬莫考妻新村
郭氏一子　明善失傳
現壽字在備觀戴長了母歐陽氏生于雍正戊申六

月二主終于乾隆壬午十一月十六葬莫考妻黄氏别適
一子　紹祥失傳
吉壽字令德觀戴次子母歐陽氏生于乾隆戊午十
月十六妻西城潘氏携眷往廣西百色充右江鎮稿績娶
百色東門黄氏三子　士英潘氏出　士華　士榮　黄
氏出俱往廣西
維福字乾亨觀元長子母陳氏妻潘氏無嗣
用壽字標見亘安子母　氏妻　氏二子　春牛
春發外出
帝順字恒標應周子母杜氏生于乾隆庚寅八月二
十八妻陳氏終葬莫考一子　瑞光
添保字乾進帝從子母葉氏生于康熙辛丑四月十
五終葬莫考妻區氏一子　瑞朝
天聯字乾大光典子母黄氏生于雍正乙巳三月初
五終于乾隆乙巳三月　五享壽六十一妻沙浦杏陳氏合

葬大坑岡一子　可球
奇壽字遐標有恒次子母方氏生于康熙已卯十一
月二十終于葬莫考妻陳氏一子　東壁
志壽字齡標有恒三子母方氏妻何氏生終莫考葬
大坑風失傳
兆成字尚標祚光子母關氏生終葬莫考妻謝氏二
子　元定　元安

季房十九世
錫祥字德禎社虬子母劉氏生終莫考妻杜氏合葬
蜆殼岡失傳
錫福字裔燦號三多觀鵬長子母徐氏生于康熙乙
亥十月初十終于雍正甲寅二月二十五享年五十妻沙
浦陳氏合葬沙岡三子　為梅　為憲　為光
健福字裔昌號源盛觀鵬次子母梁氏生于康熙已

丑九月初七終于乾隆戊長十月初十享年四十妻孔邊
方氏葬沙岡一子　為冠

賜福字裔滋號時潤觀鵬三子母梁氏生于康熙辛
卯十三妻沙寮杜氏葬區屋岡一子　為勝

錫榮字裔華號宗富觀鶚子母方氏生于康熙丙子
七月二十七終莫考妻大杏甘氏合葬岡咀一子　宏歡

錫魁字裔俊號元菴觀鳳子母杜氏生于康熙庚寅
八月十二終莫考妻伏水陳氏合葬岡咀三子　宏勝無
嗣　宏成　宏珠

貴添字榮君社保子母馬氏生于康熙乙未六月十
六終于乾隆乙未十月初七享年六十一葬佛堂横牛地
妻杜氏繼娶梁氏二子　成就　成友俱梁氏出

壽添字智君有保子母潘氏生于乾隆乙未九月二
十七終于　庚寅十一月十三妻潘氏合葬沙岡二子
帝雄　肇雄

觀信字爵君號尊一長民長子母甘氏生于康熙甲
子三月二十七終于乾隆甲子十二月初九享年六十一
妻張氏合葬岡咀二子　復秤　戊秤
觀載字齒君號尊二長民次子嫡母甘氏生母李氏
生終莫考妻李氏合葬蜆殼岡一子　實開
觀裔字德君號尊三長民三子母甘氏生終葬莫考
妻陳氏無嗣
福臨字獻君長德長子母陳氏生于康熙辛未正月
二十七終于乾隆辛酉十月十三享年五十一妻隔沙杜
氏合葬菴邊岡二子　公卿　公泰
茂臨字玉君長德次子母陳氏妻周氏合葬上坑岡
失傳
富臨字遇君長德三子母陳氏妻陳氏合葬上坑岡
失傳
成臨字道君義子母杜氏生于康熙丙戌正月初四

終于乾隆辛亥正月二十二妻黃氏合葬村頭岡一子
公佑
君載字廣秀初丙長子母　氏妻　氏一子　祖旦
失傳
閏載字達秀初癸次子母　氏妻　氏一子　祖念
失傳
錫章字元秀號汝松貴麟長子母程氏生于康熙丙
子七月二十六終于乾隆已卯三月二十享壽六十四妻
赤勘陳氏合葬岡咀一子　燦霖
錦章字鐘秀號樂西貴麟次子母程氏生莫考終于
乾隆癸酉九月二十一妻龍池歐陽氏合葬區屋岡一子
德霖
初元字顯榮裔芝長子母張氏生于雍正癸丑九月
十五終葬莫考妻杜氏三子　大庚　大廣　大賢
社元字顯華裔芝次子母張氏生于乾隆庚申七月

二十八終葬莫考妻　氏失傳

帝廣字顯君智猷長子母梁氏生于康熙乙丑十二月初八乾隆丁丑羅岡　祖山嘖后余地被土匪陸簡夫盜葬其父戊寅又被陸華先鋤挖后土先后隨同家讓出名控理終于乾隆壬午九月　妻本里區氏合葬上坑岡三子　大來　大經　大科

帝連字顯相智猷次子母梁氏妻鄧氏失傳

昌泰字愈詔帝現長子母吳氏生于乾隆甲子八月初一終葬莫考妻黃氏葬村頭岡一子　菊英附祀季房祠

忠泰字雄詔帝現次子母吳氏生于乾隆丙子九月初三終莫考葬石仔岡妻謝氏一子　福英無嗣

倫泰字周全帝現三子母吳氏生終葬莫考妻　氏無嗣

富言字豪詔士勝子母陳氏妻周氏一子　國開失

傳
成言字瑞詔號長梅士騰長子母杜氏生于雍正甲
寅九月二十終于乾隆丙寅九月初二葬　岡妻謝氏二
子　春開　社開
義言字公詔士騰次子母杜氏生于乾隆乙丑五月
初十終于嘉慶壬戌四月十一葬大坑岡妻張氏葬松仔
岡三子　新開　興開早亡　振開
進言字元詔士奇長子母梁氏生于雍正乙卯十月
三十終葬莫考妻杜氏四子　嘉開　杰開出繼　應開
迪開
泰言字康詔士奇次子母梁氏妻徐氏葬　岡立一
子　杰開
順言字暢詔士奇三子母梁氏生于乾隆乙亥正月
二十八終葬在陽山妻梁氏妾潘氏蔡氏三子　石開
蔡氏出　爵開潘氏出　桂開蔡氏出俱在陽山住

亨言字會詔號無能士奇四子母梁氏生于乾隆戊
寅六月二十三終于道光戊子正月二十二葬西岡妻杜
氏四子　兆開　秩開　敏開　旋開出繼
芳言字位詔士鸞長子母杜氏生于乾隆庚申十一
月二十六終于嘉慶庚申十一月十八妻周氏合葬區屋
岡妾陳氏六子　佑開　蕃開周氏出　祖開出繼　昆
開　丁開　禄開俱陳氏出
義方字讓詔士彎次子母杜氏生于乾隆乙丑三月
二十六終于乾隆癸未十月初二妻吴氏合葬大坑岡立
一子　祖開
發言字達詔號茂隆士德長子母杜氏生于乾隆癸
亥九月十三充陽山縣掾吏終于乾隆甲辰十一月初四
妻灣頭杜氏合葬石仔岡三子　酉開　寅開　陽開
登言字舉詔士德次子母杜氏生于乾隆辛未五月
二十終于嘉慶戊午十一月　五葬圓魚岡妻方氏妾陳

氏二子　奕開方氏出　世開陳氏出
恒言字　士德三子母杜氏生于乾隆丁丑五月初
三終于嘉慶戊子三月二十一葬大坑岡無嗣
式燕字允飛裕太長子母勞氏生終莫考妻黄氏合
葬岡嘴一子　廷康
式中字允才裕太次子母勞氏妻陳氏無嗣
汪涵字識大載太子母徐氏妻陳氏無嗣
爵位字貴大吕太子母陳氏生于康熙丁酉九月十
八終于乾隆乙卯正月二十葬恩平南門妻梅步嚴氏二
子　進業　廷業
孔大字正元裕祖子母方氏生于乾隆己未正月二
十七終于嘉慶庚申十一月初一葬新社岡妻黄氏五子
士成　義成　三成早亡　四成　五成
孔評字題魁德志長子母林氏生于雍正壬子七月
初七終于乾隆己卯七月二十二葬連州城外妻陳氏葬

新社岡一子　泔霈
國評字邦仰德志次子母林氏生于乾隆乙未九月
二十四終葬莫考妻杜氏一子　文進無嗣
萬評字廷仰德志三子母林氏生于乾隆壬戌正月
二十終于乾隆乙酉四月十七葬新社岡妻何氏别適一
子　文豪
孔育字題瑞克繩子母周氏生于雍正己酉閏七月
二十九終莫考葬松仔岡妻李氏一子　甘醴
金山字喜大德庇長子母陳氏生于康熙辛丑四月
二十九終于乾隆己卯十二月三十享年三十九葬上坑
岡妻林低一子　仕貴
銘山字景大德庇次子母陳氏生于雍正丁未三月
二十七終莫考妻杜氏合葬岡嘴一子　仕開
積顯字洪大祖庇子母蘇氏妻林氏合葬大坑岡無

積學字意大觀庇長子母區氏生終葬莫考妻潘氏
二子 仕輝 仁球
積善字信大觀庇次子母區氏生終葬莫考妻梁氏
無嗣
恩松字德茂觀佐子母周氏生于雍正庚戌十二月
十四終葬莫考妻杜氏一子 炎培失傳
祖字本茂安寧子母陳氏生終葬莫考妻　氏一子
書中
維松字擴茂高魁子母杜氏生于康熙癸未九月初
五終莫考妻薛氏合葬　岡二子 新科 春科
錦松字燦茂觀魁長子母陳氏生于康熙戊戌十二
月三十終于乾隆乙丑四月二十享年二十八妻丹竈謝
氏玉燕投懷柏舟矢志誕生男子益敬翁姑婦道無虧母
儀克書記之家譜以待
朝旌合葬區屋岡一子 天賜

青松字永茂觀魁次子母陳氏生于雍正甲辰二月
初六終于乾隆已卯閏六月二十八妻游氏合葬　岡子
一　天福無嗣
升松字進茂觀魁三子母陳氏生于雍正庚戌十月
二十九終于乾隆丁酉十月十四妻張氏合葬蜆殼岡四
子　天授　天蔭　天培　天球
碧珠字光茂占魁子嫡母杜氏生母游氏生于乾隆
乙亥十月初七妻蘇氏合葬上坑岡二子　天户　天納
秀松字昌茂世魁長子母方氏生于康熙乙亥十一
月初二終莫考妻岡頭梁氏合葬　岡三子　天佑早亡
天就出繼　天禄
齡松字蕃茂世魁次子母方氏生于康熙壬寅九月
十五終于乾隆九月十九享年二十一葬上坑岡立一子
天就
式鑑字允明繹魁長子母薛氏生于康熙戊戌十二

月初十終于乾隆丙申八月初二妻朗心霍氏合葬區屋
岡一子 德勵
式鐶字矩繹魁次子母薛氏妻謝氏一子 天勝失
傳
式交字允上純魁子母黎氏生于雍正癸卯十二月
二終于嘉慶丙辰十一月初二葬岡咀妻葉氏一子 德
枝
式璜字允昌宏魁子母楊氏生于雍正癸丑十一月
二十三終于嘉慶戊午正月初一葬岡咀妻鄧氏四子
德誨 德穎 德勝早亡 德賢
式良字允中金魁長子母方氏生于乾隆壬戌十二
月二十四終于乾隆癸卯十一月初二妻勞氏葬松仔岡
三子 居仁 居義 居禮俱無嗣
式奇字允瑞金魁次子母方氏生于乾隆丙寅五月
二十九終于乾隆丙午正月十三妻方氏繼娶游氏合葬

松仔岡二子　菩蔭　福蔭俱游氏出無嗣

式均字允平金魁三子母方氏生于乾隆乙亥四月初八終于道光癸巳十一月初五葬松仔岡妻陳氏二子

興燕　光堯

式琳字允猷號才干志魁長子母張氏生于雍正甲寅六月二十五終于乾隆乙酉三月二十九享年五十六葬新寧分縣萬墳山妻潘氏葬上坑岡二子　翰兼　興緒俱早亡

式郎字允輝志魁次子母張氏生于乾隆壬戌六月二十終葬莫考妻本里陳氏四子　興立　興如　興卓

興祥早亡

式璠字允寶志魁三子母張氏生于乾隆甲子九月十六終于道光壬午八月二十七享壽七十九葬伏水岡妻沙頭岸梁氏三子　興創　興元　興裕

式輿字允玉志魁四子母張氏生于乾隆丁卯二月

初七終莫考葬　岡妻石牛岡蘇氏一子　興任
　式琬字允登志魁五子母張氏生于乾隆庚午三月
初十終于道光甲申六月十六享壽七十五葬大坑岡坐
巳向亥兼丙壬之原妻横村劉氏三子　興信　興遠
興騷早亡
　式矩字允方鈿魁長子母徐氏生于乾隆丙寅四月
二十二終于乾隆戊申正月初四享年三十葬　岡妻灣
頭杜氏二子　興仁　興邦早亡
　式華字允岳鈿魁次子母徐氏葬上坑岡無嗣
　式昌字允光號義如鈿魁三子母徐氏生于乾隆丙
子六月十三公生平梗直作事有謀不避憎怨推舉族正
決斷嚴明介議設糧會以省催科又聯江南會築大塘以
裕　祖嘗終于道光丙戌十一月十三葬石仔岡妻杜氏
立一子　尚開即旋開
　昌期字盛茂大福子母林氏生于乾隆乙亥八月十

六終于道光戊子十二月初六妻甘氏合葬區屋岡二子
報本　務本早亡
昌如字　大興長子母何氏生終莫考葬省城白雲
山青龍咀無嗣
昌齡字延年大廷子母陳氏生于乾隆乙酉八月二
十五終于道光戊子六月二十一妻陳氏合葬蜆殼岡二
子　珠慶　紳慶早亡
昌隆字高年大乾子母何氏生莫考終嘉慶丙子七
月十三葬區屋岡妻陳氏附祀孔猷祖
致中字時茂閏建長子母陸氏生于康熙壬寅十一
月十一終于葬莫考妻梁氏二子　朝英早亡　朝進
致和字育茂閏建次子母工生于雍正甲辰九月十
三終于乾隆壬申十一月初九葬蜆殼岡妻梁氏一子
朝光失傳
至大字　德魁長子母高氏未娶而亡立一子　學

仁失傳
金姑字秋茂德魁次子母高氏妻　氏合葬村頭岡
二子　學仁出繼　學海失傳
富興字作源號樂賓三德長子母鐘氏生于乾隆乙
巳九月十二終于道光癸卯九月二十七享壽七十七妻
陳氏合葬區屋岡一子　文熾
富榮字遂源三德次子母鐘氏生于乾隆乙亥正月
初二終葬莫考妻陳氏别適一子　文泰失傳
富祥字世源社德子母陸氏生于乾隆丁丑十二月
初十妻梁氏合葬后岡一子　文光無嗣
冬發字時陽號清溪章帶子母陳氏生于乾隆庚午
十一月初九終于嘉慶甲子九月十一妻沙塘角梁氏合
葬后岡三子　成林　富林　貴林
冬滔字炳陽義章子母李氏生于乾隆辛卯十月十
二終于咸豐壬子正月初三享壽八十二葬上坑岡妻沙

塘角梁氏五子　坤林早亡　彬林　便林—　以林早
亡　志林
春魁字占元有勝子母蘇氏妻吴氏三子　家寬
家連　家樂俱早亡無嗣
實魁字爵元有科子母陳氏生于乾隆癸亥七月十
四妻黄氏合葬后岡立一子　福燕
維綱原名維積字時綱號竹田芝林長子母陳氏生
于乾隆丁酉二月初五公賦性靈敏才智兼備道光辛丑
剿夷有功賞給六品職銜
賜戴藍翎終葬莫考妻小杏何氏無嗣
維綉字時彰號春山別字炳燃芝琳次子母陳氏生
于乾隆庚子三月二十一終莫考妻蘇村徐氏合葬竹逕
岡附祀永豪祖六子　福文早亡　福璉早亡　福珙早
亡　福臻早亡　福幾　福奎早亡
日泰字時亨天澤子母方氏生于乾隆辛酉十二月

二十七終于乾隆庚戌享年五十葬沙岡坐乾向巽之原
妻陳氏葬沙岡四子　福蔭早亡　福綏　福兆　福英
外出

泰成字時就號得心天籍長子母周氏生于乾隆壬
申十二月十九終于嘉慶庚辰十一月二十二妻李氏合
葬沙岡四子　福相　福静　福球　福燕出繼—

遠成字時瑶天籍次子母傳氏生于乾隆壬午四月
二十四終莫考葬省城妻陳氏無嗣

聚成字時剣天籍三子母傳氏終莫考葬在省城無
嗣

九成字時耕天籍四子母傳氏終莫考葬在省城無
嗣

泰星字時朋天詔長子母方氏生于乾隆辛未正月
十二終于道光壬辰正月二十五享壽七十二葬竹逕岡
妻梁氏繼娶陸氏三子　始相　汝相梁氏出　道相陸

氏出

三星字達明天詔次子母方氏生于乾隆辛巳三月二十四終于嘉慶丁丑七月十二妻方氏合葬上坑岡無嗣

日翰字時芳天閏次子母陳氏生于乾隆庚辰七月十二終于道光庚子六月二十九葬后岡妻大沙劉氏二子　其亨　其味

昌大字時中大宗子母陳氏生于乾隆丁丑十月二十妻杜氏終葬莫考葬在省城一子　福狗早亡

五興字金信義寬三子母李氏生于乾隆乙酉十一月十一日終于嘉慶乙酉五月二十二妻關氏葬　岡三子　長有　正有　進有

佑先字杰元號特豪士升長子母劉氏生于康熙辛亥十二月一終于雍正乙卯二月二十三享壽六十五妻梁氏合葬大辣地坐丁向癸之原一子　念祖

敬先字杰恭號最禮士升次子母杜氏生于康熙已未十一月初三終于乾隆乙巳十一月十八享壽七十一妻何氏合葬后岡二子　念孫　念成俱失傳

慶先字杰俊士升三子母孔氏生于康熙壬戌八月初五終于康熙已亥六月二十五享年三十八葬后岡妻周氏別適一子　念聖

君庇字杰夫號成三士騰子母陳氏生于康熙丙寅五月十七公家貧嗜學半讀半耕致力西園標名詩社終于乾隆丙戌三月二十七妻蘇氏繼娶沙浦陳氏合葬伏水岡二子　念長　念六俱蘇氏出

魁先字杰中觀任子母杜氏生于康熙癸未七月十一終于乾隆戊辰八月二十五享年四十六妻孔邊方氏合葬上坑岡附祀行素祖祠

魁多字杰士號名儒觀赦長子母何氏生于康熙乙酉正月二十一少讀儒書壯充縣吏役滿考授吏員歸里

時逢疫羞普濟周詳重修譜秩功更不淺終于乾隆辛卯正月十九享壽六十七葬竹逕新社岡坐辛向慚兼戌之原妻沙滘黃氏葬梅步獅子岡坐卯向酉兼甲庚之原二子 文會 文光追后乾隆戊子春蒙諸戚友以雙壽稱

解制屏壽序

予嘗與羅子杰士讀書西樵以家庭之遇相類志相同遂成莫逆交語詳年母何太君壽序中惟羅子戰不利改業蕭曹予以長安仁宦契潤有年邇來諸假南還問 太君無恙外旋喜羅予考授縣佐需次期邇而羅子與孺人發闐星七十開一矣諸戚友以雙壽稱觴請羅子力引恒言不稱老為辭衆難置喙亟請于予予曰諸君之請伸乎情而出乎理羅子之辭達乎理未體乎情予有一說使情理兩全可乎今夫老成人之惜物力也即雙鷄尊酒出諸其家定厥主名每不輕下筋若戚友所推暨或子若孫所波及則欣然

飲食之此俗情也雖不敢為
何太君律然因是推之轉可助
太君歡今以戚友之觴羅子與孺人者先觴
太君羅子與孺人之受戚友觴者備觴
太君吾知羅子與孺人且借壽衣為斑衣作嬰兒狀同
諸子若孫戲于
太君前而承顔養志極古孝子之風藹然門内
太君顧而樂之方幸羅子與孺人之年當益壯而冀其
稱觴之不已也將由此而耄耋期頤恒藉戚友之祝慶以承
歡于膝下者正未有艾其又奚有稱老之嫌乎諸君其以予
言復于羅子當必以予言為不謬于理而獨有以準乎其情
也是為序
欽命提督貴州等處學政癸酉科四川大主考官庚午
科福建大主考官翰林院庶吉士年家弟馮成修出首拜撰
乾隆乙卯　恩科厥孫彦倫中式武舉嘉慶元年丙胡

會試受恩馳贈
奉
天承運
皇帝制曰勸疆圉逆大父之恩勤錫賁絲綸表
皇朝之霈澤爾羅杰士遷侯選衛千總羅彦倫之祖父
敬以待躬忠能啓后威宣親外家傳韜各之收澤沛天邊國
有計算所常之典兹以覃恩馳贈爾為武各佐騎尉錫之敕
命于戲我武維揚特起孫枝之秀賞延于世益昭遺緒之良
制曰樹豐功于行陣業著聞孫錫介福于庭幃恩推大
母爾黄氏廷侯選衛千總羅彦倫之祖母壹儀足式令聞修
昭表劍佩之家聲輝流奕世播絲綸之國典慶衍再傳兹以
覃恩馳贈爾為安人于戲翟弗用光膺宏庥于天闕龍章載
焕被大惠于重泉
魁上字杰尊號豪一觀赦次子母何氏生于康熙壬辰
九月二十八公事孀親承顔順志處世谷和氣平心勤儉以

持家義方而最子終于乾隆甲午三月初三享壽六十三
妻
蘇村徐氏合葬竹逕岡坐庚向甲兼酉卯之原三子　文
華　文燦　文佳
嘉謀字杰賢觀聯子母杜氏生于康熙壬辰八月二
十九終于雍正乙卯十月初一享年二十四葬后岡大松
園妻陳氏葬行路上一子　文齡
嘉猷字杰雄觀干長子母黃氏生于康熙癸巳　月
初六終于雍正乙卯正月初四享年二十三妻勞氏合葬
新社岡坐坤向艮兼未丑之原附祀行素祖祠
嘉貽字杰昌觀干次子母黃氏生于雍正乙未八月
初三終于乾隆庚辰十月二十六妻赤勘陳氏合葬新社
岡坐未向丑三子　文經　文成　文貴俱無嗣同葬新
社岡附祀行素祖祠
伯歡字杰明開顯長子母方氏妻伏水陳氏葬　岡

二子　文貴無嗣　文信外出
多歡字杰欣開顯次子母方氏妻徐氏葬　岡一子
文忠無嗣
泰來字杰貞號元亨帝昌長子母杜氏生終莫考葬
沙岡妻陳氏無嗣
泰宏字紹貞帝昌次子母杜氏生終莫考葬　妻沙
滘符氏無嗣
泰能字作貞帝昌三子母杜氏生終葬莫考妻沙滘
符氏一子　御魁失傳
泰讓字遜貞號順涵帝有子母陳氏生于雍正丙午
二月初十嘉慶元年　恩賜八品職銜公居心硬直忠厚
待人教子有方鄉里推為族正終于嘉慶丙寅九月二十
八享壽八十三妻甘氏合葬潤螺岡坐午向子兼丁癸之
原娶鄧氏遷葬岡嘴青錢祖山左膊坐丁向癸兼未丑二
分半之原二子　秋元　秩元甘氏出

萬志字太盛美報長子母陸氏生于康熙乙丑五月
初二終于乾隆丁未八月初三享壽八十妻大杏張氏合
葬沙岡四子　開隆　作隆　帝隆　珠隆早亡
順志字太亨美報次子母陸氏生終莫考葬　岡妻
李邊李氏五子　進隆　三隆　德隆　赤隆　璧隆
奮志字太雄美報三子母陸氏生于雍正甲辰四月
二十二終莫考妻華夏馮氏一子　張隆
晟長字　義寶長子母陸氏生終葬莫考妻李氏一
子　紹箕華夏新村住
豪長字　義寶次子母程氏生于康熙戊戌六月初
六終葬莫考妻馮氏一子　紹周華夏新村住
言長字　義寶三子母程氏生于康熙戊申六月初
八終葬莫考妻麥氏一子　作裘華夏新村住后往廣西
榮舉字時佐閏滿長子母杜氏生終莫考葬省城大
北門外妻何氏無嗣

榮啓字開佐滿次子母杜氏生于乾隆辛未五月十
三終于嘉慶庚申十一月二十七妻梁氏合葬岡咀三子
偉長 諫長 秩長
榮亮字光佐閏遠子母梁氏生于雍正癸丑七月二
十二終于乾隆甲寅十月十三葬岡咀妻孔邊方氏葬行
路三子 英長 升長 朝長外出
榮宗字超佐閏身長子母潘氏生于雍正庚戌八月
十七終葬莫考妻劉氏二子 日聖 美聖往沙滘住
榮祖字昌佐閏身次子母潘氏生于雍正癸丑十二
月二十九妻沙墩陳氏四子 拱聖 聰聖 駒聖 晚
聖往沙邊住
榮官字輝佐號著亭閏考子母方氏生于乾隆戊午
三月二十三終于道光壬午二月十四葬村頭岡妻黃氏
一子 鯨長
榮子字華佐閏考次子母方氏生于乾隆辛未七月

十七終于道光丙戌五月二十一葬村頭岡妻鄧氏一子
柱長

懷仁字成業名興長子母薛氏生于康熙乙未十一
月二十終莫考妻順德古鑑黃氏失傳

懷義字善佐名興次子母薛氏生于康熙戊戌八月
十六妻西南街林氏在省城住終葬莫考三子 恒用早
亡 萬有 千有

卓异字升佐號鷹揚閏發長子母陳氏生于乾隆丙
寅十一月初六終于嘉慶戊辰二月二十五享壽六十四
葬伏水岡妻黃氏繼娶區氏葬伏水岡一子 林大區氏
出

卓勝字顯佐號均揚帝柱子母潘氏生于雍正辛亥
十月十八終于嘉慶辛酉八月二十七葬伏水白雲岡坐
卯向酉兼甲庚赤勘陳氏葬沙岡妾橫槎司洪氏葬伏水
岡一子 林茂洪氏出

懷德字洪錫帝日繼子母薛氏生于葬莫考妻區氏
三子　鼎失傳　梟失傳　信往百色入營
卓覲字朝佐號廷弼閏屋長子母霍氏生終莫考葬
上坑岡無嗣
卓孩字英佐閏屋次子母霍氏生于康熙辛丑十月
二十三終莫考妻隔沙杜氏合葬新社岡二子　顯熾
顯輝
卓簡字特佐閏屋三子母霍氏生于雍正庚戌正月
二十九終于嘉慶甲子四月二十九享壽七十五妻冄竈
馮氏合葬新社岡繼娶何氏葬上坑二子　全芳　全伍
俱何氏出出繼
卓斌字興佐閏屋四子母霍氏生終莫考妻周氏合
葬新社岡立一子　全伍
卓禮字儀佐閏君繼子繼母謝氏生母杜氏生于乾
隆己丑二月十四終莫考妻蘇氏合葬上坑岡三子　全

升　全會　全厚

卓豐字登佐閏才次子母杜氏生終莫考葬上坑岡

妻李氏一子　全明失傳

卓言字允佐閏德長子母謝氏生于雍正乙巳六月

十七終于乾隆癸酉八月初五享年二十九葬上坑岡南

向妻陳氏一子　如願

卓都字臣佐閏德次子母謝氏生于雍正庚戌十二

月二十四終莫考妻本里陳氏合葬　岡生一子　如恩

卓賢字仕佐閏廣子母區氏生于雍正戊申　月二

十九終于乾隆庚寅十二月十六妻蘇氏合葬后岡二子

如松　如泉

藹士字景儒號象珍嘉會長子母杜氏生于雍正丁

酉九月二十二終于乾隆丙午三月二十六妻沙頭岸梁

氏娶赤勘陳氏合葬竹逕岡一子　賜雄陳氏出

藹龍字景雲號天雨嘉會次子母杜氏生于雍正辛亥十

二月二十八終于嘉慶癸亥九月十三享壽七十三妻陳
氏合葬竹逕新社岡東向之原二子　伯達　伯昌
祖成字澤茂大義長子母梁氏生于乾隆庚申三月
二十九終莫考葬竹逕岡妻李氏葬岡嘴三子　新英
樂英　建英
文成字華茂大義次子母梁氏生終莫考妻方氏合
葬竹逕岡無嗣
士瑶字怡茂號輝璉大有子母陳氏生于乾隆乙丑
正月十二終于嘉慶庚申六月十三妻甘氏合葬區屋岡
二子　進昌　進倉
春燕字斌秀章保子母陳氏生于乾隆壬辰九月二
十六終于嘉慶甲戌十一月十六葬竹逕岡妻周氏一子
啓明
春松字千長有德長子母張氏生于乾隆丁亥十一
月十七終于嘉慶丙寅五月初七妻陳氏合葬村頭岡一

子　啓光

春柏字永長有德次子母張氏生于乾隆壬辰十月十四終于道光辛卯三月初十享壽六十合葬大坑岡坐午向子之原妻陳氏四子　啓宗　啓明早亡　啓桐

啓錦早亡

春茂字拔秀成德長子母陳氏生于乾隆戊子十一月三十終于道光甲午三月初六葬區屋岡妻梁氏一子

啓太

春和字拔才成德次子母陳氏生于乾隆甲午四月二十四終莫考葬官窰妻張氏別適一子　啓邦外出

英漢字雄萬號新軒文第長子母周氏生于乾隆乙丑三月二十八終于道光丙戌十一月十一享壽八十二妻大杏杜氏合葬大松岡七子　全明　全勝　全恩早亡　全敬早亡　全慶出繼　全福　全興

德漢字　文第次子母周氏生終葬莫考未娶而亡

立一子　全慶
書懷字濟孔在宗長子母甘氏妻許氏合葬榕山岡
一子　萬子失傳
芝懷字明孔在宗次子母甘氏妻巫氏無嗣
美懷字猷孔在宗三子母甘氏生于康熙甲午十一
月初一終莫考葬榕山岡妻馮氏二子　萬科　萬和失
傳
志懷字永孔在宗四子母甘氏生于康熙丙申
終于乾隆乙卯四月　妻温氏合葬榕山岡一子　萬舉
秋懷字士孔惠祖長子母梁氏生于雍正丙申七月
二十四終葬莫考妻徐氏繼娶帥氏二子　萬明徐氏出
萬爵帥氏出早亡
玉懷字輝孔惠祖次子母梁氏妻徐氏往廣西
見懷字寧遠號興朝在廷繼子繼母許氏生母陳氏
生于乾隆戊辰正月初七終于道光乙丑九月十七葬區

屋岡妻大渦張氏一子　萬益崇祀祠
勝懷字悠遠號近樵華璋長子母陳氏生于雍正甲寅六月十四終莫考葬上坑岡妻張氏一子　萬成失傳
明懷字聲遠號屏朝華璋三子母陳氏生于乾隆乙丑四月二十六終葬莫考妻横村劉氏一子　萬壁
舉懷字昌遠在標繼子繼母畢氏生母陳氏終莫考生莫考妻　氏葬上坑岡一子　萬才失傳

孟房二十世

始兒字廣遠帝綱子母杜氏生終葬莫考妻李氏生三子　國長　二長　三長俱往清遠住
文學字廣進帝相子母陸氏生于雍正乙巳正月十九終于乾隆甲寅三月十五葬松仔岡妻伏水陳氏生三子　自長　勝長　恩長
結實字廣帝佑長子母張氏生終葬莫考妻方氏失

傳
結子字廣輝帝佑次子母張氏生于雍正癸丑九月
二十七終葬莫考妻伏水陳氏生四子　近長　環長
科長　弟長俱失傳
瀚實字廣耀帝貴長子母陳氏生于雍正甲寅十月
初十終于乾隆乙卯正月二十三葬松岡妻大仙岡陳氏
生二子　幸長　望長早亡
培饒字鬱昌發喜子母陸氏生于道光壬午三月二
十一終葬莫考妻杜氏一子　深榮
冠饒字　盛喜次子母梁氏生于道光甲申十二月
十六終于道光甲辰五月二十七享年二十一葬后岡無
嗣
國饒字宏昌盛喜三子母梁氏生于道光壬辰閏九
月初二終于光緒乙未正月初一享壽六十四葬三社岡
妻張氏四子　輝潛　輝甜　輝四　輝五

杰饒字俊昌盛喜四子母梁氏生于道光甲午十二月初五終于光緒壬午十二月初七享年四十八葬后岡妻區氏二子　輝田　輝苟

桂成字秀昌興喜長子母陳氏生于嘉慶丙子八月二十五終于光緒戊午五月三十享壽八十三葬三社岡妻謝氏繼娶陸氏五子　輝燦　輝純　輝振　輝良出繼　輝應俱謝氏出

桂安字定昌興喜次子母陳氏生于道光戊子七月十一終于光緒辛丑九月初一享壽七十四葬沙岡妻張氏四子　輝暢　輝讓　輝苗　輝獻

桂林字　興喜三子母陳氏生于道光壬辰閏九月初七終于光緒　六月初六葬省城羅地妻陳氏無嗣

金聲字作興漢子母薛氏生終葬莫考妻陸氏別適無嗣

家聲字方興號克振桓長子母陸氏生于乾隆甲午

二月十四終莫考葬潤螺岡妻陳氏別適無嗣
韶聲字洪韜桓三子母陸氏生于乾隆甲辰閏三月
二十二終于道光乙未十二月十九葬省城白雲山青龍
嘴妻黎氏別適生一子　亨泰
頌聲字振韜號畧勇從子母陳氏生于乾隆壬寅十
月十八終于咸豐丁已五月二十六享壽七十六妻丹竈
張氏合葬潤螺岡生三子　元泰　光泰　彰泰早亡
浩聲字潤瀾校繼子繼母杜氏生母黄氏生于乾隆
甲寅九月十一終葬莫考妻張氏別適無嗣入崇祀祠
鷗躍字觀瀾鴻長子母馮氏生終葬莫考妻陳氏別
適葬潤螺岡無嗣
鯤躍字恢瀾鴻次子母馮氏生終莫考妻梁氏合葬
獅頭岡無嗣
宏聲字顯猷柱子母林氏生于乾隆庚寅七月初一
終于嘉慶甲子十二月初六妻大沙何氏合葬丹竈岡一

子　尚遠
揚聲字徽猷楹子母勞氏生于乾隆甲午六月二十
三終莫考葬石仔岡妻蘇氏生一子　羽耀
桂梁字郁瀾鵬長子母梁氏外出生終葬莫考妻麥
氏葬村頭岡生一子　科舉
燕梁字雲瀾鵬次子嫡母梁氏生母杜氏生莫考終
于道光壬寅三月十九葬省城白雲山青龍嘴妻陳氏葬
村頭岡一子　福躍
楠梁字滄瀾鵬三子嫡母梁氏生母杜氏生終莫考
妻梁氏合葬村頭岡一子　德耀
鮃躍字超瀾鶴長子母蘇氏生于乾隆辛卯八月十
五終于道光壬辰十二月十三享壽六十二妻游氏葬屈
龍岡坐乙向辛三子　張耀　基耀　尾耀
鯨躍瀾號龍軒鶴次子母蘇氏生于乾隆已酉十月
十二公就蕭曹事業於香邑生平勤謹淡薄自甘終于咸

豐丙辰八月十二享壽六十八葬獅頭岡坐丁向癸之原
妻黃氏葬屈龍岡坐乙向辛之原生四子　參耀　喜耀
爵耀　禄耀
鯉躍字順瀾號直川鶚長子母陳氏生于乾隆癸巳
二月十九終于道光乙巳十一月初三享壽七十三妻陳
氏合葬石仔岡繼娶梁氏生三子　翼耀陳氏出　角耀
梁氏出　星耀梁氏出
鈇躍字　鶚次子母陳氏生于乾隆己亥七月二十
一終于嘉慶己未十二月十四葬石仔岡無嗣
可躍字河瀾號平波鵠長子母關氏生于乾隆壬寅
五月初十妻吴氏終葬莫考三子　新騷早亡　商耀早
亡　胃耀
鈫躍開瀾號尚勇鵠次子母關氏生于乾隆乙巳正
月初十終葬莫考妻陳氏別適繼娶陳氏生三子　妻耀
勝耀　娣耀俱早亡

鮫躍字浩瀾鵠五子母關氏生于嘉慶庚申五月初
四終莫考葬石仔岡妻陳氏生五子　畢耀　以耀　道
耀　富耀早亡　堯耀

志躍字　鵠長子母游氏生于乾隆戊申四月初二
終莫考葬佛山妻別適無嗣

江躍字　鵠次子母潘氏生終葬莫考無嗣

尚魁字進大號任游觀惠長子母梁氏生于雍正癸
未三月初七終葬莫考妻李氏二子　連科　連九失傳

尚聘字徵大號用行觀宧長子母陳氏生于乾隆戊
午三月初一終于嘉慶庚午十月十四妻張氏葬大坑岡
一子　祖賜

尚相字佐大觀宧次子母陳氏生于乾隆戊辰三月
二十一終于道光甲申正月十八享壽七十六葬黃鼎大
沙鳳林尾岡妻陳氏二子　祖佑　祖禧

尚帶字雄大觀振子母陳氏生于乾隆癸亥十一月

十四終于道光壬午三月十八妻鄧氏合葬大坑岡三子
連壁　連城　連開早亡
尚院字文大號平善觀卜長子母杜氏生于康熙壬
寅十月初六終于乾隆丙申五月十三享年五十五合葬
白雲岡妻陳氏繼娶石牛岡蘇氏生一子　連長
尚帝字超大觀卜次子母本氏生于雍正丙午八月
初三終于乾隆壬辰正月二十三享年四十四葬大坑岡
妻游氏別適生二子　連勝　連州
尚稔字豐大號和美觀卜三子母杜氏生于雍正庚
戌二月十七終于乾隆壬寅四月初十妻丹竈謝氏合葬
大坑岡生二子　連登　連芳
尚寬字容大號萬善觀卜四子母杜氏生于雍正癸
丑十一月十七終于乾隆丙午四月十三葬潤螺岡妻馮
氏生二子　連珠　連泰
士魁字邦大觀椳長子母陳氏生于乾隆甲子九月

二十終莫考葬潤螺岡妻順德炎氏無嗣
正魁字海大觀根次子母陳氏生于乾隆庚午二月
二十二終于乾隆甲寅三月二十一葬潤螺岡妻蘇村陳
氏生一子　連柏
元魁字亮星觀泰長子母謝氏生于乾隆甲子六月
二十六終于嘉慶甲戌九月初四葬潤螺岡立一子　文
清
賜魁字杰星觀泰次子母謝氏生于乾隆乙酉九月
二十四終于嘉慶甲申十一月初二葬大坑岡妻大仙岡
陳氏生一子　文清出繼
高魁字勇星觀堯子母陳氏生于乾隆庚午十月
初十終于嘉慶乙卯三月初七妻黄氏合葬潤螺岡一子
秋成
舜發字智能占品子母梁氏生于乾隆己丑十二月
初十終莫考葬石仔岡失傳

賢發字　敏進子母麥氏生于道光辛巳正月十九
終莫考葬村頭岡無嗣
抗祥字閏泉號玉順宜卿長子陳氏生于乾隆辛巳
五月十七終于道光乙未九月二十八享壽七十二葬后
岡北向之原妻丹竈梁氏二子　葉秀　枝秀
龍祥字源泉宜卿次子母陳氏生于乾隆甲申十二
月十八終于嘉慶乙丑十一月初四享年四十一葬后岡
北向之原妻白水塘鄧氏別適一子　鐘秀
會祥字澤泉號福順宜卿三子母陳氏生于乾隆丙
申九月十六終莫考妻本里陳氏合葬獅頭岡北向之原
一子　章秀
迎祥字逢昌號樂堂宜仲長子母方氏生于乾隆癸
未三月初七終于道光甲午二月二十一享壽七十四列
潤螺岡西向之原妻小杏何氏二子　有生　達生
禮祥字賢昌號慎亭宜仲次子母方氏生于乾隆庚

寅十一月二十八終于咸豐乙卯五月初七享壽八十六
葬潤螺岡妻蘇村陳氏葬后岡五子　來生　同生　才
生　準生　光生

星祥字政昌號世濟宜寵長子母李氏生于乾隆庚
寅五月二十一終于道光庚寅正月初十享壽六十一葬
邊岡東向之原妻本里方氏別適二子　始生　溢生俱往
高州住

洪祥字泰昌號世清宜寵次子母李氏生于乾隆乙
未十月初一終于道光乙未二月十九享壽六十一葬菴
邊岡東向之原妻蘇村陳氏七子　祖勝早亡　祖平
祖元　祖儉　祖繼　祖明　祖柏

永祥字遠昌桂興長子母陸氏生于乾隆丙戌十一
月十一終于乾隆乙卯十月十一享年三十妻蘇村潘氏
合葬獅頭岡一子　全生

雲祥字德昌號福堂桂興次子母陸氏生于乾隆庚

寅九月初三生平誠直鄉里推為坊正終于道光辛丑十
二月十八享壽七十二葬后岡坐巳向亥兼壬丙妻竹逕
關稀薄生七子　復生　裕生　聯生　聚生　裔生
六生早亡　緣生
文富字爵廷號榮軒義勝子母張氏生于乾隆壬申
九月十三終葬莫考妻何氏一子　張帶往順德黄連住
家嚴字輝遠公先長子母陸氏生于乾隆丙寅　十月
十三終葬莫考妻蘇村陳氏繼娶李氏失傳
樂嚴字鎮遠富先長子母劉氏生于乾隆丙子六月
初四終莫考妻灣頭杜氏合葬后岡失傳
廣嚴字高遠富先次子母劉我生終莫考葬后岡妻
別適失傳
祖嚴字條遠賢先長子母黄氏生于乾隆乙亥十月
二十九終于道光乙酉六月二十二享壽七十一妻本里
陳氏合葬后岡北向之原二子　連枝早亡　茂枝

芳嚴字秀遠賢先次子母黃氏生于乾隆庚子二月
二十終于甲子正月二十二妻陳氏葬竹逕岡失傳
品嚴字恒遠號柏壽貴先長子母陳氏生于乾隆丙
戌四月初十終于道光辛酉三月二十三享壽七十二妻
蘇坑黃氏合葬后岡北向之原一子　萬好
昌嚴字華遠貴先次子母陳氏生于乾隆終于道光
癸巳葬后岡妻本里區氏葬旁邊五子　墤枝早亡　丁
著　文著　朝著早亡　清著
君嚴字啓遠貴先三子母陳氏生于乾隆乙巳三月
十六終葬莫考妻徐氏別適失傳
三狗字奇遠號九齡五真子母潘氏生于乾隆戊辰
五月二十三終于道光辛卯四月初七享壽八十四妻沙
頭岸梁氏合葬竹逕岡南向之原生二子　順開　順寬
二狗字奇光巨性子母本氏生于乾隆丙寅十月二
十四終莫考葬后岡妻沙浦張氏三子順長　順連　順

志

福朝字和遠日性長子母何氏生于乾隆癸酉正月

二十二終于道光壬辰四月二十三享壽七十妻沙頭岸

梁氏葬后岡四子　順言　順英失傳　順益　順榮失

傳

賜朝字世遠日性次子母何氏生于乾隆甲申二月

二十六終于道光壬辰五月二十一享壽六十八妻大杏

薛氏葬獅頭岡二子　順科　順發

潤朝字富遠日性三子母何氏生于乾隆丁亥三月

二十六終莫考葬獅頭岡妻陳氏别適失傳

有朝字河遠日性四子母何氏生于乾隆庚寅七月

十八終莫考葬省城白雲山青龍岡嘴失傳

萬興字源大登仕長子母劉氏生于乾隆甲戌正月

十七終于嘉慶丁丑享壽六十四妻蓬村周氏合葬后岡

南向之原一子　君來

登魁字超良福聯長子母高氏生于乾隆乙丑十一月十三終于乾隆戊申二月十七享年四十四妻方氏葬萬壽岡三子　志信早亡　連信　恒信

義魁字才良福聯次子母高氏生于乾隆戊辰五月初五終于乾隆丁未十月十八享年四十妻劉氏葬區屋岡二子　長子達訓出族　次子吉開　長子之子宣富譜以繼后

悦元字廣良永聯子母杜氏妻陳氏別適一子　志富外出

科元字國良號定德康聯繼子生母陳氏生于乾隆甲申十月初一終于道光己丑二月二十六享壽六十六葬大坑妻薛氏葬梅步岡三子　興邦　志邦　安邦早亡

秋元京良號奕德泰聯長子母陳氏生于乾隆壬年九月初四終于道光乙酉十月二十九享壽六十四葬后

岡妻大果鄧氏一子　珠成早亡

超原名文元字超長號著堂成聯長子母嚴氏生于
乾隆辛酉九月初四幼讀儒書壯充縣掾吏滿考授巡鄉
里推為黨副正終于嘉慶乙亥十月三十享壽七十五妻
竹逕李氏合葬沙岡坐辛向乙兼戌辰之朱立一子　祖
發

章元字明長號曉堂成聯次子母嚴氏生于乾隆乙
亥正月十二忠誠樸實鄉里推為坊正終于道光丁亥八
月初五享壽七十三葬觀音廟前桑墪坐甲向庚兼卯酉
之原妻朗心張氏葬逕墟岡妥杜氏葬區屋岡二子　祖
錫杜氏出　祖賜杜氏出早亡

華元字輝長號美堂成聯三子母嚴氏生于乾隆丁
丑九月二十九性敦篤品醇良勤儉持家義方訓子終于
嘉慶庚辰二月初二享壽六十四妻大杏蕭氏合葬逕墟
岡東向之原妾陳氏葬區屋岡坐巳向亥之原四　祖發

出繼　祖蔭　祖光　祖耀早亡俱陳氏出

朝陽字純長國聯子母區氏妻陳氏繼娶潘氏陸氏
合葬逕墟岡東向無嗣

殿元字榮耀官聯長子母陳氏生于乾隆甲戌十一
月初七終于嘉慶己未正月二十五葬村頭岡妻潘氏二
子　閏富　新富

聖元字文耀官聯次子母陳氏生于乾隆庚辰三月
二十終于道光戊子正月三十享壽六十九妻符氏合葬
村頭岡二子　啓發　寧發

福元字金勝號藏珍開聯長子母杜氏生于乾隆丙
戌六月初三終于道光壬寅十一月二十五享壽七十六
妻合葬潤螺岡妻陳氏二子　觀秀　和秀

海元字江勝開聯次子母杜氏生于乾隆乙丑四月
初四終于嘉慶庚辰七月初五葬禪山銀定坑無嗣

錦元字全勝開聯三子母杜氏生于乾隆乙亥三月

二十七終于嘉慶乙卯十二月十八葬澗螺岡妻別適無
嗣
桂元字宏勝紹聯長子母陳氏生于乾隆丁酉四月
二十二終于嘉慶癸酉五月十七葬村頭岡妻陳氏一子
昌秀
良元字才勝紹聯次子母謝氏生于嘉慶辛酉三月
十九終于道光辛丑七月十一享年四十一葬村頭岡妻
西城游氏二子　瓊秀　時秀
極元字高勝號鹿珍紀聯長子母吳氏生于乾隆乙
丑十月初三終于道光癸卯三月初二葬石仔岡妻杜氏
妾崔氏三子　澤秀　煜秀　昆秀俱崔氏出
品元字朝勝紀聯次子母吳氏生于乾隆辛卯十二
月初三終于道光癸巳三月二十七享壽六十三葬后岡
妻陳氏一子　炳秀
凌元字雲勝紀聯三子母吳氏生于乾隆丁酉八月

十五終莫考葬佛山妻杜氏别適二子　鐘秀　柏秀
燦元字儀勝號廷珍會聯長子母李氏生于乾隆乙
未七月初四終于咸豐甲寅二月初一享壽八十一妻孔
邊方氏合葬后岡三子　森秀　俊秀　焕秀
雄元字德勝會聯次子母區氏生于嘉慶丙辰七月
初六終莫考葬石灣妻蘇村蘇氏一子　沛秀
敏基字韜業號各亭家隆長子母游氏生于乾隆庚
午三月二十六終于嘉慶丙寅五月初二葬伏水旺邊岡
坐卯向酉兼乙辛之原享年五十七妻横村劉氏葬墳左
五子　尚禮　尚樂　尚舒　尚興　尚順
縣基字昌業號蕃滋家隆次子母游氏生于乾隆丙
戌八月十四終于道光癸卯二月十五葬竹圍園岡坐癸
向丁兼子午之原享壽七十八妻方氏繼娶陳氏三子
尚廉　尚純　尚亨俱方氏出出繼
戊基字　家隆三子母鐘氏早亡葬靈山無嗣

榮基字建業家暢長子母梁氏生于乾隆丁丑八月二十九終于嘉慶乙丑十一月十四葬上坑岡妻謝氏立一子　尚亨

耀基字華業家暢次子母梁氏生于乾隆庚辰十一初八終于乙卯六月二十二葬蜆殼岡妻陳氏無嗣

沛基字大業家暢三子母梁氏生于乾隆癸未四月十四終于嘉慶庚申三月十七葬順邑都寧岡妻吴氏無嗣

潤基字　家暢四子母梁氏早亡葬蜆殼岡無嗣

肇基字繼業號樹本家美子母陳氏生于乾隆庚寅八月二十三公孝友嚴明除却詩書無所避鄉里推為坊正終于道光甲申八月十七享年五十五妻沙水劉氏合葬本鄉區屋岡坐丙向壬兼午子之原妾沙滘何氏生五子　萬石劉氏出　尚選劉氏出　連桂劉氏出　連枝何氏出　連科何氏出

始基字文業家悅子母鄧氏生于乾隆甲午三月初
一終于嘉慶庚辰十月初七妻鄧氏合葬伏水岡三子
尚桓　尚楨　尚瑤
開基字鴻業家懷子母劉氏生于乾隆乙巳八月初
一終于道光戊子四月初八葬蜆殼地妻徐氏一子　尚
謙
咸登字居業家為子母陳氏生于乾隆甲寅八月十
一終于咸豐乙卯三月二十七享壽六十二妻麗山陳氏
合葬大地坑一子　尚道
秋成字金章永泰子母梁氏生于乾隆戊子八月三
十終于道光丙申五月初四葬后岡東向妻關氏二子
啓蕃　啓著
啓瑞字卜賢號遠聞美成子母陸氏生于雍正癸卯
二月二十八居心無偽處世無争孝養慈幃輯睦梓里各
姓推為鄉正嘉慶元年　恩賜八品職銜終于嘉慶壬戌

二月二十五享壽七十七葬岡嘴妻何氏繼娶陳氏二子
恢緒　纘緒俱陳氏出
可來字卜就康成長子母勞氏生于乾隆丙子七月
二十三終于道光癸未二月初九享壽六十八葬上坑岡
妻陸氏生三子　世英　世雄　世勇
可貴字卜光號雲開德成長子母陳氏生于乾隆戊
寅四月二十二終于道光壬寅正月十一享壽八十八葬
區屋岡妻杜氏繼娶梁氏其梁氏合葬生一子　世久梁
氏出
可緒字卜彰德成次子母陳氏生于乾隆庚寅四月
初一終于嘉慶戊寅正月十二妻莘涌梁氏合葬小北門
外馬鞍岡三子　世海早亡　世和　世鈞
長大字得時號遂軒福成長子母陳氏生于乾隆丁
亥八月二十三終于道光丁亥正月十八享壽六十一妻
灣頭杜氏合葬坑尾一子　禎祥

長元字際時福成次子母陳氏生于乾隆庚子二月
初十終于嘉慶丙寅四月十二享年二十七葬岡嘴妻孔
邊方氏一子　禎禧
遠慎字卜耀號明軒葉麟長子母杜氏生于乾隆癸
亥正月初八終于乾隆辛亥正月初六葬沙浦村側岡妻
西城游一子　世煜
遠燦字卜仰號朗軒葉麟次子母杜氏生于乾隆丁
卯二月初九終于道光辛卯四月十四葬沙涌杏岡妻葉
氏一子　世良
遠條字卜楨號直堂葉陽子母方氏生于乾隆已未
十月初六終于嘉慶丙子九妝七享壽七十八葬大松園
妻何氏生二子　世顯　世儒
遠達字卜上號高軒葉星長子母方氏生于乾隆丙
寅九月二十六終于乾隆丁已十二月初十葬孔邊岡艮
向妻本里陳氏生四子　世豪　世永　世芳　世學

遠弼字卜輔號材智葉星次子母方氏生于乾隆甲戌十月十四終于道光丁亥五月十四享壽六十九葬竹逕岡妻沙浦杏陳氏續娶大沙何氏五子 世彥陳氏出 世胤何氏出 世亮何氏出 世騰何氏出早亡 世賢何氏出早亡

遠貴字卜芳葉元子母區氏妻渦村李氏葬區屋岡無嗣

遠裔字卜昌葉魁長子母陳氏生于乾隆戊寅十月初四終于道光丙申正月二十八享壽七十八妻陳氏合葬沙浦岡一子 世仰

遠嗣字卜蔭號留青葉魁次子母陳氏生于乾隆癸未二月二十六終于道光癸未正月二十三享壽六十一妻龔氏合葬沙浦岡妾陸氏生四子 世金陸氏出 世安陸氏出 世康陸氏出 世禄陸氏出

遠發字卜茂葉三次子母方氏生于乾隆乙丑十月

十妻周氏合葬潤螺岡無嗣
遠澤字卜志葉三三子母方氏生于乾隆甲午十月
初四終于道光庚戌九月十四享壽七十七葬竹逕岡妻
梁氏生六子　世標早亡　世邦　世喜早亡　世彩
世江　世莊
遠秋字卜暉葉宗子母陳氏生于乾隆丁亥九月十
七終葬莫考妻沙浦陳氏別嗣無嗣
遠義字卜禮葉棠長子母何氏生于乾隆丙申十月
二十終于嘉慶丁丑十一月二十一妻方氏葬　岡生三
子　世蒼　世次　世訓俱早亡
遠順字卜隆葉棠次子母何氏生于乾隆丁未十二
月初四終于道光丙戌二月十二享年五十七葬沙岡妻
莘涌李氏二子　世章　世錦
遠宋字秀光森長子母陳氏生于乾隆壬子三月二
十終莫考葬省城拉茶坑妻陳氏葬岡嘴一子　啓添

遠富字宏光森次子母陳氏生于嘉慶丁已九月十

八終于道光辛未四月葬岡嘴妻別適一子　啓旺隨母

去

念祖字　英發三子母李氏生于道光壬午正月初

二終葬莫考無嗣

旺祖字　英發四子母李氏生于道光癸未九月十

二終葬莫考妻　氏一子　禮全

成倫字景林長智子母區氏生于道光丁四月二十

四妻黎氏繼娶高氏

滿堂字　陞智長子母黃氏生于道光戊戌二月十

九

祥倫字　陞智次子母黃氏生于道光壬寅十一月

二十四

十全字　陞智三子母黃氏生于

河清字　興福子嫡母何氏生母鐘氏生于道光戊

子六月初七妻韋氏二子 有全 貴全
耀蒼字昭華癸發長子母區氏生于嘉慶庚午四月
十七終莫考葬三丫衔岡妻大杏張氏無嗣
順蒼字昭和癸發次子母區氏生于嘉慶癸酉八月
二十五終于光緒丁丑十月十五妻周氏合葬省城北門
外杉孔羅姓義墳立一子 輝良
曉通字志明雍德長子母陳氏生于乾隆甲申七月
二十七妻何氏終葬莫考一子 登仁失傳
鎮通字志賦雍德次子母陳氏生于乾隆己丑十月
二十五終葬莫考妻區氏一子 朝仕失傳
士賢字朝會公勝子母關氏生于雍正甲寅六月初
六終葬莫考妻蘇村 氏失傳
璇幾字齊政天勝長子母杜氏生于乾隆壬戌十月
初六終于嘉慶乙丑六月二十八妻陳氏合葬石仔岡四
子 如陵 如定 如安早亡 如冬

珠幾字明政天勝三子母杜氏生于乾隆甲子十一月十終于乾隆戊申十月十五葬石仔岡妻何氏失傳

瑛幾字光政二勝繼子繼母　氏生母杜氏生于乾隆已巳三月十一終于道光辛巳四月二十五葬石仔岡妻蘇坑黄氏三子　如興　如衡

宗慶字徽善號國聘公裔長子母區氏生于乾隆丙辰八月二十五終于嘉慶庚午正月初七妻方氏繼娶李氏合葬對面岡四子　潤福　賜福早亡　聯福　明福

景菊字行善號澤雲公保長子母勞氏生于乾隆乙丑八月十四終于乾隆庚子五月十七妻劉氏合葬后岡一子　永福

升菊字從善號澤延公保次子母勞氏生于乾隆辛未九月初三終葬莫考妻陳氏一子　永全失傳

大量字經海號遠河五徽長子母陳氏生于乾隆甲戌七月初一終于嘉慶己卯九月十一享壽六十六葬石

仔岡東南向之原妻西城陳氏一子　文開
大晃字經贊五徽三子母陳氏生于乾隆甲申七月
二十四終于嘉慶丙辰十月初五享年四十三葬對面岡
妻陳氏二子　應開　明開外出
大富字經文五勝長子母蘇氏生于乾隆乙丑七月
初七終葬莫考妻杜氏别適一子　奮外出
大倫字經明五勝次子母蘇氏生于乾隆庚午十二
月初八終于乾隆壬寅正月二十四享年三十三葬莫考
妻高氏一子　奮驢
大林字經漢五朝次子母潘氏生于乾隆乙卯六月
三十終于嘉慶壬戌十一月初五享年四十四妻黄氏合
葬潤螺岡三子　奮勝　奮意　奮高
成德字位賢遠茂長子母何氏生于乾隆丁巳閏九
月十七終于乾隆丁酉五月二十四妻陳氏合葬沙岡一
子　嘉憲

瑞德字信賢號樂漁遠次子母何氏生于乾隆庚申正月十一終于乾隆 年四月初六葬屈龍岡妻孔氏妾李氏一子 嘉應李氏出

在德字居賢遠譽次子母黄氏生于乾隆丁卯正月初三終葬莫考妻黄氏一子 嘉福

爾德字樂賢號正軒遠聞子嫡母蘇氏生母杜氏生于乾隆乙丑九月初一終葬莫考妻陳氏失傳

良德字善賢遠英長子母李氏生于乾隆庚申十月二十一終于乾隆庚子七月二十七妻梁氏合葬石仔岡三子 嘉孟早亡 嘉平早亡 嘉谷

輝德字燦賢號樂耕遠英次子母李氏生于乾隆乙丑七月二十四終葬莫考妻鄧氏二子 嘉樹 嘉禾早亡

慎德字 遠英三子母李氏生終莫考葬屈龍岡無嗣

厚德字裕賢號各安遠英四子母李氏生于乾隆丙子二月初一終于嘉慶己卯九月十二妻西城潘氏妥灣頭杜氏合葬對面岡坐戌向辰兼乾巽山面坐乾向巽亥乙之原三子　嘉燕潘氏出　嘉翼　嘉爵俱杜氏出

令德字毓賢號日高遠庇繼子繼母李氏生母區氏生于乾隆乙丑十二月二十九終于嘉慶戊寅正月十一葬獅頭岡妻謝氏葬石仔岡一子　嘉秀

經德字作賢遠祚長子母區氏生于乾隆辛酉十二月初一終于乾隆甲午十一月初十妻陳氏合葬對面岡四子　嘉會　嘉財　嘉禮　嘉懷

昭德字昌賢遠悦繼子生母區氏生于乾隆丙子二月二十九終于嘉慶丙子三月十三享壽六十一葬對面岡妻杜氏繼娶方氏二子　嘉顯　嘉廷俱方氏出

士敬字　撰言子母周氏生于乾隆丙戌五月十四終于道光辛丑二月初七葬三丫街無嗣

士杰字國任擢言繼子繼母何氏生母蘇氏生終葬
莫考妻方氏失傳
士孝字　雅言子母劉氏生終葬莫考妻龍氏一子
領鳳外出
士英字國雄慎言次子母蘇氏生終葬莫考妻何氏
一子　鳴鳳
士勇字　君志子母蘇氏生于嘉慶戊午十月初九
終葬莫考妻方氏無嗣
士雄字博儒知言長子母陳氏生于雍正庚戌八月
初九終于乾隆己丑九月初五妻徐氏合葬對面岡一子
文鳳往高州信宜縣
士紳字縉儒號存仁知言次子母陳氏生于雍正癸
丑十二月三十嘉慶元年　恩賜八品職銜終于嘉慶庚
午十月初七享壽七十五葬桑根妻伏水陳氏二子　見
鳳　竣鳳

士奇字卓儒號半農聖言長子母潘氏生于雍正乙
巳九月二十六嘉慶元年　恩賜八品終于嘉慶戊午五
月二十妻沙滘何氏合葬大坑岡立一子　錦鳳
士安字泰儒聖言次子嫡母潘氏生母勞氏生于乾
隆癸酉五月二十終壽莫考葬省城妻何氏生一子　錦
鳳出繼
士槐字弼儒富言長子母何氏生于乾隆己未正月
二十六終于嘉慶庚戌十二月初十葬對面岡一子達訓
出族
士桂字扳儒號以義富言次子母何氏生于乾隆辛
酉十一月二十一終于道光戊子二月二十八享壽八十
八葬對面岡妻蘇村陳氏一子　色鳳
士强字振儒仁言子母謝氏生終葬莫考妻周氏無
嗣
士棟字文儒善言子母陳氏生終葬莫考妻陳氏一

子　丁鳳外出
士鰲字占儒悖言長子母陳氏生終壽葬莫考妻梁
氏無嗣
士瓊字良儒悖言次子母陳氏生終莫考葬巷邊岡
妻鄧氏無嗣
士環字碧儒悖言三子母陳氏生于乾隆甲戌四月
初十終葬莫考妻何氏無嗣
士滔字輝儒鼎言長子母杜氏生于乾隆戊辰七月
二十九終葬莫考妻蘇村黃氏無嗣
士廣字鴻儒絲言長子母陳氏生于乾隆戊午九月
十八終于乾隆丙戌五月二十四妻大杏張氏合葬大坑
岡繼娶杜氏一子　和鳳杜氏出
士剛字聘儒絲言次子母陳氏生于乾隆戊辰三月
初四終莫考妻丹竈周氏葬大坑岡二子　祥鳳　照鳳
士龍字長儒號廣齡文言長子母游氏生于乾隆丙

辰十一月初九終葬莫考妻沙頭岸梁氏二子　品鳳
遇鳳出繼
士光字明儒文言次子母游氏生于乾隆庚申三月
十八終于丙申正月十四未冠而亡立一子　遇鳳
士亨字貫儒徵言子母陳氏生終葬莫考妻張氏無
嗣
士行字正儒侃言長子母杜氏生于乾隆甲子九月
十六終于乙卯十一月初六妻陳氏葬　岡無嗣
士驥字挺儒侃言次子母杜氏生于乾隆戊辰八月
十一終葬莫考妻蘇村徐氏繼娶西城潘氏生三子　騰
鳳徐氏出　滿鳳潘氏出　金鳳潘氏出
士仰字翰儒述言長子母潘氏生于乾隆甲戌六月
二十六終莫考妻沙浦陳氏合葬松園岡一子　瑞鳳
士藻字敏儒述言次子母潘氏生于乾隆乙亥十月
初九終于丙申六月二十九葬松園岡立一子　德鳳

士器字杰儒述言三子母潘氏生于乾隆戊辰四月
二十四終葬莫考妻蘇村陳氏三子　堂鳳　德鳳出繼
海鳳
壽珠字麟瑞桂枝長子母游氏生于康熙壬寅七月
初三終于乾隆壬申四月初十享年三十一葬菴邊妻陳
氏別適一子　保養
康太字麟祥號鑫衍桂枝次子嫡母周氏生母鄧氏
生于雍正辛亥十月初九妻陳氏終葬莫考生一子　英
養
壽德字麟瑞桂枝三子嫡母周氏生母鄧氏生于乾
隆乙巳六月二十八終于乾隆庚辰九月十三妻薛氏葬
庵邊岡二子　安養　來養俱外出
年勝字意余帝順長子母陸氏生于康熙甲戌七月
初七終葬莫考妻徐氏一子　長孫
庇勝字益余帝順次子母陸氏生于康熙戊子三月

二十終于乾隆己卯正月初四葬南蚝杳妻陳氏一子

成興

真勝字麟貞帝坤子母陳氏生于康熙戊子七月二十八終于乾隆丙寅閏三月二十二妻游氏合葬岡一子

紹遠

聯勝字有余帝和子母鄧氏生于康熙壬辰正月十三終于乾隆乙酉四月十三妻陳氏合葬長扶杳三子

長德無嗣　長成　長興無嗣

仲房二十世

壽禄字朝長亞富子母方氏生于雍正丙午九月初九終莫考妻勞邊倫氏合葬白雲岡三子　亞騷　亞五

亞六

寧馨字朝楚蘭玉長子母梁氏生于康熙辛丑九月初七終莫考妻勞邊勞氏一子　喜德失傳

寧安字朝干蘭玉次子母梁氏生于雍正癸卯十二
月二十九終于乾隆丁未二月二十三妻小杏黄氏合葬
白雲岡一子 喜歡
寧昌字朝興芝玉子母鐘氏生于乾隆丁巳二月二
十終于嘉慶壬戌七月二十妻西城潘氏妾劉氏徐氏葬
后岡三子 獻能 獻基劉氏出 獻莊徐氏出
寧聲字朝光誠通子母杜氏生于乾隆戊辰十二月
十八終于乾隆壬子二月初十妻陳氏合葬石仔岡二子
萬冠 善冠
廣仁字朝珍懷玉子母陳氏妻康氏一子 士翰無
嗣
廣暢字朝達徽玉長子母陳氏生于乾隆丁未九月
十四終于 庚午閏四月十五妻丹竈梁氏合葬大坑
岡一子 潤生
廣用字 徽玉三子母陳氏生于乾隆庚辰正月初

五終于嘉慶戊辰九月十六葬沙岡無嗣
　廣志字朝茂純玉長子母區氏生于乾隆甲申十二
月二十六終于嘉慶戊辰十二月二十八葬大松岡妻小
杏黃氏二子　士亨　士寧
　廣帶字朝德純玉次子母區氏生于乾隆丁亥八月
二十八終于嘉慶已卯十一月十三妻孔邊方氏合葬大
松岡二子　士益　士勝
　廣明字朝貴純玉三子母區氏生于乾隆辛卯四月
二十四終于道光甲午八月初十妻沙頭岸梁氏合葬石
仔岡二子　士有　士保
　堂梅字直源社雄子母張氏生于乾隆甲申九月二
十二終于道光癸已三月二十二享壽七十妻大仙岡陳
氏合葬大坑岡一子　懷宗
　佳有字益源社連子母方氏生于乾隆壬辰九月十
三終于道光壬辰十月二十二享壽六十一妻大果陳氏

合葬大坑岡繼娶盧氏四子　因宗陳氏出　啓宗　其
宗　賢宗俱盧氏出
堂在字德元社庸次子母周氏生于乾隆辛亥九月
初一終于道光已酉四月二十七享年五十九葬獅頭岡
妻小杏劉氏葬大坑岡繼娶陳氏三子　紹開　紹揚劉
氏出　紹平陳氏出
堂進字　社庸三子母周氏生終莫考葬省城白雲
山表龍咀無嗣
才寬字世興朝燕長子母陳氏生于乾隆壬午十月
初五終莫考妻竹逕李氏合葬石仔岡無嗣
齡寬字世能朝燕三子母陳氏生于乾隆辛卯九月
十三為人厚重敦本因　二世祖蒸嘗微薄聯會買塘以
厚之終于道光壬辰二月初九享壽六十二葬石仔岡妻
蘇村蘇氏葬伏水岡妾張氏一子　騷仔張氏出

二十終于道光戊申十一月十七享壽八十八葬后岡妻
陳氏三子　有才　應才　日才
辰光字　春玉次子母潘氏生終莫考葬沙岡無嗣
洪昌字　炳壽子母　氏生終葬莫考無嗣
新福字世昌定安長子母方氏生于乾隆丁丑十一
月初四終葬莫考妻大杏杜氏無嗣
新興字世發定安次子母方氏生于乾隆辛丑十月
初十終于道光癸未六月初七葬沙岡妻大果杜氏二子
潤成　富成
新廣字世長遠發子母蘇氏生于乾隆癸巳八月十
八公好行善事捐資置買白雲山青龍嘴地一段俾族姓
之終于省城無地安厝者多葬于此馬終于道光戊戌八
月初五享壽六十六葬省城白雲山青龍嘴妻謝氏葬石
岡立一子　紹昌
流源字廣達三妹子母吴氏生于乾隆丙辰十一月

十一終于乾隆丁未五月初四葬大坑妻杜氏葬大松岡
二子　柏壽　永壽
維大字廣進君勝長子母關氏生于雍正乙卯十一
月初三終葬莫考妻　氏一子　萬平
昌發字廣秀得珠長子母黄氏生于乾隆乙酉十月
十二終莫考妻西城游氏合葬石仔岡無嗣
盛發字廣勝號屏南得珠次子母黄氏生于乾隆乙
丑十二月初三終于道光甲辰十一月二十享壽七十六
妻丹竈謝氏合葬竹逕大松岡坐乙向辛之原三子　敬
才　會才　添才
康發字廣茂得珠三子母黄氏生于乾隆乙未十二
月二十一終于道光癸卯二月十三葬石仔岡妻灣頭杜
氏三子　偉才早亡　聚才　秋才
榮發字廣英定珠長子母陸氏生于乾隆甲申十二
月初三終于道光癸巳五月初五妻本里方氏合葬沙岡

坐亥向巳之原四子 一才 二才 三才早亡 錫才
早亡
祖發字廣生定珠三子母陸氏生于乾隆庚寅九月
初六終于嘉慶乙亥十一月初八妻赤勘陳氏合葬三丫
銜三子 本才 利才出繼 見才
宗發字廣𢀖號宏峰定珠四子母陸氏生于乾隆癸
巳葬后岡坐庚向甲兼卯酉之原妻岡頭林氏六子 雄
才早亡 昭才早亡 金才早亡 進才 新才早亡
尚才
綿發字廣斌定珠五子母陸氏生于乾隆乙未十一
月十七終于道光辛卯十二月二十六妻西城游氏合葬
地塘園三子 益才 振才早亡 德才
長發字廣林定珠六子母陸氏生于乾隆辛丑八月
初八終于道光辛丑十一月初六享壽六十一葬屈龍岡
妻陸氏別適無嗣

冬發字廣揚明珠子母陳氏生于乾隆丁酉十一月
二十五終于道光丙申三月初三享壽六十三葬三丫銜
妻丹竈謝氏二子　滿才　敏才
源來字廣瀾光發長子母周氏生于乾隆丁丑三月
初九終于嘉慶丙子閏六月十六享壽六十二葬地塘園
乾巽向妻西城潘氏葬沙岡東向二子　有枝　倫枝
源玉字廣珍光發次子母周氏生于乾隆庚辰十二
月三十終于　葬對面岡東向妻赤勘陳氏葬沙岡
東向二子　全枝早亡　奕枝
源士字廣才光發三子母周氏生于乾隆乙酉六月
二十終葬莫考妻莊邊梁氏一子　德枝早亡
源才字廣裕光發四子母周氏生于乾隆丁亥七月
初十終于嘉慶癸酉四月十七葬地塘園東向妻蘇村陳
氏三子　英枝早亡　連枝　球枝
源仲字廣超光發五子母周氏生于乾隆庚寅十月

初一終于嘉慶乙亥九月初七妻大仙岡陳氏合葬沙岡
東向一子　純枝
源聚字廣益光發六子母周氏生于乾隆癸巳七月
十二終于道光癸巳十二月二十六享壽六十一葬沙岡
東向妻沙塘角梁氏二子　和枝　佐枝
保養字廣新聚興長子母陳氏生于乾隆辛丑十一
月二十一終葬莫考妻沙滘何氏葬謝邊大墩一子　鳳
鳴失傳
保受字廣秀聚興次子母陳氏生于乾隆辛亥三月
初八終于道光丁未六月初七享年五十七葬横江謝邊
大墩妻謝邊謝氏一子　東連
水養字廣昭聚興三子母陳氏生于乾隆甲寅七月
初一終莫考葬横江墟邊敦妻良村梁氏無嗣
華福字　聚興四子母陳氏生于嘉慶戊午七月二
十終葬莫考無嗣

保珠字　聚興五子母陳氏生于嘉慶壬戌十二月
二十終莫考葬廣城白雲山妻周氏三子　滿容　滿安
滿蘇
宗慶字　亞聖長子母潘氏生終葬莫考妻黄氏一
子兆榜失傳
榮慶字　亞聖三子母潘氏生終葬莫考妻孔氏無
嗣
安慶字　亞聖四子母潘氏生終葬莫考妻陸氏無
嗣
純大字宗和閏壽長子母高氏生于乾隆戊子八月
初三終葬莫考妻何氏無嗣
可大字宗廣閏壽三子母高氏生于乾隆乙丑十二
月十二終葬莫考妻黄氏無嗣
言大字宗顯閏壽四子母高氏生于乾隆壬戌九月
二十六終葬莫考妻馮氏無嗣

大求字宗茂德勝子母黄氏生于乾隆癸亥三月初四終莫考葬大坑岡妻方氏無嗣

大享字宗富嗣勝長子母陳氏生于乾隆已未十二月十三終于道光辛已二月十二享壽八十三妻田心馮氏合葬潤螺岡三子　祖佑　祖錫　祖庇

大開字宗盛嗣勝次子母陳氏生于乾隆丙寅三月十六終葬莫考妻本里方氏無嗣

大倫字宗榮嗣勝三子母陳氏生于乾隆戊辰十二月初七終于道光壬午二月初九享壽七十五葬省城白雲山青龍嘴妻沙浦周氏三子　祖發早亡　祖柱　祖梁早亡

大登字宗耀嗣勝四子母陳氏生于乾隆甲戌三月十二終莫考葬大坑岡妻上沙倫氏無嗣

文啓字開明號朗軒會壽子母謝氏生于康熙戊戌十月初九終于乾隆辛卯六月二十二享壽六十八妻大

渦鄧氏合葬區屋岡北向之原二子　華帶　儒帶

文祥字熙明秩壽長子母方氏生于雍正丁未三月

初十終于嘉慶丙辰十二月十二享壽七十妻莘涌郭氏

合葬區屋岡二子　寬大早亡　珠大附祀祀蒼字祖永

遠祭

文聚字樂明秩壽次子母方氏生于雍正已酉七月

初二終于嘉慶甲子九月二十七妻大渦鄧氏合葬區屋

岡三子　丁大　鰲大　遠大

文勝字飛明秩壽三子母方氏生于乾隆辛酉六月

二十二終于乾隆辛亥正月十二葬區屋岡妻銀州鄧氏

二子　輝大　禮大早亡

文思字議廣元壽子母陳氏生于雍正癸卯十一月

二十終于乾隆丁卯八月十七享年二十五葬廣西百色

北門妻銀州勞氏一子　路龍

觀松字盛千悦壽子母潘氏生于雍正癸卯二月初

八終于乾隆丁未十月初三妻旺邊蘇氏二子　萬春

萬猷無嗣

觀德字照明積壽長子母陸氏生終莫考葬后岡妻

謝氏無嗣

觀童字俊明積壽次子嫡母陸氏生母高氏生于乾

隆壬戌十一月十一終于乾隆戊申八月二十六享年四

十七葬伏水岡妻渦村李氏三子　秋霖　昊霖　樹林

早亡

信德字敬明五壽子母陸氏生于乾隆壬辰五月初

九終于嘉慶戊辰六月二十二妻西城游氏合葬大坑岡

無嗣

日新字見明廣壽子母陳氏生于雍正乙卯九月初

九終于乾隆丁未五月二十九妻葉氏合葬竹逕岡一子

科舉

文達字閏明真壽長子母陳氏生于康熙庚子九月

初九終于嘉慶戊午九月十三妻大果杜氏合葬獅頭岡

四子　祖帶　連帶　賜帶　恩帶俱失傳

文遺字裔明真壽次子母陳氏生終莫考妻本里區

氏失傳

文開字翰明榮壽子母陸氏生于乾隆甲子六月初

九終于嘉慶丁巳十一月初六葬獅頭岡妻陳氏葬烏飯

岡七子　長帶　年帶　興帶　發帶　達帶　禄帶

依帶

文藻字國明華壽長子母高氏生于乾隆丙辰十二

月初三終于嘉慶辛亥十一月初七享壽六十六妻鄧氏

繼室吴氏游氏葬獅頭岡一子　仁帶吴氏出

文松字鶴明華壽次子母高氏生于乾隆庚申二月

十四終于嘉慶乙亥七月十六享壽七十六妻楊氏繼室

丹竈謝氏葬大坑岡無嗣

文升字位明華壽三子母高氏生于乾隆甲子十月

初六終于乾隆丁未十月初二享年四十四妻林氏葬烏

皈岡無嗣

文斗字智明華壽四子母高氏生于乾隆乙巳正月

初一終于嘉慶癸酉六月十八享壽六十五葬　岡妻梁

氏别適無嗣

文石字昆明華壽五子母高氏生于乾隆甲戌九月

初八終于道光辛卯十二月二十八葬東莞石龍妻黄氏

一子　松帶

儒泰字胖然號達志長茂子母勞氏生于乾隆乙卯

三月十五終于乾隆甲寅二月十四妻沙頭岸梁氏合葬

三丫銜一子　仕振

富善字修明號達聰三壽子母黄氏生于乾隆丙子

十一月初三終于道光庚寅三月二十三享壽七十五妻

西城游氏合葬區屋岡三子　學大　福大　量大

聖善字鵬明號達霄為壽長子母徐氏生于乾隆丙

子四月十五終于嘉慶已卯正月初五妻潘氏合葬竹園

岡一子　順昌

裕善字　為壽次子母徐氏生于乾隆戊子十一月

二十三終于嘉慶甲子八月初二葬區屋岡無嗣

春牛字始明用壽長子母黎氏生終葬莫考妻方氏

繼娶　氏無嗣

可球字寶珍天聯子母陳氏生于乾隆丙子十月十

九終莫考葬　岡妻潘氏繼娶梁氏一子　丙元無嗣

東壁字升玉奇壽子母陳氏生于雍正乙卯十月三

十終莫考妻陳氏一子　廣茂無嗣

元定字　兆成長子母謝氏生于雍正乙卯十一月

二十六終葬莫考妻　氏別適

季房二十世

為梅字調會錫福長子母陳氏生于雍正甲辰九月

終于乾隆戊寅四月初十享年三十五妻杜氏合葬沙岡

一子　逢立

為憲字調章錫福次子母陳氏生終莫考妻鄧氏合

葬沙岡無嗣

為光字調輝錫福三子母陳氏生于雍正庚戌十二

月二十三終莫考葬沙岡妻謝氏繼娶梁氏一子　逢遠

為冠字調元健福長子母方氏生于雍正壬子九月

二十四終于乾隆戊戌六月十九妻陳氏合葬竹逕岡三

子　逢有早亡　逢日　逢高

為勝字調萬號樂亭賜福子母杜氏生于乾隆癸亥

五月十八終莫考葬區屋岡妻杜氏二子　逢昌　逢興

宏歡字懷廣號太然錫榮子母甘氏生于乾隆壬戌

十一月初三終于嘉慶　十一月初十葬區屋岡妻方

氏繼取陳氏三子　仕爵　仕寧

宏成字懷德錫冠次子母陳氏生終莫考葬岡咀妻

甘氏一子　美發
宏珠字懷寶錫魁三子母陳氏生于乾隆庚辰十一
月初二終于嘉慶乙未十一月初八葬岡咀妻杜氏無嗣
成就字　貴添長子母梁氏生于乾隆乙卯十二月
十一終葬莫考妻李氏失傳
成友字偉興貴添次子母梁氏生于乾隆甲申八月
初八終葬莫考妻周氏失傳
帝雄字偉英壽添長子母潘氏生于乾隆庚申七月
十三終于　乙酉閏五月十八妻方氏合葬沙岡繼娶林
氏二子　文佳　文千林氏出早亡
肇雄字偉基爵添次子母潘氏生于乾隆丙寅十二
月十七終于嘉慶戊辰十月二十二繼娶關氏合葬蜆殼
岡妻陸氏未娶而亡一子　文元
復秤字偉權號經能觀信長子母張氏生于康熙乙
未二月初二終于乾隆丁未六月十九妻陳氏合葬蜆殼

岡三子　士華　士海　士龍
戊秤字偉量號即能觀信次子母張氏生于康熙辛
丑十月二十九終于乾隆庚戌十一月初六妻竹逕馮氏
合葬村頭岡一子　正弟
實開字偉成觀載子母李氏妻帥氏失傳
公卿字偉大福臨長子母杜氏生于雍正癸卯九月
初四終于乾隆丁亥九月二十七葬當風頭妻清塘陸氏
一子　文朗無嗣
公泰字偉高福臨次子母杜氏生于雍正辛亥七月
初十終于乾隆庚寅十二月初九葬當風頭妻大杏張氏
二子　文耀早亡　文開
公佑字偉廣號雄畧成臨子母黃氏生于乾隆丙辰
七月初七嘉慶元年　恩賜八品終于嘉慶壬戌正月二
十五妻清塘陸氏合葬獅頭岡一子　文會
燦霖字炳滋錫章子母陳氏生于雍正乙卯十二月

初十終葬莫考妻葉氏二子　應熊　應才俱無嗣

德霖字澤滋號從簡錦章子母歐陽氏生于乾隆丁

巳二月二十二終于嘉慶戊寅二月十七葬區屋岡妻陳

氏一子　遂熊

大庚字敬中初元長子母杜氏生娶終葬莫考一子

福和失傳

大廣字肇中初元次子母杜氏生于乾隆庚寅正月

十七終葬莫考妻周氏一子　新和

大賢字　初元三子母杜氏生娶終葬莫考二子

貴和　瑞和

大來字聖中帝廣長子母區氏生于乾隆壬戌三月

二十三終于乾隆乙卯五月　妻杜氏合葬區屋岡二子

興和　義和

大經字國中帝廣次子母區氏生于乾隆甲子十一

月二十終葬莫考妻陳氏一子　炳和失傳

大科字廷中帝廣三子母區氏生于乾隆己巳五月
初三終葬莫考妻龔氏失傳
春開字年大號雲騰成言長子母謝氏生于乾隆丁
丑二月初十終于咸豐庚申八月二十三妻李氏合葬蜆
殼岡二子　光寧　宜寧早亡
社開字愛大成言次子母謝氏生于乾隆戊寅七月
初九終于嘉慶己未三月二十八葬蜆殼岡妻陳氏繼娶
謝氏一子　在寧謝氏出
新開字必大義言長子母張氏生于乾隆丙申正月
二十九終于道光戊申正月十六享壽七十六妻何氏合
葬松仔岡繼娶方氏葬大坑四子　邦寧出繼　顯寧
斌寧　修寧俱方氏出
興開字　義言次子母張氏生于乾隆壬寅六月初
三終于乾隆丙申三月十五未娶而亡立一子　邦寧
振開字聲大義言三子母張氏生于乾隆丙午三月

二十五終于咸豐乙卯正月十五享壽七十葬大坑岡妻
陳氏三子　廣寧　啓寧　錦寧
嘉開字平大進言長子母杜氏生于乾隆戊寅六月
二十終于嘉慶丁丑四月十二葬　岡妻關氏二子　綏
寧早亡　海寧
應開字曜大進言三子母杜氏生于乾隆甲申十月
二十五終于嘉慶丙辰九月初五妻孔邊吴氏合葬后岡
一子　永寧
迪開字允大進言四子母杜氏生于乾隆庚子八月
肚十八終葬莫考妻林氏三子　安寧　福寧　滄寧
杰開字英大泰言繼子繼母徐氏生母杜氏生于乾
隆癸未二月二十八終于乾隆乙巳三月十五妻丹竈梁
氏子歸二載派守孀居歷五十余清操苦節未請旌表已
入縣志
石開字璋大順言長子嫡母梁氏生母蔡氏生娶終

葬莫考一子　道寧陽山住
爵開字　順言次子嫡母梁氏生母潘氏生娶終葬
莫考三子　樂寧　興寧　滿寧往陽山住
桂開字　順言三子嫡母梁氏生母蔡氏生娶終葬
莫考往陽山住
兆開字慶大亨言長子母杜氏生于乾隆辛丑十一
月二十七終于嘉慶已卯八月十七葬白沙岡妻小杏黄
氏一子　輝寧
秩開字恢大亨言次子母杜氏生于乾隆乙巳三月
初三終于道光辛丑三月初一葬大坑岡妻杜氏二子
湘寧早亡　壽寧
敏開字孚大亨言三子母杜氏生于乾隆癸丑四月
二十五終于咸豐丙辰享壽六十四妻何氏合葬潤螺岡
四子　鐘寧早亡　與寧　科寧　日寧早亡
佑開字遠大芳言長子母周氏生于乾隆丙戌二月

二十四終于道光庚寅十二月十八妻梁氏合葬大坑岡
三子 著寧 聚寧 珍寧早亡
蕃開字衍大芳言次子母周氏生于乾隆丁亥七月
初二終于嘉慶甲戌七月二十八葬大松岡妻李氏二子
禧寧 禨寧
昆開字良大芳言四子嫡母周氏生母陳氏生于乾
隆庚寅二月初九終于嘉慶丙子正月十三妻何氏合葬
大蛇岡一子 以寧
丁開字壯大號鴻猷芳言五子嫡母周氏生母陳氏
生于乾隆甲辰二月二十五身其康强精神矍鑠同治壬
戌闔族聯壽制屏稱觴公尊居首席弁冕耆英終于同治
辛未十二月十七享壽八十八葬大坑岡妻陳氏生四子
合寧早亡 梅寧 茂寧 耆寧
壽屏序附列于后
恭祝

大臺柱　列㙮羅老先生千秋聯壽序

壯大翁　瀛洲翁　永和翁議叙八品　信文翁

麗堂翁　斌和翁　思宗翁　浩蘭翁　秀元翁候

補縣正堂　宏軒翁七品項戴　愛日翁　胡亭翁

日亭翁　毓林翁　習之翁　雄建翁　德榮翁

經漢翁　榮漢翁　角耀翁　達之翁　輝堂翁

明福翁　朝振翁　文思翁議權六品　培峰翁

獻章翁　健光翁　耀齡翁　卓齡翁　曙峰翁

保振翁　善亭翁　盛之翁　贊齡翁恩賜八品

汝霖翁　善齡翁　炳漢翁　裕霖翁　萃福翁

達福翁　顯章翁　益楊翁　濟邦翁　文和翁

振猷翁　振華翁　仰齡翁　聲德翁登仕郎

庸生翁　聯海翁　初榮翁　敬賢翁　邦著翁

純經翁　文邦翁　挺之翁　瑞光翁　茂昌翁

俊廣翁　仁峰翁　樂廷翁議叙九品　家騮翁議

叙八品　振海翁議叙八品　學海翁　仰峰翁
振昌翁　敬昌翁　峻峰翁　彩峰翁　曉堂翁
順寬翁　順從翁　朝升翁　緒華翁　贊茂翁
寶華翁　賢昭翁　杰昌翁　仁昌翁　松峰翁
同林翁議權八品　静山翁　定邦翁　今
上御極之初日月合璧五星聯珠數百年未有之祥于今乃適逢其盛是以四海之内凡龎眉皓首之士魁梧奇杰之才莫不精神矍鑠含和吐氣咸奮發以赴
聖天子壽考作人之休而若和氣純于一家純假縣于奕祺則惟良登鄉羅氏為尤盛焉羅氏為西樵望族世有令德代産偉才自乾隆丙子闔族聯壽享遐齡者七十有三人前輩馮潜齋先生紀其事綿綿延延以迄于今蓋休養生息傳四世而更百余年矣憶余少壮時學為文章得結交于羅氏培峰先生每當耳熱酒酣興之縱論上下古今文章源流得失其胸中浩然不可遏抑之氣精悍之

色見于眉睫之間實足以開拓萬古心胸推倒一時豪杰
故能交相砥厲以底于成越數年余叨己酉鄉薦旋捷南
宮入居詞館估丑告假南歸愈覺培峰先生好學之志歷
久弗衰其文則老而益堅精神亦老而益壯會晤之余乃
握余手而告之曰吾族世居良登地枕獅頭之峰以大堯
為屏以西樵為門户山不高而秀水不深而清其俗善良
其風質樸其地利桑麻其田産穀粟其父史之躋上壽者
八十余人其子弟之稱兒鯢者千有余輩歲伏月烹羊羔
白叟黄童怡然自樂此自丙子以來至今而更觀其盛也
余因之有感矣夫生當治平之世
化行俗美家室和平凡六合以内九州而遥食毛踐
土之從孰不鼓腹含哺以優游于
舜日堯天之下今羅氏集門庭之福慶宏壽考之休
風千載一時適逢其會所謂士食舊德農服先疇意在斯
乎异日承

皇命駕轎軒問谷觀風表楊善行當大書特書以志
一門濟美之盛此職司紀載者之責余又何敢讓焉方今
民和年豐三時不害飲和食德下舞上歌南望老人壽星
昭兹雲漢上以見
國家化成之治下以徵士庶敦厚之風吾知培峰先
生且將興梆鄉國杖朝諸父老一堂慶洽者霞觴之迭進
樂春酒以介眉一斗醉而一石亦醉也彼科甲聯登人文
蔚起不又可拭目俟之也哉
賜進士出身
敕授文林郎翰林院吉士加一級年家鄉眷弟游顯
廷出首拜撰
二十二傳孫邑癢生景彤撃首拜書
同治元年歲次壬與仲冬穀旦
禄開字文大芳言六子嫡母周氏生母陳氏生于乾

隆丙午十二月二一終于咸豐己未四月初四葬大坑
岡妻李氏無嗣
祖開字本大義芳繼子繼母吴氏生母陳氏生于乾
隆丁亥十二月二二終葬莫考妻麥氏生一子　保寧
酉開字秀大號慎余發言長子母杜氏生于乾隆乙
酉二月初九充陽山縣掾吏終于道光辛巳正月二三妻
黄氏合葬石仔　繼娶歐陽氏五子　泉寧黄氏出　郁寧
出繼　官寧　鈺寧早亡　恩寧俱歐陽氏出
寅開字敬大發言次子母杜氏生于乾隆丁亥三月
初二終葬莫考妻陸氏一子　詢寧
陽開字焕大發言三子母杜氏生于乾隆庚寅正月
初六終于乾隆甲寅三月二十五葬屈龍岡妻陳氏立一
子　郁寧
奕開字昌大登言長子母方氏生于乾隆壬子二月
二十九終于道光乙酉十一月十八葬潤螺岡妻陳氏一

子　濟寧
世開字盛大登言次子嫡母方氏生母陳氏生于乾
隆甲寅二月二十九終于嘉慶癸酉五月二十七葬村頭
岡妻梁氏別適無嗣
士成字參賢孔大長子母黄氏生于乾隆癸未十月
十二終于乾隆甲寅九月二十七葬村頭岡妻游氏一子
連進早亡
義成字參仁孔大次子母黄氏生于乾隆戊子三月
初八終于道光丁亥六月二十九享壽六十葬屈龍岡妻
陳氏二子　永泰　來泰俱失傳
四成字贊智孔大四子母黄氏生于乾隆庚子十月
初六終于嘉慶戊寅七月初二葬屈龍岡西向之原妻梁
氏三子　謙進早亡　吉進　尚進早亡
五成字參信孔大五子母黄氏生于乾隆乙巳十月
二十一終于道光丙戌六月三十葬屈龍岡西向之原妻

陳氏一子　廣進
泔霈字時發孔評子母陳氏生于乾隆丙子九月十
一終葬莫考妻謝氏二子　其昌　裕昌早亡
文豪字時賢萬評子母保氏生于乾隆甲申八月初
八終莫考葬竹逕岡妻張氏一子　永昌
甘醴字時習孔育子母李氏生于乾隆壬午十月十
七終莫考妻陳氏葬松仔岡無嗣
仕貴字位高號省軒金山子母林氏生于乾隆甲戌
六月二十五終葬莫考妻陳氏一子　祥元
仕開字位登銘山子母杜氏生于乾隆丁亥十一月
十四終于嘉慶庚午正月二十妻區氏合葬區屋岡一子
占元
仕輝字位炳積學長子母潘氏生莫考終于道光丁
酉五月初三妻潘氏合葬大坑岡無嗣
仕球字位贊積學次子母潘氏生莫考終于道光壬

寅四月十七葬蜆殼岡妻陳氏二子　覺元早亡　潘元

書中字　祖子母　氏生終葬莫考無嗣

新科字廣朝維松長子母薛氏生于雍正己酉七月二十三終于乾隆乙卯十二月二十八妻潘氏合葬村頭岡一子　長庚

春科字振朝維松次子母薛氏生于乾隆癸亥四月十三終葬莫考妻梁氏無嗣

天賜字爵朝錦松子母謝氏生于乾隆乙丑十月十八終葬莫考妻區村區氏無嗣

天授字敕朝升松長子母張氏妻麥氏葬區屋岡無嗣

天球字相朝升松四子母張氏生于乾隆丁亥三月初七終于嘉慶　四月十一妻孔邊方氏合葬區屋岡四子　浩源　浩泉　殿源　錦源

天户字用朝碧珠長子母蘇氏生于乾隆庚子五月

初四終于道光癸巳七月二十三葬省城白雲山青龍嘴

妻方氏一子　瓊陽

天納字贊朝碧珠次子母蘇氏生于乾隆丙午七月

二十終莫考葬省城白雲山青龍嘴妻陳氏生一子　善

揚早亡

天禄字在朝秀松三子母梁氏生于乾隆癸未二月

初七終于道光乙未正月十六葬省城白雲山青龍嘴北

向之原妻關氏一子　敬祥

天就字成朝齡松繼子生母梁氏生于乾隆壬申十

二月十七終于道光癸未十二月二十五葬潤螺岡北向

之原妻鄧氏無嗣

德勵字澤朝式鑑子母霍氏生于乾隆乙未七月初

三終于道光壬辰四月初十葬潤螺岡妻　氏別適一子

新秋林

德枝字秀朝式交子母葉氏生于乾隆庚寅九月初

六終于道光乙巳八月初三享年五十九妻陳氏合葬區
屋岡四子　恒發　滿發　耀發　紹發
德誨字杰朝式璜長子母鄧氏生于乾隆壬辰十月
十八終于嘉慶辛未二月初十葬潤螺岡妻謝氏一子
新苗早亡
德穎字信朝式璜次子母鄧氏生于乾隆乙酉十一
月初二葬大坑岡妻謝氏五子　新發　新冬　新興
新安　新會
德賢字弼朝式璜四子母鄧氏生于乾隆乙未十二
月初五終于咸豐甲寅正月二十享壽八十妻徐氏合葬
后岡坐坤向艮之原一子　新秋
興燕字德和式均長子母陳氏生于乾隆丙午七月
十一終于道光甲午四月二十三葬后岡妻關氏二子
錫南　錫喜
興堯字斌和式均次子母陳氏生于嘉慶戊午七月

初七終于同治甲子八月初四享壽六十七葬竹逕岡左
邊妻陳氏葬竹逕右邊二子　錫泰早亡　錫味
興立字建和式郎長子母陳氏生于乾隆庚寅二月
初二終葬莫考妻馮氏二子　蒲盛　蒲必俱早亡
興如字協和號福山式郎次子母陳氏生于乾隆已
四月三十終于道光庚戌八月二十一享壽七十九妻馮
氏合葬石仔岡五子　蒲振　蒲騷早亡　蒲茂　蒲直
早亡　蒲標早亡
興卓字峻和式郎三子母陳氏生終葬莫考妻陳氏
別適二子　蒲扳　蒲川
興創字敬和式璠長子母梁氏生于乾隆丁未三月
十九終葬莫考妻關氏一子　蒲鋭
興元字順和工璠次子母梁氏生終葬莫考妻陳氏
二子　蒲偉　蒲揖
興裕字沐和式璠三子母梁氏生于乾隆乙卯七月

十八終于道光丙申十一月二十八葬省城松岡妻陳氏
二子　四進　廷進
興任字　式興子母蘇氏生于乾隆丙午十一月二
十九終葬莫考妻別適無嗣
興信字永和號福慶式琬長子母劉氏生于乾隆庚
戌十月十四終于同治甲戌正月初七享年八十四妻方
氏葬大坑岡繼娶林氏再娶何梁氏合葬市口岡嘴無嗣
興遠字啓和號宏軒候補縣丞式宛次子母劉氏生
于嘉慶癸巳十月十七終于光緒乙亥十月二十七享壽
七十三葬屈龍岡妻區氏葬石仔岡繼娶旺邊蘇氏一子
蒲開區氏出
興仁字俊和式矩長子母杜氏生于乾隆戊子十月
初八終葬莫考妻華涌區氏無嗣
尚開字禮和式昌繼子繼母杜氏生母杜氏生于嘉
慶丙辰四月十七終于道光乙酉七月初十葬石仔岡妻

陳氏二子　清蘭　清桂
國器字豪仕善孝曾孫母麥氏終于嘉慶丁丑六月
初九生葬莫考妻林氏別適無嗣
報本字忠朝號信文恩賜八品昌期長子母甘氏生
于乾隆壬子二月初六終于光緒戊寅八月二十九享壽
八十六葬潤螺岡左路邊右太祖妻蘇氏陳氏葬后岡五
子　大揚早亡　閏陽　輝陽　泗陽　念陽
珠慶字光朝昌齡長子母陳氏生莫考終于道光辛
丑十二月初四葬蜆殼岡妻謝氏生二子　池揚　昭揚
列進字廷干致中子母梁氏生于乾隆辛巳二月初
六終于嘉慶丁巳七月十五葬行路地妻方氏生一子
連德
文光字　富德子母梁氏生終莫考葬后岡無嗣
文熾字美章號錦堂富興子母陳氏生于乾隆丁酉
十一月二十終于道光甲辰十月十四享年五十九妻西

城游氏合葬區屋岡三子　祖明早亡　祖勝　祖順
成林字秀階冬發長子母梁氏生于乾隆乙亥八月
二十一終于道光庚戌三月十七享壽七十一妻陳氏合
葬上坑岡一子　敦典
富林字　冬發次子母梁氏生于乾隆壬寅十月十
五終于嘉慶辛未七月初六葬后岡無嗣
桂林字秀庭冬發三子母梁氏生于乾隆丁未二月
二十六終于咸豐癸丑八月二十享壽六十六妻謝氏合
葬后岡一子　典能
彬林字秀元冬滔次子母梁氏生于嘉慶庚申九月
十九終于光緒庚辰九月初九享壽八十一葬上坑岡妻
蘇村陳氏二子　彩造　彩雲
便林字秀宜冬滔三子母梁氏生于嘉慶甲子三月
十二終于道光丁酉三月十九葬上坑岡妻梁氏別適一
子　彩國外出

志林字　冬滔五子母梁氏生于嘉慶甲戌十二月十八終于道光戊申八月十五享年三十五葬省城未娶妻

福燕字　實魁繼子繼母黄氏生母李氏生于乾隆壬子三月十三終葬莫考無嗣

福幾字祺佳號雲池維鄉五子母徐氏生于嘉慶乙亥五月二十二終葬莫考妻本里區氏繼娶大杏高氏一子　包萬高氏外出

福綏字　日泰次子母陳氏生于乾隆庚寅八月二十終于道光壬午八月初一葬沙岡無嗣

福兆字階彩號禮仁日泰三子母陳氏生于乾隆壬辰七月初七終于道光乙亥五月初八享壽六十八先葬沙岡后遷葬岡嘴娶高氏合葬坐午向子兼丁癸之原生六子　新桐　勝桐早亡　寶桐早亡　理桐早亡　蓮桐早亡　尚桐

福相字洪階泰成長子母李氏生于乾隆壬辰十二
月十三終于道光丁酉三月二十六享壽六十六葬沙岡
妻梁氏續娶黄氏一子　晉楚梁氏出
福静字洪祥泰成次子母李氏生于乾隆乙亥十二
月二十五終于咸豐戊午十二月十六享壽八十四葬省
城羅姓義墳妻陳氏四子　晉興　晉壽　晉爵　晉饒
福球字階泰成三子母李氏生于乾隆丁未八月十
四終莫考葬沙岡無嗣
始相字初階泰星長子母梁氏生于乾隆甲午十二
月十一終于嘉慶乙丑四月初八葬省城妻别適無嗣
汝相字榮階泰星次子母梁氏生于乾隆丁未八月
十一終于咸豐庚申正月十二享壽七十二葬竹逕岡妻
杜氏繼娶徐氏一子　新開徐氏出
道相字至階泰星三子母陸氏生于嘉慶乙亥正月
初一終于光緒甲申十月二十八享壽七十一葬竹逕岡

妻何村徐氏葬岡嘴一子
進儉
其亨字宏陛日翰長子母劉氏生于嘉慶甲子七月
二十九終葬莫考妻灣頭杜氏一子　廷標
其味字　日翰次子母劉氏生于嘉慶癸酉二月二
十五終葬莫考無嗣
長有字滿榮五興長子母關氏生于嘉慶丙辰九月
初四終莫考妻馮氏合葬后岡三子　祥開賜　賜開
就開
正有字德榮五興次子母關氏生于嘉慶壬戌二月
初一終莫考妻陳氏合葬后岡一子　發開
進有字贊榮五興三子母關氏生于嘉慶乙丑六月
初九終葬莫考妻潘氏一子　坤開
念祖字敏修號道立佑先子母梁氏生終葬莫考妻
大杏杜氏一子　本赤失傳

念孫字敏蘭敬先子母何氏生終葬莫考妻温氏失
傳
念聖字敏師號宗孔慶先子母周氏生于康熙庚寅
閏七月二十九終于乾隆丁酉四月二十八妻竹逕李氏
合葬大坑岡一子　廣福
念長字敏大號德一君庇長子母蘇氏生于康熙庚
寅九月三十終于乾隆丁亥五月　妻莘涌陸氏合葬沙
岡妻高氏葬上坑岡二子　保赤陸氏出　嵩赤高氏出
念六字敏韜君庇次子母蘇氏生于雍正乙巳二月
初七終于乾隆丁亥十月　葬上坑岡妻沙涌陳氏葬大
辣地坐丁向癸兼未丑三子　福赤　四福　五福
文會字敏才號學海魁多長子母黄氏生于雍正甲
寅七月初一公居心無偽與物無争約以持身善以裕后
終于乾隆庚子五月初三享年四十七葬梅步獅子岡新
社上繼娶周村鄧氏葬烏飯岡林邊后背坐巳向亥兼壬

丙之原二子　卿發　卿雲鄧氏出
文光字敏輝號耀亭魁多次子母黄氏生于乾隆辛
酉十一月十七公生成俊偉長著剛方公門試其猷梓里
蒙其濟奮武振威陶成子侄埋枯骨修基圍陰行善事終
于嘉慶丁巳四月二十三亨年五十七葬丹竈岡坐辛向
乙兼酉卯之原妻麗山陳氏葬丹竈黎岡頭后多山岡坐
庚向甲兼酉卯之原二子　卿福　卿禄
乾隆乙卯恩科次子彦倫中式十三名武舉嘉慶丙
辰會試受
恩敕封
奉
天承運
皇帝制曰寵綏國爵式嘉閥閲之勞蔚起門風用表
家庭之為爾羅敏輝西候衛千總羅彦倫之父義方啓后
穀似光前積善在躬樹良型于陶治克家有子拓令緒于

韜鈐茲以覃恩封爾為武各佐騎尉錫之敕命于戲錫策
府之徽章存承恩澤荷無家之庥命永耀門閭制曰怙恃
同恩人子勤恩于將母赴桓著績王朝錫類以榮親爾陳
氏西候選衛千總羅彥倫之母七戒嫻明三遷勤篤令儀
不芯早流行禹之聲慈教有成果見干城之器茲以覃恩
封爾為安人于戲錫龍綸而煥采用答劬勞被象服以承
麻永膺光寵

嘉慶癸亥春蒙諸戚友制屏稱觴序

詩有之曰厘爾女士從以孫子蓋言女有士行則孫
子從之人之樂有賢母無异于樂有賢父也是説也余可
得為　姻母老太安人頌　姻母老太安人為先封翁耀
亭羅老姻翁淑配余姻好嘗登其堂醉其爵見其庭幃聚
順藹若春風深知　老太安人以名門閨秀夙嫻姆儀敬
戒相夫琴瑟静好得古賢婦風其令嗣卓英姿材兼文武
總角時氣度冲和言啓恂謹已具少年老成之慨識者异

之方諸王謝子弟此固　老姻翁素有義方抑亦　老太安人識大體絶姑息不為慈母之敗故家駒國器杰出一時夫古之稱賢母者斷機示學畫荻論收和熊佐讀事皆卓有可傳顧時移世易風教各殊而　太安人獨能信佛類是是愷惟嫻内則主中饋謹女經紅為得婦道之正興因是知　老太安人以女士之風召和平之福身其康强子孫逢吉有自來也癸亥春為　太安人設悦令辰戚友制屏稱祝出序于余余窮惟太安人體　老姻翁之心佐　老姻翁之教以致諸嗣君行成名立卓卓人前長君身游太學鼓聽辟雍次君掇巍科捧毛檄以受知當道异日動名赫奕靡有窮期真足令人意滿也從來古人之養親也誠不區區于備物顧菽水之奉何若鐘鼎之榮令郎君養資禄秩以官厨之粟為介眉之酒而進將母三觴凱偶然與余雖旅京師無由進爵而緬想斑衣錦袖交錯堂陛文子文孫森然羅列諸君子占坤德之安貞慶地道之悠

久或進南山之麟脯醉而起舞樂趣環生頓尚年登堂醉
爵之會情事依然萬里關山望風遥祝　不禁于華從觴咏
間矣是為序
敕授修職郎辛酉科　大挑即用儒學教諭候選知
縣戊申科穎進士姻弟梁士元頓首拜撰例授文要郎選
縣知縣乙酉科鄉進士姻晚生謝　祠頓首拜書

文華字敏榮號慎堂魁上長子母徐氏生于乾隆丙
辰十二月二十六公孝友信義才智明决奉公維勤訓谷
有規由縣掾吏滿考授八品職銜接修系譜初舉鄉正繼
舉保副后舉社學都正終于乾隆壬寅十月二十一享年
四十七葬伏水旺岡妻舟里林氏三子　卿襄　卿元
卿領

文燦字敏英號慎交魁上次子母徐氏生于乾隆丙
寅十一月二十終于乾隆壬子五月十三享年四十七妻
新生區氏繼娶沙杏潘氏又續娶陳氏俱合葬新社岡二

子　卿品區氏出　卿錦潘氏出
文佳字敏秀號穗亭魁上三子母徐氏生于乾隆已已十二月初二終于乾隆乙巳四月十二享年三十七妻大杏張氏合葬區屋岡坐巳向亥兼巽乾之原子　細妹
文齡字敏千號雲集嘉謀子母陳氏生于雍正庚戌九月初三終于乾隆　妻孔邊方氏合葬區屋岡二子
卿翰早亡　卿緒
文信字　伯歡次子母陳氏外出
秋元字敏魁號勤補泰讓長子母甘氏生于乾隆辛巳八月十七終于嘉慶癸酉十一月二十六享年五十三妻大杏甘氏合葬區屋岡二子　世揚　錫揚
元原名秩元字敏爵號炳堂泰讓次子母甘氏生于乾隆慚丑八月二十三公少事詩書長充縣據吏滿考授職員勤儉持躬嫻習稅則留心族務設立糧會以急征輸議築大塘以助　祖嘗鄉里推為坊正終于道光丙申八

月初十享壽六十八妻莘涌李氏妾黄氏合葬伏水馬鞍
岡坐甲向庚兼卯酉之原五子　繼祖　鉅揚　裔揚俱
李氏出早亡　鈞揚黄氏出
道光乙丑偕原配李氏七滚開一雙壽諸戚友制屏
稱慶壽文附后
恭祝
例授登仁郎炳堂羅老先生暨　淑配七滚開一雙
壽序
例封孺人李太孺人
賞登樵峰觀日出暉耀動湯與川獄之氣相吞吐而
光景常余謂客曰山體静而恒峙日體而匀照人能保其
鎮静純實之天斯靈秀鍾而精華聚岡陵之頌升恒之祝
直分内事耳顧安所得興為符合者己丑春　炳堂先生
暨　淑配李太孺人舉七滚觴令子宏顯榮顯文孫培基
偕諸戚友制屏胡斗而屬辭于余余竊有味于前言也起

而祝曰身其康强其静者之壽耶子孫逢吉則篤實之光輝矣董子不去乎壽者酬也自行可久之道其壽亦酬于可久夫静則其心存確乎如山之安敦而不摇實則其氣充浩乎如日之照臨而不已于以團結其精神享期頤而登上壽事如是理亦如是耳今　先生孝友廉静之德根諸天性而　太孺人又以其淑慎静正者克著壹範義順唱隨一堂静好其自行可久者為何如耶迨至任事公廷凡平準出納皆卓然有實心實力之可紀五載滿考策名
　天府振家聲焉藴禄爾康純胡爾常又奚不可操劵者而得也而况乎根本之深者其實遂膏之沃者其光騰先生公事余閑兼綜族務急供輸而賦税早完是以淳良其族者俾壽而臧也築陂塘而嘗充裕是以敦睦其族者俾壽而富也宜乎玉樹聯芳芝蘭挺秀進水桃而酌春酒矣尤顧　先生以名望碩德兼資内助壽其身壽其家者推而壽世俾鄉閭風俗之厚父老子弟共歡化日之舒長

寧見
綸章疊錫永膺多福維時　先生鶴發丹顏内歌偕
老之章外咏介眉之什興稱觥諸親友策杖而覽七十一
峰之勝餐紫芝于翠巖觴玉醴于碧洞應興君家羅城别
業并輝映于后先也將必有握管而記耆英之雅集者矣
是為序
賜進士出身文林郎選縣知縣年家同里弟方羽亮
頭首拜撰
例授文林郎即癸酉科鄉進士揀選縣知縣愚世侄悶
揖擊首拜書
開隆字啓豐號連枝萬志長子母張氏生于雍正乙
卯十二月三十終于嘉慶庚午六月初九妻大杏杜氏
合葬沙岡二子　成才　成會
作隆字振豐萬志次子母張氏生終莫考葬沙崗無
嗣

帝隆字喬豐萬志次子母張氏出莫考終于嘉慶己未五月十八妻區氏合葬沙岡一子 成倉早亡

進隆字政豐順志長子母李氏生于乾隆己巳二月十四終于嘉慶 七月初二妻何氏合葬蜆殼岡無嗣

赤隆字年豐順志四子母李氏生于乾隆壬午六月初十終于道光丙申十月十五妻孔邊方氏合葬蜆殼岡二子 成開 成貴

張隆字敬豐奮志子母馮氏生于乾隆乙酉九月初七終于嘉慶 四月初六妻梁氏合葬風嘴無嗣

紹箕字俊裘晟長子母李氏生于乾隆丁卯九月二十八終于 戊戌二月二十六妻區氏合葬鳳起細岡生二子 憲光 應有早亡 華夏新村住

紹周字海裘豪長子母馮氏生于乾隆己巳七月十

一終于　庚子七月十三妻陸氏合葬鳳起細岡生一子
告光華夏新村住
　煒長字明豪榮啓長子母梁氏生于乾隆癸巳正月
二十七終于道光壬辰四月二十五妻潘氏合葬岡嘴五
子　英彩　利彩早亡禧彩　正彩　耀彩早亡
　諫長字明宗榮啓次子母梁氏生于乾隆辛丑三月
十八終于道光甲申六月初九葬上坑岡妻方氏生二子
靛彩　檔彩
　秩長字明爵榮啓三子母梁氏生于乾隆甲辰三月十
二終于喜慶庚辰閏四月二十三葬上坑岡妻蘇氏生一
子　權彩
　英長字敦和榮亮長子母方氏生于乾隆辛巳十二
月十二終于道光辛卯十一月十二妻陳氏合葬區屋風
生二子　永保早亡　奕保
　從長字定和榮亮次子母方氏生于乾隆戊子十月

從長字定和榮亮次子母方氏生于乾隆戊子十月升長
字定和榮亮次子母方氏生于乾隆戊子十月十八終于
道光戊子十二月二十享壽六十一葬省城監岡妻陳氏
葬省城大山生三子順保興保　九保俱在省城住
從長　榮亮三子母方氏往沙邊住
朝長　榮亮三子母方氏往沙邊住
日聖字澤和榮宗長子母陳氏生終莫考妻李氏生二子
新在　在金　往沙邊住
美對字家和榮宗次子母陳氏往沙邊住
拱聖字家和榮宗次子母陳氏往沙邊住
美聖字家和寧宗次子母陳氏往沙邊住
拱對字意和榮祖長子母陳氏妻李氏往沙邊住
聽聖字遂和榮祖次子母陳氏妻倫氏生一子新端往
沙邊住
駒聖字興和榮祖三子母陳氏妻鄧氏往沙邊住

鯨長字會和榮官子母黄氏生于乾隆己亥八月二十一
終于道光丙申四月十八妻蘇村蘇氏合葬村頭岡繼娶
陳氏生一子　鄧家繼娶陳氏出
柱長字　榮子子母鄧氏生于乾隆甲寅二月初七
終于嘉慶甲子七月二十七葬上坑岡無嗣
萬有字明和懷義次子母林氏生于乾隆甲寅二月
初七終于嘉慶甲子七月二十七葬上坑風無嗣
萬有字明和懷義次子母林氏生終莫考妻馬氏生
二子　日寬　全寬
林大字植蒼卓昇子母區氏生于乾隆己酉十一月十六
諫長字明宗榮啓次子母梁氏生于乾隆辛丑三月
十八終于道光甲申六月初九葬上坑岡妻方氏二子龍
彩早亡檔彩
秩長字明爵榮啓三子母梁氏生于乾隆甲辰三月
十二終于嘉慶庚辰閏四月二十三葬上坑岡妻蘇氏一

子　權彩

英長字敦和榮亮長子母方氏生于乾隆辛巳十二月十二終于道光辛卯十一月十二妻陳氏合葬區屋岡二子永保早亡奕保

升長字定和榮亮次子母方氏生于乾隆戊子十月十八終于道光戊子十二月二十享壽六十一葬省城監岡妻陳氏葬省城大山生三子　順保　興保九保俱在省城住

朝長字　榮亮三子母方氏往沙邊住

日對字澤和榮宗長子母陳氏生終莫考妻李氏二子新在　在金往沙邊住

美對字家和榮宗次子母陳氏往沙邊住

拱對字意和榮祖長子母孫氏妻李氏往沙邊住

聰對字和榮祖次子母陳氏妻李氏往沙邊住

聽對字遂和榮祖次子母陳氏妻倫氏一子新端往

沙邊住

駒對字興和榮祖三子母陳氏妻鄧氏往沙邊住

晚聖字　榮祖四子母陳氏往沙邊住

鯨長字會和榮官子母黃氏生於乾隆己亥八月二
十一終于道光丙申四月十八妻蘇村陳氏合葬村頭風岡
繼娶陳氏一子　鄧家繼娶陳氏出

柱長字　榮子子母鄧氏生乾隆甲寫作二月初七終
于喜慶甲子七月二十七葬上坑風無嗣岡

萬有字明和懷義次子母林　氏生終莫考妻馬氏
二子日寬　全寬

林大字植蒼卓昇子母區氏生於乾隆己酉十一月
十六終于感古壬子六月初一享壽六十四葬潤螺岡妻
郭氏三子　錦雄　錦有　錦騷

林秀字榮蒼閏發次子之子母陳氏生于乾隆丙申
六月初一終于道光戊申十一月十六享壽六十三葬竹

逕風妻本里方氏二子　貴平　貴遠

林茂字喬蒼卓勝享嫡母陳氏生母洪氏生于乾隆
乙未三月二十六終于道光辛巳六月初五葬伏水風妻
竹逕馮氏葬區屋岡四子　錦華　錦麗　錦梅　錦開

信子　懷德四子母區氏往百色入營

顯熾字孔昭卓孩長子母杜氏妻別適生一子　東
成失傳

顯熾字孔昭　卓孩長子母杜氏生終葬莫考省城住
失傳

顯輝字　卓孩次子母杜氏生終葬莫考省城住失傳

全芳字漢蒼號瀛洲卓簡長子母何氏生于乾隆甲
辰五月二十一終于同治丁卯十一月初一享壽八十四
葬竹逕新社岡妻馮氏三子　錦和　錦元　錦來全伍

字凌蒼卓斌繼子繼母周氏生母何氏生于乾隆
壬子三月初十終于咸豐辛酉十一月十七享壽六

十妻竹氏合葬竹逕風繼娶陸氏無嗣
全升字成蒼卓禮長子母蘇氏生于乾隆丁未正月
終于道光辛犯十一月初十葬上坑岡妻　氏無嗣
全會字　卓禮三子母蘇氏生于嘉慶庚申二月初
十終于道光庚寅九月初八葬上坑岡無嗣
全厚字　卓禮三子母蘇氏生于嘉慶癸亥癸亥五
月初十終于道光午三月初五葬上坑岡無嗣如願字遂
其卓言子母陳氏生于乾隆己巳七月初九妻陳氏失傳
如恩字遂求卓都子母陳氏生終葬莫考妻　氏二
子秋魁　春魁
如松字遂榮卓賢長子母蘇氏生終葬莫考妻梁氏
無嗣
賜雄字志揚藹士子母陳氏生于乾隆丙子三月初
九終于乾隆丁未九月初六葬竹逕岡東向妻赤堪陳終
于咸豐壬子六月初一享壽六十四葬閏螺岡妻郭氏生

三 錦雄 錦有 錦騷
林秀字榮蒼閏發次子之子母陳氏生于乾隆丙申
六月初一終于道光戊申十一月十六享壽六十三葬竹
逕風妻本里方氏生二子貴平 貴遠
林茂字喬蒼卓勝子嫡母陳氏生母洪氏生于乾隆
乙未三月二十六終于道光辛巳六月初五葬伏水風妻
竹逕馮氏葬區屋風生四子信字 懷德四子母區氏往
百色入營
顯熾字孔昭卓孩長子母杜氏妻別適生一子 東成
失傳
顯輝字 卓防次子母杜氏生終葬莫考省城住失傳
全芳字漢蒼號沆瀛洲卓簡長子母何氏生于乾隆
甲辰五月二十一終于同治丁卯十一月初一享壽八十
四葬竹逕岡妻馮氏生三錦和錦元錦來
全伍字凌蒼卓斌繼子繼母周我生母何氏生于乾

隆壬子三月初十終于咸豐辛酉十一月十七享壽六十
妻竹氏合葬竹逕岡繼娶陸氏無嗣
全升字成蒼卓禮長子母蘇氏生于乾隆丁未正月
終于道光辛卯十一月初十葬上坑岡妻　氏無嗣
全會字　卓禮次子母蘇氏生于嘉慶庚申二月初
十終于道光庚寅九月初八葬上坑岡無嗣
全厚字　卓禮三子母蘇氏生于嘉慶癸亥五月初
十終于道光壬午三月初五葬上坑岡無嗣
如願字遂具卓言子母陳氏生于乾隆已巳七月初
九妻陳氏失傳
如恩字遂求卓都子母陳氏生終葬莫考妻　氏生
二子　秋魁　春魁
如松字遂榮卓賢長子母蘇氏生終葬莫考妻梁氏
無嗣
賜雄字志楊藹士子母陳氏生于乾隆丙子三月初

九終于乾隆丁未九月初六葬竹逕岡東向妻赤勘陳氏
葬后岡生一子　振宗
伯達字周賢藹龍長子母陳氏生于乾隆丙戌十一
月二十七終于道光壬寅十二月初四享年五十七妻西
城陳氏合葬竹逕新社岡東向之原生三子　振剛　振
輝　振榮
伯昌字務賢藹龍次子母陳氏生于乾隆乙未十一
月初三終于道光乙酉二月二十一葬大坑岡妻上林村
林氏生一子　振華
新英字秋宴祖成長子母李氏生于乾隆辛卯十一
月十六終葬莫考妻謝氏無嗣
進昌字昭榮士瑤長子母甘氏生于乾隆壬寅正月
初一終于道光癸巳九月十一葬區屋岡妻蘇氏生二子
閏開　閏歷
進蒼字保榮士瑤次子母甘氏生于乾隆丙午三月

二十三終于道光癸巳八月二十三葬莊邊村前岡妻陳
氏繼娶鄧氏生三子　閏珠　閏平　閏定俱鄧氏出
啓明字繼昌春燕子母周氏生于嘉慶辛未正月二
十七終于道光乙亥十月初四葬沙岡脚妻謝氏生一子
福餘
啓光字耀昌春松子母陳氏生于嘉慶丙辰十一月
二十四終于道光乙未三月初三葬村頭岡妻陳氏生二
子　福緒　福弛
啓鐘字建昌春柏長子母陳氏生于喜慶壬戌正月
初三終于道光癸郊四月二十九享年四十二葬竹逕風
妻陳氏生四子　福裔早亡輝沼　渾燃　渾朋
啓桐字慶昌春次子母陳氏生于喜慶府未六月二
十四終于咸豐丁巳九月二十三葬大坑岡妻別適生一
子　輝富外出
啓錦字　春柏三子母陳氏生于嘉慶已郊二月二十

二終于道光戊戌十一月初四未娶而亡葬村頭岡
啓泰字際昌春茂子母梁氏生于喜慶庚申十一月
十一終于道光癸巳三月二十三葬區屋風妻鄒氏別適
生一子　福釗早亡
啓邦字　春和子母張氏生于喜慶終葬莫考官窑住
全明字彩蕃英漢長子母杜氏生于乾隆甲午正月初七
終于道光癸未三月二十八葬村后風妻伏水張氏生三
子　保騷早亡　保遠　保宗早亡
全勝字彩雲英漢次子母杜氏生于乾隆丙申七月
初六終于道光壬辰四月初一葬村后風妻陳氏生二子
保禮　保章　光壬辰四月初一葬村后風妻陳氏生于乾
隆壬子八月十七恩賜八品公生平業專鈕藝忠厚存心
性情則寬豫議則解頤老少歡呼同堂四代終于光緒丙
戌三月初三享壽九十五積閏享壽百齡例合旌表升平
人瑞葬竹徑岡東向之原妻麗山孔氏生四子保珍　保昭

保亮出繼 保儒

全具字 英漢五子母杜氏生于嘉慶丁巳十二月
十五終于感豐辛酉享壽六十五葬沙岡立一子 保亮

全慶字彩華德漢繼子生母杜氏生于乾隆庚子正
月十六終于感豐戊午三月二十六享壽七十九妻大果
杜氏生三子保貴早亡 保光早亡 保林

萬科字遠登志懷子母温氏生于乾隆甲子十一月
二十五終于嘉慶壬申十二月二十妻馮氏合葬后岡生
二子新富 新貴早亡

萬明字滿登秋懷長子母徐氏生于乾隆辛未六月
十二終于嘉慶乙亥六月二十妻陳氏合葬獅頭岡塵

萬科字遠登美懷長子母馮氏生于乾隆甲子九月
二十終莫考葬榕岡妻陳氏別適生一子 新發失傳

孟房二十一世

自長字榮發文學長子母陳氏生于乾隆丁丑四月

十二終于乾隆丁未八月初十葬大坑岡妻别適立一子

炳華

勝長字彩發文學次子母陳氏生于乾隆丁亥十月

十五終于嘉慶乙丑九月初一葬　岡妻方氏妾梁氏生

三子　炳華梁氏出繼　秋華　裔華俱方氏出早亡

恩長字占發文學三子母陳氏生于乾隆庚寅終

葬松仔岡妻陳氏繼娶杜氏生一子　焕華

幸長字茂彰干實長子母陳氏生于乾隆癸鄧二月

初三終于道光庚戌正月十一享壽六十八葬區屋岡妻

鄧氏生二子　順華　彦華

深榮字達邦培饒子母杜氏生于道光丁未八月初

三終于宣統已酉　葬莫考妻徐氏生二子　遇錦　遇

綿

輝潛字耀邦國饒長子母張氏生于咸豐辛酉正月
十五終于光緒壬寅五月十六葬神仙岡妻關氏生一子
遇相
輝甜字卓邦國饒次子母張氏生于同治妻陳氏
生二子 遇昭 遇丙
輝四字 國饒三子母張氏生于同治癸酉四月
十四終民民國丙辰六月十六葬沙岡無嗣
輝五字 國饒四子母張氏生于光緒乙亥三月
初二妻 氏生三子 大騷 二騷 三騷
輝田字志邦杰饒長子母區氏生于同治己巳十月
初五妻梁氏生一子 遇登
輝苟字雄邦杰饒次子母區氏生于同治壬申九月
二十五終于光緒甲辰三月初五葬三社岡妻陳氏無嗣
輝燦字煒邦桂成長子母謝氏生于道光乙巳十月
二十一終于光緒乙未五月十二葬者城羅地妻陳氏生

二子　遇佳　遇標
　輝純字容邦桂成次子母謝氏生于道光十二月十
七終于光緒丙申二月初三葬三社岡妻潘氏生三子
遇亥　遇清　遇冬
　輝振字　桂成三子母謝氏生于咸豐壬子九月十
六失傳
　輝應字　桂成四子母謝氏生于同治癸亥終于光
緒癸
未三月初九葬沙岡無嗣
　輝暢字懷邦桂安長子母張氏生于咸豐辛酉十一
月十八終于光緒丙戌正月二十六葬沙岡無嗣
　輝讓字材邦桂安次子母張氏生于同治癸亥六月
十七終于光緒甲午五月二十葬者城大東門外火樂局
妻方氏無嗣
　輝苗字干邦桂安三子母張氏生于同治乙丑十一

月初一終于光緒丁酉十月十二葬三社岡妻呂氏無嗣

輝獻字麗邦桂安四子母張氏生于光緒乙亥八月初

七妻西岡游氏生一子 新騷早亡

亨泰字 韶聲子母黎氏生于嘉慶戊辰十一月初

九終葬莫考失傳

元泰字 頌聲長子母氏生于嘉慶丙子十月十二

終于道光庚戌十二月二十三葬獅頭岡無嗣

光泰字景輝頌聲次子母張氏生于道光辛未元月

初八終于光緒甲申七月初三享壽六十四葬菴邊岡妻

大漍張氏生二子 炳開早亡 發開

上遠字獻章號達天宏聲子母何氏生于嘉慶壬戌

七月二十二終于同治已巳十一月初八享壽六十八葬

丹竈六屋岡妻沙浦梁氏生三子 遇開 成開早亡

榮開

羽耀字儀章揚聲子母蘇氏生終莫考葬石仔岡妻

游氏別適無嗣　入崇祀祠

科舉　桂　樑　子母麥氏外出

福耀　燕　樑　子母陳氏外出

德耀　楠　樑　子母梁氏外出

張耀字明輝鮮躍長子母游氏生于乾隆甲寅十二月三三終于道光癸巳享年四十葬竹經圩后岡妻梁氏別適一子　勝奇

基耀字懿輝鮮躍次子母游氏生于嘉慶辛酉正月初十終于咸豐辛酉十月初七享壽六十一葬竹逕岡坐丑向未兼癸丁之原妻沙坭角梁氏葬竹逕岡坐酉向卯兼庚甲之原一子　有成

尾耀字亮輝鮮躍三子母游氏生于嘉慶壬申九月二十終于光緒戊寅享年六十七葬竹逕岡坐卯向酉兼甲庚之原妻別適無嗣

參耀字贊輝鯨躍長子母黃氏生于嘉慶癸酉二月

二十九終于道光丁未三月二十享年三十五葬屈龍岡
坐乙向辛酉兼甲庚之原生一子廷魁
喜耀字兆輝號吉堂鯨躍次子母黃氏生于道光壬
午十月初二公一生孝友勤儉謹慎考選香山吏員報捐
從九品銜終于光緒壬寅十二月初五享壽八十一葬石
仔岡坐郊向酉兼甲庚之原妻丹灶謝氏終于同治甲戌
十一月二葬潤螺岡坐午向子兼丁癸之原妾方氏一子
祥魁謝氏出
爵耀字　鯨躍子母黃氏生終葬莫考葬屈龍岡未
娶亡
禄耀字縉輝號富堂鯨躍五子母黃氏生于道光癸
巳九月二十九終于光緒癸未十一月十八享年五十一
葬石仔岡坐卯向酉兼乙辛之原妻竹逕岡關氏葬潤螺
岡三子　登魁　二魁早亡　經魁
翼耀字文輝鯉躍長子母陳氏生于嘉慶終于咸豐

庚申九月初八葬竹徑岡會癸向丁兼子午之原妻氏無
嗣
角耀字　鯉躍次子母梁氏生于嘉慶己未四月終
于光緒丁亥三月二十八享壽八十九葬三了衙岡終身
不娶
星耀字定輝鯉躍三子母梁氏生于嘉慶癸亥正月
初七終于咸豐丁巳十一月十一享年五十六葬竹逕岡
坐寅向申兼艮坤之原妻馮氏四子　彦魁　高魁早亡
貫魁早亡　應魁
高耀字殿英鰤躍次子母吴氏生于嘉慶壬戌十月
初四終于道光己丑九月十五葬三了衙岡妻別適無嗣
胃耀字采英鰤躍三子母吴氏生于嘉慶丙子八月
初六終于莫考妻大果陳氏合葬獅頭岡斷室馮氏無嗣
畢耀字卓輝鮫躍長子母陳氏生于嘉慶庚辰九月
三十終葬莫考妻陳氏無嗣

以耀字　鮫躍次子母陳氏生于道光壬午八月十
七終莫考葬竹逕岡無嗣
道耀字　鮫躍三子母陳氏生于道甲申閏七月初
七終葬莫考無嗣
堯耀字　鮫躍四子母陳氏生于道光已亥九月初
二終于莫考葬竹逕岡無嗣
連科字舉元尚魁子母李氏生終莫考葬佛山佛塘
岡一子　阿才失傳
祖賜字德成尚聘子母張氏生于乾隆乙巳月初二
終道道光癸巳十二月二十六妻杜氏合葬大坑岡五子
吉慶　衍慶　餘慶　雄慶　閏慶
祖祐字啓成尚相長子母陳氏生于乾隆乙巳十月
十九終葬莫考妻陳氏葬佛山佛塘岡一子　善慶早亡
祖禧字　尚相次子母陳氏生于乾隆乙卯二月十
九終葬莫考無嗣

連璧字潤達尚帶長子母鄧氏生于乾隆丁亥八月
十八終于道光乙未十月十六葬大坑岡妻别適一子新
有
連城字盛達尚帶次子母鄧氏生于乾隆戊戌八月
十七終葬莫考妻陳氏二子　新定　新名
連長字茂達尚院子母蘇氏和環境乾隆庚辰五月
十三終于嘉慶　葬潤螺岡妻游氏一子　桂才
連勝字　尚帝長子母游氏生于乾隆辛巳二月二
十終終葬莫考無嗣
連州字　尚帝次子母游氏生于乾隆癸未十二月
十二終葬莫考無嗣
連登字暢達尚稔長子母謝氏生于乾隆已卯九月
十八終于道光乙卯正月二十二葬大坑岡妻歐陽氏三
子　棟材　橋材早亡　機材早亡
連芳字顯達尚稔次子母謝氏生于乾隆甲午四月

初十終葬莫考無嗣
連珠字照達尚寬長子母馮氏生于乾隆辛卯六月
初五終于道光壬午正月二十四葬白雲岡妻杜氏葬小
北門青龍岡東向三子　彬材　棋材　杰材
連泰字寧達尚寬次子母馮氏生于乾隆癸巳十一
月初十終于道光乙未五月初八葬大坑岡妻區氏八子
大騷早亡　居材早亡　應材　權材　意材　桓材
早亡　細騷早亡　杞材
連柏字光耀正魁子母陳氏生于乾隆庚戌十一月
初四終于嘉慶戊子五月初四妻梁氏葬屈龍岡生三子
森廣四亡　榮廣　紹廣早亡
文清字炳耀元魁繼子生母陳氏生于嘉慶丁巳三
月二十終于道光丙申六月十七妻潘氏合葬大坑岡三
子　丁才早亡　鉅富　開富
秋成字興耀高魁子母黄氏生于嘉慶己未七月二

十五終莫考葬省城彬吼妻陳氏一子　潤章
始興字　睿品次子之長子母梁氏生于乾隆壬辰
六月初五終莫考葬屈龍岡無嗣
永興字誠思號舜年睿品次子之次子嫡母梁氏生
母陸氏生于嘉慶壬申正月十六候選巡政廳終于光緒
辛巳十一月初八享壽七十葬葫蘆岡坐子向午兼癸丁
之原妻杜氏妾劉氏五子　昌隆　坤隆早亡　騷隆早
亡　聚隆俱杜氏出　福隆劉氏出
同興字華思睿品三子之長子母張氏生于乾隆甲
辰十月十三終于道光癸未七月十七葬屈龍岡無嗣
善興字吉思睿品三子之長子母張氏生于乾隆已
酉正月初五終于道光已未六月二十六享年四十七妻
灣頭杜氏合葬葫蘆岡繼室西城陳氏一子　兆隆陳氏
出
齊興字文思睿品三子之四子母張氏生于嘉慶丙

辰二月初六終于光緒丁丑四月二十二享年八十四葬
葫蘆岡妻陳氏妾黄氏三子　昆隆早亡　新隆早亡
添隆俱黄氏出
全興字采思睿品三子之五子母張氏生于嘉慶丁
巳十一月二十一終于道光丙午三月二十四葬屈龍岡
妻陳氏無嗣
葉秀字　抗祥長子母梁氏生于乾隆終于道光壬
午四月初十葬后岡失傳
枝秀字　抗祥次子母梁氏生于乾隆甲甲五月初
四終葬莫考無嗣
鐘秀字　龍祥子母鄧氏生于嘉慶已未十月二十
一終葬莫考無嗣
章秀字健齡會祥子母陳氏生于嘉慶庚午正月二
十妻勞邊楊氏三子　亮進　高進　興進
有生字贊齡號勝圃迎祥長子母何氏生于嘉慶庚

申十月初一妻小杏何氏葬后岡二子　萬進　廣進

達生字善齡迎祥次子母何氏生于嘉慶壬戌九月
十八終于同治己巳十二月二十八享壽六十八葬后岡
妻蘇村陳氏副室陳氏二子　昭進　連進俱妾陳氏出

來生字遇齡禮祥長子母陳氏生于嘉慶丙辰七月
二十三終于道光丁未八月十八享年五十一葬后岡妻
用大岡林氏二子　毅進　謀進

同生字耀齡號順圃禮祥次子母陳氏生于嘉慶戊
午初三終于同治壬戌十月十三享壽七十一妻渦村李
氏合葬后岡二子　初進早亡　秩進早亡立一子　樂
進

才生字卓齡號遠圃禮祥三子母陳氏生于嘉慶庚
申十二月十六終于光緒庚辰十二月二十享壽七十九
葬潤螺岡坐卯向酉兼甲庚之原妻麗山陳氏二子　南
進　允進

準生字仰齡號芳圃禮祥四子母陳氏生于嘉慶甲
子七月初九終于光緒辛未正月十五享壽七十六葬后
岡妻麗山陳氏一子　滿進
光生字輝齡號仁圃禮祥五子母陳氏生于嘉慶壬
申十一月十四終于光緒丙子五月初五享壽六十五葬
潤螺岡大果陳氏五子　宇進　補進早亡　宙進　樂
進出繼　海進
始生字　星祥長子母方氏生于道光乙酉十月初
四往高洲住
溢生字　星祥次子母方氏生于道光丁亥八月初
二往高洲住
祖平字衍齡洪祥次子母陳氏生于嘉慶戊寅正月
初九終于咸豐乙卯四月二十享年三十九葬石仔岡妻
本里方氏一子　榮珍
祖元字位齡洪祥三子母陳氏生于嘉慶庚辰六月

二十終于咸豐癸丑四月二十七享年三十三葬石仔岡
妻徐氏無嗣
祖儉字美齡洪祥四子母陳氏生于道光壬午閏三
月十八終于光緒丙子四月十七享年四十九葬后岡北
向妻西城潘氏四子 富珍 占珍 勇珍 道珍
祖繼字柱齡洪祥五子母陳氏生于道光乙酉十一
月十六終于光緒丁亥六月初三享年六十二葬后岡妻
陳氏三子 騰珍 儼珍 浩珍
祖明字啓齡洪祥六子母子陳氏生于道光戊子五
月初五終于光緒癸巳五十三享壽六十六葬村頭岡妻
陳氏葬火磚山三子 苟珍 玉珍 進珍
祖柏字 洪祥七子母陳氏生于道光庚寅閏四月
二十二終于咸豐乙卯五月十二享年二十六葬后岡無
嗣
全生字 永祥子母潘氏生于乾隆壬子十一月十

七于于道光丙戌五月初六享年三十五葬省城白雲岡
青龍嘴無嗣
復生字錫齡雲説長子母關氏生于乾隆辛亥四月
初八終于庚寅三月十一享年四十葬后岡坐丙向壬兼
巳亥之原妻本里方氏一子　文進
裕生字　雲祥次子母關氏生于嘉慶丁巳八月二
十九終于嘉慶癸酉七月初一享年十七葬獅頭岡東向
之原無嗣
聯生字夢齡雲祥三子母關氏生于嘉慶辛酉七月
二十一終于道光丙申九月十七享年三十六妻麗山孔
氏合葬后岡坐巳向亥兼巽乾之原二子　成進　韜進
聚生字萃齡雲祥四子母關氏生于嘉慶癸亥十月
初九終于咸豐戊午十月十八享年五十八葬后岡北向
之原妻麗山陳氏無嗣
裔生字振齡雲祥五子母關氏生于嘉慶乙丑八月

十五終于同治甲戌四月二十九享壽六十九葬獅頭岡
東向之原妻麗山陳氏繼娶沙浦杏陳氏二子　滚進
霖進俱麗山陳氏出
琢生字秀齡雲祥七子母關氏生于嘉慶壬申九月
二十九終于道光癸卯七月二十七享年三十一葬后岡
北向之原妻丹灶謝氏一子　仕進早亡
張帶字啓元文富子母何氏生于乾隆乙巳七月初
三外葬莫考妻吴氏一子　重喜往順黄連住
連枝字　祖嚴長子母陳氏生終于莫考葬獅頭岡
失傳
茂枝字毓林祖嚴次子母陳氏生于乾隆癸丑九月
二十八終于同治癸酉十一月十三享壽八十一葬后岡
妻本里方氏妾薛氏三子　紹緒　官緒　維緒俱薛氏
出
萬好字光林品嚴子母黄氏生于嘉慶癸亥九月十

三終于咸豐丁巳二月十九享年五十九妻孔邊方氏合
葬后岡繼娶陳氏妾陳氏葬竹逕岡三子　德緒　妾陳
氏出　津緒　顯緒俱繼娶陳氏出
丁著字汝霖恩賜八品昌嚴次子母區氏生于嘉慶
終于同治壬戌十月二十四享壽六十六葬后岡妻曾氏
一子　容根
文著字　昌嚴三子母區氏生于嘉慶丙寅八月十
五終于光緒甲申四月初二享壽七十八葬獅頭岡無嗣
清著字　昌嚴五子母區氏生終葬莫考無嗣
順開字興創三狗長子母梁氏生于乾隆辛卯八月
二十二終于道光乙未八月二十三享年六十五葬竹逕
岡妻何氏葬竹逕岡側無嗣
順寬字興賓三狗次子母梁氏生于乾隆辛丑十一
月初三終于嘉慶乙亥正月初二葬竹逕岡妻潘氏一子
玉燕

順長字　二狗長子母張氏于乾隆已亥十月二十
終莫考葬省城白雲山青龍嘴失傳
順連字　二狗次子母張氏于乾隆辛丑八月十
四終于莫考葬省城白雲山青龍嘴失傳
順志字　二狗三子母張氏生于乾隆壬子九月十
五終莫考葬省城白雲山青龍咀失傳
順言字鴻猷福朝長子母梁氏生于乾隆已酉六月
初九終于嘉慶已卯十一月十四葬村頭岡妻氏別適一
子　瑞燕
順益字　福朝三子母梁氏生于乾隆乙卯五月二
十終終于道光辛丑葬省城白雲山青龍嘴妻　氏一子
全燕
順發字　賜朝次子母薛氏生于嘉慶甲戌六月初
六終葬莫考無嗣
君來字　萬興子母周氏生于乾隆庚戌七月十三

終莫考葬后岡無嗣
連信字澤昌登魁次子母方氏于乾隆乙未八月二
十一終葬莫考無嗣
恒信字　登魁三子母方氏生莫考終于道光戊戌
四月初二葬區屋岡無嗣
興邦字振廷號鋪臣科元長子母薛氏生于乾隆甲
寅十月十六終于咸豐戊午五月初三享壽六十五妻李
氏合葬后岡火磚山二子　槐芳　坤芳
志邦字獻廷號聘臣科元次子母薛氏生于嘉慶丙
寅二月初七終于光緒戊寅五月十九享壽七十二葬后
岡妻大杏甘氏一子　定芳
祖發字奮庸文元繼子繼母李氏生母陳氏生于嘉
慶戊午二月初三終于嘉慶戊寅九月十八享年二十一
妻大渦張氏合葬后岡北向原無嗣
祖錫字紹庸章元子嫡母張氏生母杜氏生于嘉慶

已未十二月十四終于咸豐丙辰十一月初七享年五十
六葬區屋岡坐壬向丙兼亥巳之原妻大杏甘氏二子
汝彥　汝杰
祖蔭字保庸號培峰議叙六品國學生華元長子嫡
母蕭氏生母陳氏生于嘉慶巳未于嘉慶巳未十月初三
公性本剛中才尤磊落推誠待物抗志為儒族譜纂修祠
堂重建訓俗則身為鄉正聯壽則年近古稀講學授徒反
進裁成不少倡團捍患布衣事業尤奇西鄰於所遇僅以
國生生議叙六品榮膺知已惜之曰明德之后必有達人
至其孫榮芬進庠時恨不及見馬終于同治丁卯十二月
十享享壽六十九葬逕墟岡坐酉向卯兼辛乙之原妻大
杏杜氏葬逕墟岡坐酉向卯兼辛乙之原繼娶赤勘陳氏
六子　汝藏　汝遵　汝逵俱杜氏出　汝瑚　汝琚
汝泉俱陳氏出
祖光字顯庸號曙峰華元三子嫡母蕭氏生母陳氏

生于嘉慶壬戌正月初三終于光緒辛巳月二十七享壽
八十一葬市口蜆殼岡坐丁向癸兼未丑之原妻麗山陳
氏子子　汝根早亡
閏富字德光號汝森殿元長子母潘氏生于乾隆辛
丑九月十八終于道光丁未五月二十四享壽六十二葬
大坑岡妻大杏高氏一子　業桂
啓發字騰光聖元長子母符氏生于嘉慶庚申二月
初終終于道光癸卯正月十八享年四十四葬村頭岡北
向之原妻大杏杜氏一子　卓林
孟發字　聖元次子母符氏生于嘉慶辛未三月二
十八終葬莫考無嗣
觀秀字榮茂福元長子母陳氏生于嘉慶丁巳十二
月初五終于咸豐辛亥三月十九享年五十五葬潤螺岡
妻果果陳氏一子　麟照
和秀字貴茂福元次子母陳氏生于嘉慶己巳十月

十四終于咸豐乙卯六月二十三享年三十葬潤螺岡妻西城潘氏一子 日照

昌秀字衍茂桂元子母陳氏生于嘉慶庚午六月二十三終于同治癸酉十二月十二享壽六十三葬省城小北外外大鳳岡妻石涌游氏生于道光甲申八月二十六終咸咸豐戊午八月十四享年四十五葬獅頭岡妻沙浦陳氏一子 福松

瓊秀字璋茂良元長子母游氏生于道光甲申八月二十六終于咸豐戊午八月十四葬獅頭岡妻沙浦陳氏無嗣

時秀字嘉茂良元次子母游氏生于道光辛卯十月十五終于同治丁卯六月二十三享年四十三葬獅頭岡妻麗山陳氏二子 福榮 福善

澤秀字卓茂亟元長子嫡母杜氏生母崔氏生于道光壬午四月初四終葬莫考妻別適無嗣

煜秀字熾茂亟元次子嫡母杜氏生母崔氏生于道
光乙酉十二月二十八終葬莫考妻李氏無嗣
焜秀字　亟元三子嫡母杜氏生母崔氏生于道光
戊子七月初二終葬莫考早亡
炳秀字祥茂品元子母陳氏生于嘉慶丁卯八月二
十六終葬莫考妻別適無嗣
鐘秀字　凌元長子母杜氏生于嘉慶已卯正月初
一往佛山住
柏秀字　凌元次子母杜氏生于道光癸未往佛山
住
森秀字業茂燦元長子母方氏生于嘉慶戊午九月
二七七終于道光甲午三月二十四享年三十七葬后岡
北向之原妻大杏張氏二子　福照　福豊
俊秀字智茂燦元次子母方氏生于嘉慶甲子十月
十四終于道光已亥八月二十八享年三十六葬區屋岡

丁癸向之原妻西城游氏繼娶梁氏一子　福衡游氏出
煥秀字彩茂燦元三子母方氏生於嘉慶甲戌九月
初五終于咸豐庚申九月十八享年四十七葬區屋岡坐
壬向丙兼子午之原妻西城游氏一子　福炎
沛秀字建茂雄元子母蘇氏生於嘉慶丁丑七月初
六終于道光丁酉八月初八享年二十一葬村頭岡西向
之原妻徐氏別適無嗣
尚禮字秩宗敏基長子母劉氏生于乾隆辛卯六月
十終終于嘉慶丁巳二月十四享年二十七妻方氏合葬
逕墟岡無嗣
尚樂字韶佳號健堂敏基次子母劉氏生於乾隆癸
巳八月二十六終于咸豐戊午十月十二享壽八十六妻
劉氏合葬逕墟口坐乙向辛兼辰戌之原一子　協啓
尚舒字政佳號守中敏基三子母劉氏生於乾隆丙
申十月十九賦性謙和居心正直重義輕財友于兄弟作

事慎始終處世志榮辱終于咸豐辛亥十二月十二享壽七十五葬逕墟口坐卯向酉之原妻陳氏妾張氏二子

協融陳氏出　協章張氏出

尚興字作佳號翕如敏基四子母劉氏生於乾隆庚子十月十九終于同治甲子五月二十二享壽六十五葬區伏岡妻周氏繼室林氏潘氏四子　協鍠林氏出　協鑑　協鈴　協銓潘氏出

尚順字時佳敏基五子母劉氏生於乾隆丙午二月初三終于道光庚子八月初六享年五十五葬上坑岡妻黄氏無嗣

尚廉字明佳號朗亭綿基長子母方氏生於乾隆庚戌正月三十終于同治辛未八月二十二享壽八十二葬大坑岡坐卯向兼甲庚之原妻游氏二子　協春　協喬

尚純字和佳號日亭綿基次子母方氏生於乾隆辛亥十月初十終于同治癸亥四月二十四享壽七十二葬

上坑岡西向之原妻何氏繼娶何氏二子　協輝早亡妻
何氏出　協豐繼室何氏出
尚亨字榮基繼子早故葬大坑岡無嗣
萬石字　肇基長子母劉氏早亡葬屈龍岡東向之
原無嗣
尚選字　肇基次子母劉氏早亡葬屈龍岡東向之
原無嗣
連枝字良佳號善亭肇基三子嫡母劉氏生母何氏
生於嘉慶壬戌八月十九終于光緒丙子十二月初二享
壽七十五葬沙浦杏岡妻大果陳氏二子　協彪早亡
承恩
連桂字　肇基四子母劉氏早亡葬屈龍岡東向之
原無嗣
連科字卓佳肇基五子嫡母劉氏生母何氏生於嘉
慶甲子十月十四終于道光戊申九月二十享年四十四

葬區屋坐丙向壬兼子午之原妻丹灶周氏繼娶大仙岡
陳氏二子　協綸早亡　承先俱陳氏出
尚桓字盛佳始基長子母鄧氏生於嘉慶戊午十一
月十一終于咸豐丙辰六月初七享年五十九葬蜆殼岡
無嗣
尚楨字　始基次子母鄧氏生於嘉慶壬戌九月二
十終於道光丁酉三月初三葬省城烏龍岡無嗣
尚瑶字　始基三子母鄧氏生於嘉慶乙亥十二月
初一終葬莫考失傳
尚謙字　開基子母徐氏生於嘉慶甲戌十一月十
五終葬莫考失傳
尚道字宏佳咸登子母陳氏生於道光甲午三月初
三終於光緒丁丑二月初七享年四十四葬竹逕岡妻陳
氏妻謝氏無嗣
啓蕃字寶振秋成長子母關氏生於嘉慶戊午二月

十二終于光緒戊寅三月二十三享壽八十二葬岡嘴妻
潘氏一子　益旺
啓著字興振秋成次子母關氏生於嘉慶戊辰十月
十六終于咸豐辛亥三月十三享年四十二葬市口岡嘴
妻方氏四子　急旺　添旺　貴旺　晚旺
恢緒字舉振啓瑞長子母陸氏生於乾隆庚辰三月
十七終于道光壬午十二月二十八享壽六十二妻方氏
合葬岡嘴二子　爵珍　爵登早亡
纘緒字紹振啓瑞次子母陳氏生於乾隆壬午八月
十八終于嘉慶丁卯六月初二妻游氏合葬上坑岡二子
爵成　爵明
世雄字廣振可來次子母陸氏生於嘉慶辛酉五月
十七終葬莫考妻游氏一子　三弟附祀崇祀祠
世勇字和振可來三子母陸氏生于嘉慶庚午十二
月十一終于葬莫考妻勞邊勞氏一子　爵盛

世久字昭振號輝堂可貴次子母梁氏生於乾隆甲寅九月二十一終于同治癸亥十一月二十一享壽七十葬區屋岡妻本里吴氏妾何氏一子　爵韜何氏出

世和字藹振可緒次子母梁氏生於嘉慶辛酉二月十九終葬莫考妻本里方氏二子　爵騷　爵升

世鈞字　可緒三子母梁氏生於嘉慶戊辰十二月初五終莫考葬區屋岡無嗣

禎祥字興國長大子母杜氏生於嘉慶辛酉十月初八終于道光壬辰九月初八妻潘氏一子　爵泰失傳

禎禧字安國長元子母方氏生於嘉慶庚申九月十七終葬莫考妻孔邊方氏繼娶沙水劉氏二子　泰傳方氏出　泰杰　泰修俱劉氏出

世煜字偉振遠慎子母陳氏生于乾隆辛卯十月十六終于嘉慶甲戌三月初六妻陳氏合葬岡嘴無嗣

世良字奕振遠燦子母葉氏生于乾隆甲寅三月十

三終于道光己亥三月初二妻陸氏合葬岡嘴一子　爵
林
世顯字　遠條長子母何氏生于乾　隆乙酉九月初
七終葬莫考無嗣
世仔字　遠條次子母何氏生于乾隆癸巳六月二
十終葬莫考無嗣
世豪字杰振遠達長子母陳氏生于乾隆甲午九月
二十九終于道光癸巳正月二十六葬省城白雲山青龍
嘴妻方氏三子　爵官　爵華　爵榮
世永字寧振達次子母陳氏生于乾隆丙午終于嘉
慶丁丑六月十六葬行路上級妻游氏別適無嗣
世芳字升振遠達三子母陳氏生于乾隆己酉終莫
考葬佛山無嗣
世學字勤振號習之遠達四子母陳氏生于乾隆壬
子終于同治壬申八月十六享壽八十一葬沙岡無嗣

世彦字仕振遠弼長子母陳氏生于乾隆壬寅三月
十八終于道光壬寅十月初八享壽六十一葬竹逕岡妻
陳氏二子　爵慶　爵旺
世胤字承振遠弼次子母何氏生于乾隆壬子十一
月十三終于道光戊子七月二十一葬伏水岡妻李氏生
二子　爵丕　爵候
世亮字明振遠弼三子母何氏生于乾隆乙卯二月
二十七終于道光甲午三月葬竹逕岡妻方氏無嗣
世仰字高振遠裔子母陳氏生于乾隆乙卯閏二月
二三三終于道光丁亥十二月二十六葬竹逕岡妻蘇村
徐氏無嗣
世金字元振遠嗣長子嫡母龔氏生母陸氏生于嘉
慶戊辰四月二十六終于道光己丑七月二十四葬竹逕
岡妻陸氏別適無嗣
世安字平振遠嗣次子嫡母龔氏生母陸氏生于嘉

慶庚午十一月初三終于光緒戊寅十一月初三享壽六
十九妻陳氏合葬沙浦杏岡三子　爵寧　爵儒　爵善
世康字榮振遠嗣三子嫡母龔生母陸氏生于嘉慶
丁丑八月二十九終葬莫考妻陳氏一子　爵高
世禄字　遠嗣四子嫡母龔氏生母陸氏生于道光
壬午三月十三終于道光戊申二月初六葬竹逕岡無嗣
世邦字朝振遠澤次子母梁氏生于嘉慶己未四月
十二終于咸豐辛酉十一月十五享壽六十三葬后岡妻
杜氏續娶清塘江氏一子　新桃江氏出
世喜字　遠澤三子母梁氏生于嘉慶己巳終于道
光乙酉葬坑尾無嗣
世彩字華振遠澤四子母梁氏生于嘉慶庚午四月
初十終于同治丁卯六月十二　葬大坑岡妻謝氏一子
爵輝
世江字　遠澤五子母梁氏生于嘉慶壬申四月初

五終葬莫考無嗣

世莊字裕振遠澤六子母梁氏生于嘉慶丁丑正月二十六終于光緒丙申十一月初七享壽八十葬竹逕岡妻梁氏二子　爵聯　爵創

世彰字達振遠順長子母李氏生于嘉慶庚辰五月初七終于光緒丙子八月二十六享年五十七葬后妻丹竈周氏一子　爵嘉往東莞住

世錦字文振遠順次子母李氏生于道光壬午十二月十五終于咸豐甲寅正月二十二享年三十三葬區屋岡妻大杏甘氏一子　爵行

啓添字聯振遠宋子母陳氏生于道光戊子母于光緒乙亥八月十七葬岡嘴妻渦村李氏五子　炳賢　迪賢早亡　錫賢　湛賢　會賢

醴泉字　祖旺子母　氏生于

有泉字　河清長子母韋氏生于同治丁卯十月初

四

貴泉字　河清次子母韋氏生于同治辛未

輝良字廷開順倉繼子繼母周氏生于咸豐戊午三
月初八妻吴氏二子　達明　達勝

如陵字似南璇璣長子母陳氏生于乾隆己丑十月
二十終于嘉慶庚申九月初十葬大竹園妻大杏高氏葬
獅頭岡二子　新貴　新發

如定字似星璇機次子母陳氏生于乾隆壬辰二月
十七終于嘉慶壬戌正月初七葬獅頭岡妻杜氏無嗣

如冬字似柏璇璣四子母陳氏生于乾隆壬寅十一
月十七終于嘉慶辛未七月十八葬獅頭岡妻謝氏二子
新才　新進

如興字似發瑛璣長子母黄氏生于乾隆辛卯七月
十四終于道光丁酉十二月二十七葬村頭岡妻西城游
氏子子　九來　春來

如恒字似平瑛璣次子母黃氏生于乾隆丙申五月
初四終于道光壬辰八月二十三葬當風頭岡妻馮氏一
子 新來
閏福字桂顯宗慶長子母李氏生于乾隆丁亥閏七
月十二終于嘉慶癸亥六月二十八葬潤螺岡妻本里吳
氏子子 炳芳
聯福字超顯宗慶三子母李氏生于乾隆乙未十月
二十八終于道光癸未九月二十七葬對面岡坐戌向辰
兼甲乙之原妻梁氏三子 信芳 茂芳 錦芳
明福字光顯示慶四子母李氏生于乾隆戊戌三月
十九終于嘉慶乙丑七月初四葬潤螺岡妻陳氏失傳
永福字吉顯景菊子母劉氏生于乾 隆壬辰十月二
十七終莫考葬后岡失傳
文開字善啓大量子母陳氏生于乾隆丁未十月初
八終于道光甲辰正月二十妻大杏甘氏合葬菴邊岡南

向三子　同章　德章　壽章早亡
應開字　大晃長子母陳氏生于　乾隆丁未六月初
十終葬莫考無嗣
奮驢字長發大倫長子母高氏生于乾隆丁酉十月
初二終莫考葬對面岡妻　氏一子　聚星無嗣
奮勝字振興大林長子母黃氏生于乾隆乙巳八月
二十三終于道光丁未正月二十九葬大坑岡東向之原
妻赤勘陳氏妾李氏二子　煥才陳氏出　國才李氏出
奮意字誠興大林次子母黃氏生于乾隆癸丑三月
十二終于道光乙未二月十七葬石仔岡妻蘇村徐氏四
子　耀才　就才　凌才　盛才
奮高字遠興號宏豐大林三子母黃氏生于嘉慶丙
辰十月二十八終于咸豐乙卯九月初二享壽六十二葬
邊岡坐乾向巽之原妻孔邊方氏二子　遇才　堯才
嘉憲字榮廣號景堂成德子母陳氏生于乾隆癸巳

八月二十三終于道光壬寅十月二十九葬白雲岡妻何

氏一子　祖昌

嘉應字榮光瑞德子嫡母孔氏生母李氏生于乾隆

已酉五月二十五終于嘉慶丁丑正月二十五葬屈龍岡

妻陳氏一子　祖登早亡

嘉孟字茂長良德長子母梁氏生終莫考葬菴邊岡

妻　氏無嗣

嘉平字　良德次子母梁氏生于乾隆丁亥三月初

八終葬莫考無嗣

嘉谷字焕光良德三子母梁氏生于乾隆丙午十一

月初五終于嘉慶庚子十月十二葬對面岡妻何氏生二

子　祖恩　祖扳

嘉樹字茂林耀德長子母鄧氏生終莫考葬松園岡

嘸嗣

嘉禾字茂順耀德次子母鄧氏生于乾隆乙巳四月

十終終莫考妻大沙何氏未娶奔喪歸家清守孀居至才
老孤苦水操志之家譜以俟采訪旌表合葬松園岡
嘉燕字殿光號愛日恩賜七品厚德長母母潘氏生
于乾隆丙午八月初十終于同治甲子四月十九享壽七
十九興勞何氏合葬　邊岡南向妻沙浦杏陳氏葬沙岡
東向繼娶銀州勞氏沙滘何氏八子　喬輝勞氏出　喬
森勞氏出　喬才何氏出　喬枝何氏出　喬芳勞氏出
喬著何氏出　喬業勞氏出　喬康何氏出
嘉翼字璧光厚德次子嫡母潘氏生母杜氏生于乾
隆甲寅九月初三終于道光戊子十一月初一妻沙頭岸
梁氏合葬對面岡東向之原四子　喬修早亡　喬寵早
亡　喬蔭早亡　喬瓊
嘉爵字偉光號愛育厚德三子嫡母潘氏生母杜氏
生于嘉慶丙寅四月二十六終于光緒辛巳三月二十六
享壽七十七葬三丫衘北向妻旺邊蘇氏三子　喬經

喬祥　喬慎

嘉秀字茂廣令德長子母謝氏生于乾隆癸巳十二月十四終于道光丙戌十二月初九妻關氏合葬獅頭岡四子　萬安　萬官　萬相早亡　萬勝

嘉會字怡廣經德長子母陳氏生于乾隆丙戌七月十九終于道光庚辰十月三十葬獅頭岡妻孔氏葬大坑岡一子　萬福早亡無嗣

嘉財字志廣經德次子母陳氏生于乾隆庚寅八月十一終于道光丙戌十一月初一葬大坑岡妻大杏杜氏葬沙岡五子　萬富早亡　萬貴早亡　萬榮　萬華早亡　萬有早亡

嘉禮字儀廣號億莊經德三子母陳氏生于乾隆癸巳六月初六終于道光甲午四月初七享壽六十二葬松園岡妻大渦張氏妾孔氏六子　萬吉　萬章　萬新　萬標　萬秋俱張氏出俱早亡　萬遠孔氏出

鳴鳳字時德士英子母何氏生于乾隆丁亥正月二
十五終于道光葬過岡路山妻徐氏三子　新枝　安枝
全枝俱往沙滘住
見鳳字時都士紳子母陳氏生于乾隆戊寅七月十
七終于道光癸未五月十三葬白雲岡妻大杏張氏葬對
面岡無嗣
蛟鳳字時雍士紳次子母陳氏生于乾隆丙戌十月
十八終于嘉慶癸酉三月十六妻蘇氏繼娶沙浦周氏俱
葬對面岡一子　勝湖周氏出
錦鳳字　士奇繼子母何氏生終葬莫考失傳
色鳳字時良士桂子母陳氏生于乾隆丁亥十一月
初六終于道光丙午六月十八享壽八十妻蘇村陳氏合
葬大坑岡四子　勝裕　勝坤　勝福　勝楠
和鳳字時中士廣子母杜氏生于乾隆已丑正月初
八終于嘉慶六月二十二葬大坑岡妻丹竈周氏生三子

勝舉　勝發　勝運
祥鳳字時福士剛長子母周氏生于乾隆己丑二月
二十三終于嘉慶丁巳六月初四葬大坑岡妻本里方氏
二子　勝學早亡　勝寶
照鳳字時朗士剛次子母周氏生于乾隆己酉四月
初五終莫考葬省城白雲山青龍嘴妻黎氏無嗣
品鳳字時恒士龍長子母梁氏生于乾隆壬午五月
十一終莫考葬省城白雲山青龍嘴妻六里林氏一子
勝章
遇鳳字時興士光繼子生母梁氏生于乾隆甲申五
月二十六終葬莫考妻陳氏無嗣
勝鳳字時升士驥長子母徐氏生于乾隆己亥十二
月初七終葬莫考妻　氏無嗣
堂鳳字時滔士器長子母陳氏生于乾隆甲辰三月
初終終葬莫考妻沙浦陳氏一子　勝昌

海鳳字　士器三子母陳氏生于乾隆辛亥八月十
八終莫考葬三丫衙岡無嗣
英養字世雄康太子母陳氏生于乾隆壬子三月十
五終葬莫考妻丹竈陸氏二子　祖庇　祖福
長孫字　年勝子母徐氏生終葬莫考無嗣
成興字　庇勝子母陳氏生于乾隆戊戌十月初三
終于道光癸未五月十六妻杜氏合葬飛鵝岡一子　源
德
紹遠字敏遐真勝子母游氏生于乾隆戊辰九月初
五終于　九月十三葬張槎妻薛氏一子　文玖
長德字　聯勝長子母陳氏生終葬莫考妻鄧氏無
嗣
長成字　聯勝次子母陳氏生于乾隆己巳八月二
十終葬莫考妻胡氏三子　自明　三明　自志

仲房二十一世

喜歡字暢然寧安子母黄氏生于乾隆壬申十一月
二十終于乾隆乙卯八月十七妻陸氏合葬后岡生三子
新榮　新正　新貴

喜慶字振開蘭玉三子之次子母　氏生終莫考葬
大坑岡妻林氏無嗣

獻能字雄遠寧昌長子嫡母潘氏生母劉氏生于乾
隆庚戌四月二十九終于道光癸巳十一月十九葬大竹
園妻大杏杜氏五子　祖光　祖輝　祖耀　祖璧　祖
要

獻基字雄建寧昌次子嫡母潘氏生母劉氏生于乾
隆甲寅六月十八終于同治辛未四月二十六享壽七十
八葬石仔岡妻杜氏一子　祖力出繼

獻莊字　寧昌三子嫡母潘氏生母徐氏生于乾隆
甲寅九月十三終于嘉慶壬申正月二十八葬大竹園未

娶早亡立一子　祖力

萬冠字雄高寧聲長子母陳氏生于乾隆乙未正月二十四終于道光丁未七月十七妻勞氏合葬沙岡繼室陳氏一子　巨朋陳氏出

善冠字雄錫號爵標寧聲次子母陳氏生于乾隆庚子五月十二終于道光丁未正月初九享壽六十八葬石仔岡妻黃氏另葬石仔岡三子　巨貞　巨扳　巨通

閏魁字陛和廣暢子母梁氏生于乾隆丙子七月二十終于道光癸卯三月十三葬大坑岡妻鄧氏二子　新元　新福

士亨字陛榮廣志長子母黃氏三子乾隆戊申五月二十六終于道光辛卯十二月二十妻舟里林氏合葬大坑岡四子　新發　新科　新魁　新禧

士寧字陛彩廣志次子母黃氏生于嘉慶丙辰五月二十二終于道光辛卯三月二十二葬大松岡妻勞氏二

子　新田　新才
士益字陛暢廣帶子母方氏生莫考終于道光丁亥
九月十七葬獅頭岡妻方氏一子　新猷
士勝字陛帶帶廣次子母方氏生于嘉慶辛酉正月
初一終于道光癸卯六月十一享年四十三妻蘇村陳氏
合葬石仔岡二子　新豪　新作
士有字　廣明長子母梁氏生終葬莫考未娶而立
一子　新國
士保字陛輝廣明次子母梁氏生于嘉慶乙丑八月
十七終于同治庚午十一月初十享壽六十六葬本村岡
妻西城游氏三子　新國出繼　新居　新冠
懷宗字錦華堂梅子母陳氏生于嘉慶乙丑正月二
十八終于光緒戊寅六月初七享壽七十二葬大坑岡妻
杜氏一子　高柏
因宗字　佳有長子母陳氏生終葬莫考未娶而立

一子　高致
啓宗字錦傳佳有次子母盧氏生于嘉慶乙丑六月十九終于光緒丙戌四月初四享壽八十三妻孔邊方氏合葬大坑岡一子　高珠
其宗字錦芳佳有三子母盧氏生于嘉慶戊辰三月初五終于道光丁未六月初七享年三十七葬市口岡妻同頭林氏一子　高致出繼
賢宗字錦英佳有四子母盧氏生于嘉慶庚午十二月十四終于光緒丁亥六月二十二葬大坑岡妻陳氏一子　高咸
紹開字錦漢堂在長子母劉氏生于道光癸未九月三十終于光緒乙亥九月二十三享年五十三妻游氏合葬后岡四子　高賜　高贊早亡　高榮　高接
紹揚字錦泰號華堂堂在次子母劉氏生于道光丁亥七月二十九終于光緒壬辰十二月十二享壽六十六

葬逕圩后丹竈岡土名金牛挂顧坐艮向坤兼寅申辛丑
辛未之原妻丹竈梁氏終于光緒乙巳正月十二寅時享
壽七十四妾杜氏終于民國甲寅四月十八卯時享壽六
十六梁杜氏合葬丹竈岡金牛挂顧坐寅向申兼甲庚之
原三子　文海　文卓　文照俱杜氏出
紹平字錦邦堂在三子母陳氏和于道光庚子七月
初七終于光緒丙午四月十八妻杜氏繼娶黄氏葬莫考
二子　高求　高耀
騷仔字卓文齡寛子嫡母蘇氏生終張氏生于道光
乙酉四月二十八終于道光庚戌四月二十六享年二十
六葬番禺南岡妻别適無嗣
有才字仰文乙長長子母陳氏生于嘉慶丁丑八月
初六終于道光丁未七月二十八享年五十八葬后岡妻
陸氏四子　容開　容柏　容庚　容乾
應才字暢文乙長次子母陳氏生于嘉慶已卯六月

初五終于同治乙丑三月初三享年四十七葬后岡妻本里區氏三子　容簡　容落　容賜

日才字輝文乙長三子母陳氏生于道光壬午閏三月十二享年三十七葬后岡妻別適無嗣

潤成字卓霖新興長子母杜氏生于乾隆乙卯閏二月二十一終于道光乙未十月初二葬竹逕岡妻黎氏二子　澤謙　澤信

富成字裕霖新興次子母杜氏生于嘉慶戊午十一月十五終于光緒戊寅十月十二享壽八十一葬沙岡妻陳氏葬沙岡繼娶勞氏二子　允暢早亡　澤光俱陳氏出

紹昌字繼霖新廣繼子繼母謝氏生于嘉慶丙寅十一月二十五終于道光辛卯五月十九享年二十六葬省城白雲山青龍嘴妻何氏一子　澤沛

柏壽字鴻福流原長子母杜氏生于乾隆乙酉六月

二十七終于道光壬午八月二十三葬省城北門外紗帽
翅黎氏葬石仔岡一子　豐光
永壽字聚福流源次子母杜氏生于乾隆乙未十月
二十五終于道光壬寅正月初八葬獅頭岡妻丹灶黎氏
一子　豐標
敔才字振福盛發長子母謝氏生于乾隆癸丑九月
二十終于道光庚寅九月初四妻孔邊方氏合葬沙岡三
子　以卓　登卓　高卓
會才字萃福號槐庭盛發次子母謝氏生于嘉慶庚
申十月二十例授登仕即終于同治己巳五月二十八享
壽七十七葬西邊坑松岡西向之原在樂静公山右便挂榜
妻丹竈謝氏葬梅步鳳凰岡坐癸向丁兼丑未之原遷葬
麗山右便牛角岡咀五子　彦卓　儉卓　恒卓　縣卓
早亡　斡卓
添才字遠福號昆山盛發三子母謝氏生于嘉慶癸

亥正月二十三光緒庚辰五月二十六享壽七十八葬大
坑岡妻渦村李氏五子　安卓早亡　灌卓　君卓　達
卓　任卓
聚才字泰福康發長子母杜氏生于嘉慶丁卯五月
十五終于光緒甲申十一月二十七享壽七十七葬中塘
岡妻大果陳氏三子　篆卓　殿卓早亡　成卓出洋
秋才字贊福號秀山康發次子母杜氏生于嘉慶庚
午七月二十一終于光緒乙酉十月二十二享壽七十八
葬沙岡妻蘇村陳氏繼娶清塘周氏陳氏葬石仔岡三子
齡卓周氏出　升卓周氏出　洪卓周氏出
一才字潤福榮發長子母方氏生于乾隆辛亥正月
二十二終于道光甲申十一月二十七葬屈龍妻旺邊蘇
氏别適一子　喬卓
二才字明福號曉垣榮發次子母方氏生于嘉慶丙
辰五月初七終于同治丙寅十月二十九享壽七十葬大

松岡妻大杏陸氏七子　千卓　山卓　積卓　鳳卓早
亡　全卓早亡　芙卓　年卓早亡
錫才字　榮發四子母方氏生于嘉慶丙辰八月二
十四終于道光戊子十一月十五葬三丫銜早亡無嗣
本才字　祖發長子母陳氏生于嘉慶辛酉八月二
十一終葬莫考無嗣
見才字　祖發三子母陳氏生于嘉慶已巳二月初
六終葬莫考無嗣
進才字福源號南山宗發四子母林氏生于嘉慶辛
未三月初六終于光緒甲午八月二十八享壽八十四葬
西邊坑妻横頭里李氏葬沙岡三子　孔卓早亡　騷卓
早亡　來卓
尚才字志福號雲山宗發六子母林氏生于嘉慶丙
子二月十二終于光緒丙申十二月初二享壽八十一葬
西邊坑樂静公左桂榜妻陸氏終于光緒癸已三月二十

九享壽七十四葬西邊坑生六子 騰卓早亡 意卓早
亡 聯卓 堯卓 喬卓 道卓
益才字 綿發長子母游氏生于嘉慶壬戌四月十
四終莫考葬大竹園無嗣
德才字 綿發三子母游氏生于嘉慶庚午六月十
一終莫考葬大竹園無嗣
滿才字澤福冬發長子母謝氏生于嘉慶戊辰五月
初九終于咸豐丁巳七月十四葬莫考妻丹竈謝氏一子
興卓
敏才字恒福冬發次子母謝氏生于嘉慶丁丑十一
月二十七終于咸豐壬子九月十八享年三十六葬三丫
銜妻別適無嗣
有枝字振光號秩山源來長子母潘氏生于乾隆丙
午八月初十終于同治壬戌八月 三享壽七十八葬沙岡
坐巳向亥兼丙壬之原妻伏水陳氏二子 聰帶 坤帶

出繼
　倫枝字振高源來次子母潘氏生于乾隆辛亥七月
二十九終于道光戊子五月初四葬莫考未娶而立一子
坤帶
　奕枝字　源玉次子母陳氏生終莫考妻潘氏合葬
沙岡一子　宗帶
　連枝字振猷源才次子母陳氏生于嘉慶辛酉四月
二十五終于同治甲子十二月二十二享壽六十四葬石
仔岡妻大杏麥氏三子　賓帶　姚帶早亡　帶
　球枝字振華源才三子母陳氏生于嘉慶癸亥十二
月初五終于光緒丁亥十月十三葬三丫銜左邊妻佛山
梁氏六子　奮帶早亡　閏帶早亡　川帶早亡　初帶
早亡　明帶　興帶
　純枝字振熙號春臺源仲子母陳氏生于嘉慶壬戌
五月初五終于咸豐丙辰二月初一享年五十五葬大竹

園妻橫江梁氏一子　繼帶
和枝字振朝源聚長子母梁氏生于嘉慶癸亥四月
初四終于咸豐乙卯八月初三享年三十六葬廣城秀沙
骨妻沙浦陳氏一子　官帶早亡
佐枝字振洪源聚次子母梁氏生于嘉慶己卯四月
十三終葬莫考妻李氏二子　炳帶外出　新帶早亡
東枝字振昌保受子母謝氏生于嘉慶丁丑十月十
七終于咸豐己未十月初四享年四十三葬石仔岡妻南
岸鄧氏繼娶麥氏二子　參帶鄧氏出　鉅帶麥氏出
滿容字　保珠長子母周氏生于道光癸未八月初
六往橫江住
滿安字　保珠次子母周氏生于道光辛卯正月二
十五妻　氏一子　根帶往橫江住
滿蘇字　保珠三子母周氏生于道光壬寅十月十
六往橫江住

祖祐字裔昌大享長子母馮氏生于乾隆戊子五月初十終于道光己丑二月十一享壽六十八葬莫考妻西城游氏繼娶 氏一子 胤波

祖錫字裔添號介優大享次子母馮氏生于乾隆丙申七月初八終于道光甲辰享壽六十九葬莫考妻朗心葉氏四子 胤權 胤江早亡 胤必出繼 胤華

祖庇字裔芳大享三子母馮氏生于乾隆己亥十月二九九終于道光戊子享年五十葬莫考妻石龍區氏葬大坑岡立一子 胤必

祖柱字裔成大倫次子母周氏生于乾隆辛亥五月初二終于道光辛卯享年五十四葬佛山妻蘇村徐氏一子 當權

華帶字匯榮號艷磕山文啓長子母鄧氏生于乾隆乙酉十二月二十四終于道光乙未十一月初二享壽七十一妻蘇村徐氏俱葬區屋岡坐午向子之原生二子

貴發　英發
儒帶字匯聽號睿亭文啓次子母鄧氏生于乾隆戊
子六月二十五公秉質忠誠好善仗義為　二世祖聯會
置買嘗塘道光壬午介義重修　二世祖祠難未及身觀
成后人克遵美舉終于道光壬午九月初四享年五十五
妻大杏張氏合葬潤螺岡内向坐丁向癸兼午子外向坐
午向子兼丁癸之原生四子　源發　泗發　廣發　祐
發　早亡
珠大字匯珍文祥子母鄧氏生于乾隆丁丑十一月
十五終于嘉慶庚午十月初八享壽六十八葬何屋岡坐
午向子之原妻徐氏別適附祀蒼宇祖永遠祭祀
丁大字匯添號更新文聚長子母鄧氏生于乾隆戊
寅九月初七終于嘉慶戊寅十一月二十享壽六十一妻
横村劉氏合葬潤螺岡五子　祖發　連發　再發早亡
宗發　其三子遺訓出族出有孫儀興

鰲大字匯霖文聚次子母鄧氏生于乾隆庚辰十一月十五終于嘉慶丁丑九月二十一享壽六十四妻横村陳氏合葬潤螺岡一子　閏發早亡

遠大字匯光文聚三子母鄧氏生于乾隆已丑二月初六終于道光壬辰十一月十一享壽六十三葬潤螺岡妻劉氏葬何屋岡繼娶馮氏四子　喜發　順發　永發俱劉氏出　興發馮氏出

輝大字匯成文勝長子母鄧氏生于乾隆辛卯三月二十九終于道光辛巳三月初九妻麗山陳氏合葬獅頭岡三子　平發　沄發　齊發

路龍字匯雲號平瞻文思子母勞氏生于乾隆戊辰八月初一終于道光戊子五月十四享壽八十一妻頭梁氏合葬烏飯岡三子　冬富　成富早亡　新富失傳

萬春字居元號惟一觀松長子母蘇氏生于乾隆庚辰十月十三終于道光丙申享壽七十七妻黄氏合葬大

坑岡繼娶丹竈謝氏無嗣
秋霖字潤元號精一觀童長子母李氏生于乾隆癸
巳十月十五終于咸豐甲寅九月十五享壽八十葬潤螺
岡妻大果杜氏四子　洋輝　澤輝　滿輝　添輝早亡
昊霖字高元觀童次子母李氏生于乾隆丁酉十二
月初三終于嘉慶乙丑七月初二葬區屋岡妻本里陳氏
葬后岡無嗣
科舉字匯登日新子母葉氏生于乾隆己酉正月十
一終莫考葬竹逕岡無嗣
長帶字匯遠文開長子母陳氏生于乾隆庚寅二月
十四終于道光辛巳十月十一葬烏飯岡妻灣頭杜氏二
子　德富　盛富
年帶字匯在號潛峰文開次次母陳氏生于乾隆壬
辰九月十二終于道光甲辰十二月二十六享壽六十三
葬獅頭岡妻大杏何氏葬獅頭岡繼娶大果陳氏無嗣

興帶字匯勝文開三子母陳氏生于乾隆丁酉九月二十四終于道光甲午三月二十九區觀音廟前高田赤勘陳氏二子　炳富　潤富

發帶字匯生文開四子母陳氏生于乾隆已亥六月二十終于道光辛卯八月十五葬獅頭岡妻大果杜氏別適一子　基富

達帶字匯進文開五子母陳氏生于乾隆壬寅四月十五終于道光已丑九月十五葬烏飯岡妻赤勘陳氏二子　元富　勝富

禄帶字匯福文開六子母陳氏生于乾隆已酉十一月初五終于道光丁未十一月十一享年五十四妻徐邊徐氏合葬獅頭岡五子　金富　玉富　滿富　堂富早亡　再富

依帶字匯迥文開七子母陳氏生于乾隆乙卯二月二二二終于道光庚寅十月二十七葬獅頭岡妻梅步何

氏別適無嗣

仁帶字匯泉文藻子母吴氏生于乾隆丙戌十一月
二十七終于道光甲午二月二十八享壽六十九葬白雲
岡妻大杏張氏五子　錦富　耀富　廷富　如富　允
富早亡

從帶字匯秀文石子母黄氏生于乾隆壬子九月初
二終于道光癸巳七月初二葬大坑岡妻陳氏別適

仕振字匯廷號作朝儒泰子母梁氏生于乾隆辛丑
三月二十八終于咸豐甲寅十月初六享壽七十四葬荔
枝岡坐庚向甲之原妻小杏何氏葬公右邊坐庚向甲之
原生二子　長滿　長潤

學大字匯能號作梅富善長子母游氏生于乾隆辛
丑十二月二十三終于道光甲午三月二十九葬區斛岡
妻上堯李氏三子　長帶　長順出繼　長進出繼

福大字　富善次子母游氏生于乾隆丁未十一月

二十四終于道光丁酉二月二十八葬區斛岡立一子
長順
量大字　富善三子母游氏生于嘉慶己未十一月
初三終于嘉慶丙寅七月初四葬烏飯岡無嗣
順昌字　聖善子母潘氏生于乾隆癸丑六月初三
終葬莫考立一子　長進

季房二十一世
逢立字應皆為梅子母杜氏生于乾隆戊辰五月初
八終于道光辛卯七月初九享壽七十四葬區氏屋岡妻
孔邊方氏一子　務庶
逢遠字潤皆為光子母梁氏生于乾隆乙未正月二
十四終葬莫考妻梁氏無嗣
逢日字升皆號振輝為冠次子母陳氏生于乾隆戊
子七月二十八終于道光己丑三月初七享壽六十二葬

馬鞍脚妻新涌陸氏葬西山高岡三子　務榮早亡　務華　務富
逢高字雲皆爲冠三子母陳氏生于乾隆壬辰十一月二十八終于道光戊戌二月十三葬竹逕岡坐壬向丙兼亥巳之原妻陳氏四子　務享　務多　務邦　務望
逢昌字泰皆爲勝長子母杜氏生于乾隆甲申十二月初六終于道光甲申五月二十八妻游氏合葬區屋岡四子　務本　務賢早亡　務生　務安早亡
逢興字堯皆爲勝次子母杜氏生終莫考妻蘇氏葬村頭岡無嗣
仕爵字顯揚宏歡長子母方氏生于乾隆乙酉六月十三終于道光庚寅十二月二十六妻梁氏合葬區屋岡妾陳氏别適三子　奴婢　奴旺早亡　奴平早亡俱陳氏出
仕寧字顯廷宏歡次子母方氏生于乾隆癸巳終于

乾隆己卯七月初六享年二十三葬區屋岡妻林氏孀居
獨守力撫猶子年已七十志之家譜以待控訪旌表
美發字顯聲宏成子母甘氏生莫考終于嘉慶丁丑
十一月十二葬岡咀東向之朱妻方氏別適一子　務彩
文佳字茂榮帝雄長子母林氏生于乾隆壬辰九月
十八終于嘉慶丁丑二月十三葬蜆殼岡妻張氏生二子
遠光　祥光
文元字昌榮肇雄子母關氏生于乾隆庚戌三月二
十九終于咸豐甲寅十一月十二享壽六十五葬后岡妻
區氏四子　以光　乾光　仕光　定光
士華字官榮號慎堂復秤長子母陳氏生于乾隆乙
丑十月二十四公平生好善敦倫常撫猶子成立濟困扶
危不自為德道光癸未例授登仕佐郎甲申正月孝廉世
姪郭汝良撰文及各戚友聯名制帳慶祝是年七月二十
六終于正寢享壽八十一葬竹逕墟下土名沙岡山形鰍

魚出洞坐子向午兼壬丙之原山闊自東至西七丈自南
至北七丈妻丹竈謝氏葬何屋岡周圍三丈之北向之原
妾林氏四子　迎斌謝氏出　秀斌　儀斌　遂斌林氏
出

恭祝

例授仕佐郎慎堂翁羅世伯九衮開一暨　世伯母
林安安人六衮開三同慶榮壽序

洪範五福壽居其首必推叙于大易乾元善為之長
究歸本於强健是知好德為永年之偕作善為延齡之驗
雖算由天定抑亦人為也　慎堂翁世伯少則勤儉孝順
雙親壯則經營義閃益友首重儒士聆文如坐春風最愛
端人砥行若熏蘭氣賦衣之雅潘孝廉常訂音音歌白駒
之章何刺史久推莫逆撫猶子如已子嫁娶外更置宅居
事岳母如生娘養殯餘復恤舅至他如周鄉鄰行方便善
事累累恤正人扶寒儒義情種種剛方直諒正氣足而精

力常充果决光明公道存而凝神永固惟德是輔海屋遂
爾添籌積善致祥南極于馬長照即基勤于訓子也從師
則千里負笈課業則一傳家既而謂孝廉之科安能信已
刑名之法原可活人讀律讀書趙禹之文無害為官吏簫
曹之業可徵用能策勵群兒克戰偉器有若　世伯母林
氏安人者賦小星而知命教數子以義方柔順安和人稱
衆母慈祥惻隱族尚婆心誠巾幗中之丈夫亦閫範閒之
活佛也夫以　慎堂翁一生好善　世伯母滿腹仁慈宜
其同享高年并登壽域者矣良于兹窮有感焉意　先君
子與慎堂翁世伯交厚嘗起庭聆訓備道生平而世伯之
樂善濟人剛直正大獨知其詳細能發其潛德其子儀斌
昔余從游學生也現已為　慎堂世伯報捐登仕佐郎籍
之章章為斑衣之戲采特循乞言之典用稱介壽之詞蓋
　慎堂翁樂善不疲宜庚九疇之之錫　世伯母令德是
好堪祝三多之文從比行善可信日增延華正有未艾令

日者　慎堂翁九衷開一　世伯母六表開三茲親見其
子朝冠上壽袞服章身　皇恩寵錫蘭桂盈皆親朋登堂
而稱族屬集慶祝斯誠庭幃共樂慈孝同嬉良素叨恩愛
世誼情深當亦欣然引牽隨歡更且肅然作詞志盛不懿
不美哉是為序
丙子科鄉進士擇選縣知縣世愚至亨汝良摯首拜
撰辛巳　恩科鄉進士選縣知縣世愚至李　照頓首拜
書
士海字達榮復秤次子母陳氏生于乾隆戊辰四月
二十五終于道光甲申七月十六葬村后岡妻陳氏一子
士龍字萬榮復秤三子母陳氏生于乾隆庚辰十一
耀翔失傳
月初九終莫考葬村后岡妻黄氏一子　堯斌
正弟字寵榮戊秤子母馮氏生于乾隆已卯八月二
十終終于道光壬辰四月二十七葬逕墟岡妻陳氏繼室

張氏二子　錫斌　盛斌俱張氏出
文開字秀榮公泰次子母張氏生莫考終于嘉慶戊
寅十二月二十三葬村頭岡妻梁氏一子　錦元早亡
文會字善榮號禮堂公祐子母陸氏生于乾隆庚寅
十二月初三終于道光庚戌十一月初六享壽七十一葬
竹逕岡妻梁氏繼室方氏一子　登朝方氏出
遂熊字恢業德霖子母陳氏生于乾隆庚辰九月二
十七終于道光癸巳十一月十五葬火磚岡妻陳氏繼室
白水塘徐氏四子　湏勤　湏儉　湏湮早亡　湏監俱
徐氏出
新和字燕猷大廣子母周氏生于嘉慶庚申十二月
二十五終葬莫考妻李氏二子　進升　尚升
貴和字　大賢長子母　氏生終葬莫考失傳
瑞和字　大賢次子母　氏生終葬莫考失傳
興和字作猷大來長子母杜氏生于乾隆丙戌三月

十二終于嘉慶已巳八月二十九葬區屋岡妻吴氏二子
章升　順升
義和字嘉猷大來次子母杜氏生于乾隆癸巳八月
初六終于嘉慶丙寅十月二十一妻吴氏繼娶陳氏合葬
區屋岡一子　元升陳氏出
光寧字　春開長子母李氏生于嘉慶丙辰九月初
二終葬莫考失傳
在寧字榮漢社開長子母謝氏生于乾隆辛亥十月
終于同治壬申八月二十四享壽八十二葬區屋岡妻隔
沙杜氏一子　善才
顯寧字廷漢新開次子母方氏生于嘉慶已巳五月
十九終于同治乙丑十一月初六葬大坑岡妻杜氏一子
心才早亡
斌寧字參漢新開三子母方氏生于嘉慶辛未七月
二十二終于光緒辛巳六月二十四享壽七十一葬三丫

銜岡妻陳氏二子　作才　地才

修寧字齊漢號　新開四子母方氏生于嘉慶癸酉

十月二十七終於光緒丁酉十月十二享壽八十五葬后

岡妻張氏一子　德才

邦寧字炳漢興開繼子生母方氏生于嘉慶癸亥十

月十七終于光緒丁丑四月初六享壽七十四與妻陳氏

妾梁氏合葬后岡一子　居才出洋

廣寧字蒼漢振開長子母張氏生于嘉慶巳巳七月

初七終于光緒乙亥三月初四享壽六十七葬大坑岡妻

陳氏一子　樂才

啓寧字興漢振開次子母張氏生于嘉慶辛未八月

初四終于光緒乙未正月十五享壽八十五葬徑墟岡妻

甘氏三子　熾才　意才　接才

錦寧字喬漢振開三子母張氏生于嘉慶甲戌七月

二十八終于光緒丁亥四月二十五享壽七十四葬三丫

銜岡妻何氏五子　閏才　炎才早亡　位才早亡　占
才　志才
綏寧字　嘉開長子母關氏生終莫考葬　岡自幼
早亡立一子　信才
海寧字宏漢嘉開次子母關氏生于嘉慶癸亥終于
咸豐癸丑七月十五享年五十一葬后岡妻吉贊潘氏五
子　信才出繼　令才　寬才　諒才　運才
永寧字昭漢應開子母黄氏生于乾隆辛亥八月二
十一終于道光癸卯八月初九葬后岡妻蘇村陳氏四子
成子　喜才　沛才　高才
安寧字聽漢迪開長子母林氏生于嘉慶壬戌九月
初四終葬莫考妻陳氏無嗣
福寧字祺漢迪開次子母林氏生于嘉慶丁丑十一
月初四終葬莫考妻潘氏無嗣
滄寧字　迪開三子母林氏生于嘉慶已卯十月二

十五終葬莫考無嗣
道寧字　石開子母　氏生妻子終葬莫考陽山住
樂寧字　爵開長子母　氏生妻子終葬莫考陽山
住
興寧字　爵開次子母　氏生妻子終葬莫考陽山
住
滿寧字　爵開三子母　氏生妻子終葬莫考陽山
住
輝寧字澤漢兆開子母黃氏生于嘉慶乙丑二月十
一終于同治丙寅四月十四享壽六十二葬三丫銜岡妻
黃氏一子　拾才
壽寧字德漢秩開次子母杜氏生于嘉慶壬申四月
二十七終于同治庚午二月初十葬竹逕岡妻陳氏一子
富才
羽寧字連漢莫考妻關氏生二子　進才　利才

科寧字　敏開三子母何氏生于道光甲午正月十
五終葬莫考無嗣
著寧字凌漢祐開長子母梁氏生于乾隆己酉十月
十二終于咸豐戊午十月初四享壽六十九妻劉氏合葬
省城大北門外象岡一子　緒才
聚寧字森漢祐開次子母梁氏生于嘉慶癸丑十月
初十終于道光庚辰三月初九葬省城大北門外象岡妻
氏別適無嗣
禧寧字能漢蕃開長子母李氏生于嘉慶甲子正月
初八終葬莫考妻方氏無嗣
卷寧字華漢蕃開次子母李氏生于嘉慶丁卯八月
十二終于光緒丙戌三月十四享壽八十葬區屋岡妻陳
氏三子　柏才　聖才　景才
以寧字　昆開子母何氏生終葬莫考妻　氏一子
盈才

梅寧字南漢丁開次子母陳氏生于嘉慶己卯七月
初十終于咸豐乙卯五月初三葬后岡妻林氏一子　岸
才
　茂寧字　丁開三子母陳氏生于道光壬午二月二
十八失傳
　孝寧字　丁開四子母陳氏生于道光辛卯正月初
六終葬莫考
　賓寧字　祖開子母麥氏生終葬莫考無嗣
　泉寧字倬漢酉開長子黄氏生于乾隆丁未九月初
一終于咸豐壬子十二月二十享壽七十與妻蘇氏合葬
屈龍岡繼娶徐氏一子　健才蘇氏出
　官寧字雲漢酉開三子母歐陽氏生于嘉慶丙辰五
月初九終于道光乙酉正月二十三享年三十葬屈龍岡
妻方氏玉燕投懷柏舟失誕一子　幹才
　恩寧字騰漢酉開五子母歐陽氏生于嘉慶庚午三

月初十終于道光丁未十二月初八葬潤螺岡妻小杏陳
氏二子　蘇才早亡　贊才

詢寧字經漢寅開子母陸氏生于乾隆癸丑五月初
十終于同治乙丑二月十四享壽七十三葬潤螺岡妻甘
氏六子　賢才早亡　義才早亡　添才　桂才　遇才

郁寧字槐權陽開繼子母陳氏生母歐陽氏生于乾
隆壬子九月二十六終莫考葬大坑岡妻梁氏未娶歸家
守節

濟寧字成漢奕開子母陳氏生于道光乙酉正月初
三終于咸豐乙卯葬陽春縣岡妻蘇氏一子　昭才早亡

吉進字游興四子次子母梁氏生于嘉慶庚子十月
十七終莫考葬后岡妻杜氏葬后岡繼娶杜氏無嗣

廣進字恒興五成子母陳氏生于道光甲申七月十
四終于咸豐乙卯四月十九葬莫考妻陳氏無嗣

其昌字　甘沛長子母謝氏生終葬莫考無嗣

永昌字恒盛文豪子母張氏生于乾隆乙巳十一月
十六終葬莫考妻　氏無嗣
祥元字瑞昌仕貴子母陳氏生終葬莫考妻關氏無
嗣
占元字進昌仕開子母區氏生于嘉慶戊辰五月初
十終于咸豐乙卯四月二十二葬后岡妻杜氏二子　聚
有　近有
覺元字華昌仕球長子母陳氏生終莫考葬村后岡
妻潘氏別適無嗣
潘元字　仕球次子母陳氏生于嘉慶戊午八月初
四終葬莫考無嗣
長庚字耀明新科子母潘氏生終莫考葬村頭岡妻
何氏二子　亞顯早亡　亞光失傳
浩源字濟川天球長子母方氏生于嘉慶丁巳九月
十七終于道光甲申五月初四享壽六十四葬區屋岡妻

本鄉區氏葬后岡六子　堂禮早亡　周禮出繼　純禮

儒禮　柏禮　鈿禮

浩泉字　天球次子母方氏生終葬莫考未娶而亡

立一子　周禮居省

殿源字齊昌天球三子母方氏生于嘉慶乙丑八月

二十一終葬莫考妻勞氏三子　廣禮居省　秉禮居省

政禮居省

錦源字濟光天球四子母方氏生于嘉慶戊辰正月

二十三終于道光癸未四月二十享壽六十四葬區屋岡

妻蘇村徐氏無嗣

瓊揚字濟廷天户子母方氏生于嘉慶庚申九月初

二終莫考葬石仔岡妻蘇村陳氏二子　崇禮　敦禮

敬祥字濟邦天禄子母關氏生于嘉慶癸亥六月初

九終于光緒癸未六月十二享壽八十一葬省泌冲鄉妻

貝底水坑滘陳氏二子　汝漢　汝成

新林字茂揚德勵子母　氏生于道光辛巳十一月
初三終于咸豐丙辰十二月二十一葬省城妻西城潘氏
無嗣

恒發字健揚德枝長子母陳氏生于嘉慶辛酉三月
二十六終于咸豐庚申三月二十六享壽六十二妻徐氏
合葬區屋岡三子　勝才　現才　瑞才

滿發字溢揚德枝次子母陳氏生于嘉慶乙丑正月
二十六終于光緒已卯六月二十九享壽七十妻蘇村黄
氏合葬市口岡二子　蔭才　自才

耀發字　德枝三子母陳氏生于嘉慶甲戌十二月
初一終葬莫考無嗣

紹發字俊揚德枝四子母陳氏生于嘉慶丁丑十月
初一終葬莫考妻番禺一子　鴻才

新發字達揚德穎長子母謝氏生于乾隆乙卯正月
十二終于咸豐庚申十月二十五享壽六十六葬獅頭岡

妻本鄉陳氏葬大坑岡三子　仕勤　仕有　仕英
新冬字益揚德穎次子母謝氏生于嘉慶庚申十一
月十四終于同治戊辰正月二十六享壽六十九葬潤螺
妻麗山陳氏三子　仕載　仕繼　仕富
新興字景揚德穎三子母謝氏生于嘉慶壬戌正月
十三終于光緒庚辰六月初四葬潤螺岡妻揚氏侯氏合
葬后岡繼娶劉氏葬省城杉吼一子　仕政楊氏出
新安字定揚德穎四子母謝氏生于嘉慶癸酉八月
二十七終于光緒戊戌十二月初五享壽八十六葬伏水
岡妻小杏何氏四子　仕禮　仕應　仕昆　仕明
新會字智揚德穎五子母謝氏生于嘉慶丁丑六月
初七終于光緒甲申十月十九享壽六十八葬石岡妻區
村區氏一子　仕良
新秋字紹揚德賢子母徐氏生于嘉慶辛酉九月二
十五終于道光己酉三月初四享年四十九葬后岡坐丁

向癸之原妻杜氏葬省城杉龍岡二子　仕成　仕坤

　錫南字　興燕長子母關氏生于嘉慶丁丑九月初

二終葬莫考

　錫喜字怡彰興燕次子母關氏生于道光戊子七月

十六終于同治辛未十一月二十五享年四十二妻丹灶

梁氏合葬竹逕岡無嗣

　錫泰字　興堯子母陳氏生于道光已丑八月二十

三早亡

　錫味字煥彰興堯次子母陳氏生于道光丙午五月

十九終于同治已巳十月初三享年二十四葬竹逕岡妻

孔邊方氏一子　錦銓

　蒲振字殿彰興如長子母馮氏生于嘉慶辛酉四月

二十七終于咸豐丙辰二月十一享年五十六葬石仔岡

坐北向南之原妻沙頭岸温氏一子　仕鰲

　蒲茂字顯彰興如三子母馮氏生于嘉慶癸亥八月

初八終于光緒壬辰三月十五享壽八十九葬后岡一岡

頭林氏一子　仕仰

蒲板字　興卓長子母陳氏生葬莫考終于咸豐戊

午四月初十無嗣

蒲川字　興卓次子母陳氏生葬莫考終于咸豐乙

卯五月十七無嗣

蒲鋭字　興創子母關氏生于道光甲申五月初九

早亡

蒲偉字達彰興元長子母陳氏生于　甲戌八月二

十九終于　壬午六月二十四葬杉吼妻大杏陳氏一子

苟

蒲揖字　興元次子母陳氏生于道光丙戌九月二

十七失傳

四進字　興裕母母母陳氏生于道光甲申閏七月

二十七終于咸豐乙卯十月初五葬莫考無嗣

廷進字　興裕次子母陳氏生于道光庚寅七月十
六終于咸豐乙卯十一月十二葬無考無嗣

蒲開字廣彰興遠子母區氏生於道光甲申八月初
四終于光緒乙亥十月十九享年五十二葬伏水岡妻西
城潘氏六子　根基　深基　添基　溢基　燎基　教
基

清蘭字榮彰尚開長子母陳氏生於嘉慶丁丑七月
十二終于咸豐癸丑七月初三享年三十九葬竹逕岡妻
蘇村徐氏二子　業才　迪才

清桂字馥彰尚開次子母陳氏生於道光壬午年十一
月初五終于光緒丙戌十月初三享壽六十六妻方氏合
葬石仔岡坐乾向巽之原繼娶陳氏妾周氏陳氏無嗣

閏揚字　報本長子母氏氏生於道光甲申閏七月
初九外故終葬莫考

輝揚字美基職名日初號元善候選巡政廳報本次

子母陳氏生於道光戊子八月十七終于民國甲寅閏五月初十享壽八十七葬徑墟后岡金牛挂瓦妻蘇村陳氏一子　志昆

泗揚字卓基報本三子母陳氏生於道光癸巳六月十八終于　三月十六享壽　葬石仔岡妻蘇村徐氏繼娶逕墟張氏妾潘氏一子　耀昆潘氏出

念揚字俊基報本四子母陳氏生於道光戊戌八月十七終于光緒庚寅二月二十二享年五十四葬竹逕岡妻本鄉陳氏二子　鉅昆　和禮早亡

池揚字　珠慶長子母謝氏生於道光癸巳九月二十終于道光乙巳八月十六葬后岡早亡

昭揚字　珠慶次子母謝氏生於道光辛丑十一月初一終葬莫考失傳

連德字佐榮朝進子母方氏生於乾隆乙卯十二月初九終葬莫考妻游氏二子　應聰　應然

祖明字　文熾長子母游氏生於嘉慶已巳終於道
光甲申十二月十一葬上坑岡無嗣
祖勝字澤隆文熾次子母游氏生於嘉慶甲戌二月
十八終于光緒己丑七月二十二享壽七十六葬竹逕岡
妻灣頭杜氏先故葬竹逕岡三子　英貴早亡　啓能
啓旺
祖順字茂隆文熾三子母游氏生於嘉慶丁丑三月
二十九終于道光辛丑三月十五享年二十七妻大杏高
氏合葬村后岡無嗣
敦典字本良成林子母陳氏生於道光辛巳五月十
一終于　年五月初八葬岡咀妻竹逕關氏生三子　有
旁早亡　有幸　有崧早亡
典能字柏良桂林子母謝氏生於道光戊子四月二
十七終于同治庚午正月初七享年四十三葬省城妻劉
氏生二子　有德兼祀胞叔典謂　有泰早亡

彩造字福良彬林長子母陳氏生於道光戊子十一
月二十三終葬莫考妻方氏一子　有津
彩雲字正良彬林次子母生於道光辛丑正月二十
三終于光緒丁丑九月初十享年三十七葬上坑岡妻陳
氏嗣
彩國字　便林子母梁氏生於道光終葬莫考失傳
新桐字日良福兆長子母高氏生於嘉慶甲子終於
道光庚戌四月初八享年四十七葬竹逕岡坐午向子之
原妻氏別適一子　新騷早亡　有聯兼祀
尚桐字桂良號秀山福兆六子母高氏生於嘉慶庚
辰十月初三終於光緒丙戌十一月十六享壽六十七葬
竹逕岡坐午向子丁癸三分之原妻陳氏終于同治癸亥
六月二十一葬岡咀妾丹竈謝氏生於道光庚子三月十
八于光緒丁未正月十五享壽六十八與秀山公合葬竹
逕岡三妾陳氏終於光緒戊申正月二十七享壽六十五

寄葬星架波生三子　有泉　有聯兼伯祀新胞桐　有
根俱謝氏出
晉楚字任良福相子母梁氏生於嘉慶戊午十二月
十三終于咸豐乙卯七月初九享年五十九葬沙岡妻坑
屈甘氏終于光緒甲申十一月十七葬岡嘴二子　有盛
有朋
晉興字作良福靜長子母陳氏生於嘉慶庚午七月
二十四終于道光癸卯三月十二葬竹逕岡妻謝氏二子
有敬　有才
晉壽字耆良福靜次子母陳氏生於嘉慶壬申八月
初四終于同治庚午十二月十三享年五十八葬后岡妻
黃氏妾盧氏無嗣　附祀永豪祖
晉爵字錫良福靜三子母陳氏生於嘉慶丙子六月
十五終葬莫考　妻謝氏無嗣
晉饒字　福靜四子母陳氏生於道光癸未三月二

十七終于咸豐甲寅七月二十二享年三十二葬莫考妻
別適一子　有題
新開字啓良汝相子母徐氏生於道光乙巳六月初
七終於光緒壬寅正月二十五享年五十八葬竹逕岡妻
陳氏生六子　有恒　有幹　新騷早亡　有烜　有林
有剛早亡
進儉字衍良道相子母徐氏生於道光丙午四月二
十七終于民國丁巳二月初六享壽七十二葬岡嘴妻李
氏于于光緒戊子五月初九葬竹逕岡繼娶麥氏終於民
國已未十二月二十五葬村頭岡生三子烜有鐺早亡
有枝　有發俱李氏出
廷標字朝良其亨子母杜氏生於道光壬寅十二月
初六終莫考葬村頭岡妻別適無嗣
祥開字　長有長子母馮氏生於道光庚辰六月初
一終葬莫考早亡

賜開字　長有次子母馮氏生於道光庚子十月初
五妻區氏先故葬后岡失傳
就開字　長有三子母馮氏生於道光癸卯正月十
九妻何氏先故葬后岡妻袁氏失傳
發開字　正有三子母馮氏生於道光癸卯正月十
九妻何氏先故葬后岡妻袁氏失傳
發開字　正有子母陳氏生於道光丙申正月初十
終葬莫考無嗣
坤開字　進有子母潘氏生於道光庚子三月十八
終葬莫考無嗣
廣福字朝裕號逸懷今聖子母李氏生於乾隆壬申
四月十二終于嘉慶丙子二月　妻林氏合葬沙岡二子
紹德　紹能
保赤字朝參號繼良今長長子母陸氏生於乾隆乙
丑四月初七公天姿剛健秉性和平充藩掾在外為人排

難解紛終於嘉慶戊寅正月初七享壽七十四葬后岡南
向之原妻陳氏葬烏飯岡坐寅向申兼艮坤之原二子
紹麟　紹獻
嵩赤字朝岳號峻嶺念長次子嫡母陸氏生母高氏
生於乾隆庚辰十月二十二終于嘉慶戊午十一月二十
九葬伏水岡妻本里李氏二子　梁材　梁柱
福赤字朝林號晚楓念六長子母陳氏生終莫考妻
陳氏合葬行路地側二子　紹馴　紹昌
四福字朝棟念六次子母林氏生於乾隆丙子九月
十四終於乾隆乙亥二月初五妻陳氏合葬沙岡三丫路
上坐癸向丁兼子午一子　紹梅
五福字朝基念六三子母林氏生終莫考妻梁氏合
葬省城北門外馬鞍岡一子　紹明
卿發字朝顯號達堂文會長子母鄧氏生於乾隆丁
亥正月二十公賦性直設浩股糧會而供　國課介浚大

涌以利灌溉終于嘉慶癸酉在月初七享年四十七妻新
生梁氏合葬林邊后岡坐巳向亥兼乾巽庚辰庚戌分金
之原四子　恩芳　恩寵　恩遠　恩沾
緯韜原名卿雲字朝扳號藴玉文會次子母鄧氏生
於乾隆丙申正月十一癸丑戚考戴文宗取進充廣州府
學武庠生終于　道光丙申五月初七享壽六十一妻周
廣寨謝氏合葬林邊后岡坐子向午兼壬丙之原妻游氏
何氏合葬岡嘴七子　恩苗　恩萱　恩勇早亡　恩榮
恩茂謝氏出　恩蒲早亡　恩壯游氏出
兆平原名卿福字如山號恬齊文光長子母陳氏生
於乾隆癸未九月二十八國學生公性梗介寬厚慈祥好
讀儒書樂為善事終于道光癸巳六月初五享年七十一
葬伏水狗屎岡坐甲向寅申分分之原妻丹竈方氏妾梁
氏五子　恩祖　恩誥　恩昭方氏出早亡　恩波　恩
濟梁氏出

彥倫原名卿祿字如斌號壹堂文光次子母陳氏生
于乾隆庚寅九月初十公生而岐嶷少讀儒書慨然有用
世志志應童試不售葉文四武乾隆戊申關文宗取進南
海縣學第一名武庠生乙卯　恩科鄉試朱撫憲取中第
十三名武嘉慶丙辰會度候選衛千總　恭遇
覃恩得以本身妻室封典　也贈祖父武佐騎尉祖
六品安人誥封父武佐騎尉母六品安人已未吉制軍考
授廣東全省塘務供職勤慎任滿解組鄉里推為黨正排
難解紛無所偏曲設糧會以守
國課挑大塘以厚　祖嘗及夫接修譜帙培築圍基
整浚涌有關於民生者要皆力任弗辭終於道光己丑十
月十九享壽六十葬村頭岡坐壬向丙之原妻大沙劉氏
四子　恩裕　恩普　恩開早亡　恩進早亡
卿襄字朝勷號湘中文華長子母林氏生於乾隆壬
午閏五月初八公賦性寬厚精心書法留意族務倡立糧

會以充　國課議置大塘以厚　祖嘗終於嘉慶庚午六
月十三享年四十九葬竹逕岡坐庚向甲兼酉卯之原妻
陳氏葬麗山岡繼娶麥氏合葬竹逕岡妾蕭氏五子　大
廷大任　大佐蕭氏出出繼　大儀麥氏出出繼　大仰
蕭氏出

卿元字朝登號桂園文華次子母林氏生於乾隆已
酉十月初三終于乾隆庚戌七月初六享年二十六葬上
坑岡立一子　大儀

卿領字朝本號植初文華三子母林氏生於乾隆壬
辰十月初二終于嘉慶丁巳三月初一享年二十六葬竹
逕岡妻蘇村陳氏合葬立一子　大佐

卿品字朝禮文燦長子母區氏生於乾隆丁亥閏七
月十七終于道光甲申八月十四享年五十七妻陳氏合
葬旺邊荔枝岡二子　大安　大寬

卿錦字朝毓文燦次子母區氏生於乾隆壬辰六月

二十二終于道光己亥三月二十享壽六十七葬區屋岡
一子達訓出族祀行素祖祠

細妹字朝徽文佳子母張氏生於乾隆戊戌十一月
十七終于嘉慶癸三月十三享年三十五妻丹竈謝氏合
葬區屋岡二子　大秉早亡　大猷

卿緒字　文齡次子母方氏生終葬莫考往省城住
無嗣

世揚字昌顯號達之秋元長子母甘氏生於嘉慶丙
辰六月初七終于同治丙寅八月十四享壽七十一葬區
屋岡妻謝氏一子　作基早亡　立一子守基

錫揚字蔭顯秋元次子母甘氏生於嘉慶己未十一
月十八終于道光丙戌九月十一遷葬后岡青錢祖山下
級坐丁向癸兼未丑之原妻區氏一子　建基

繼祖字　秩元長子母李氏未娶而亡立一子　培
基

鉅揚字宏顯秩元次子母李氏生於嘉慶戊午十月初五終于道光乙未閏六月初三享年三十八葬旺邊上伏水岡坐卯向酉兼甲庚之原妻大果陳氏妾黃氏六子培基陳氏出出繼　楠基黃氏出　廣基陳氏出　漢基黃氏出　成基陳氏出　文基黃氏出其黃氏別適

釗揚字榮為號盛之秩元三子母李氏生於嘉慶壬戌十月初二公生平考友品行端方忠厚存心正大持己見子弟則諄諄誥誡遇美舉則欣欣樂成維持錢糧會以完國課倡修譜帙以聯宗枝同治丁卯倡議重建始祖祠事事協商經營盡善聿觀厥成焉終於同治辛未九月十二享壽七十妻蘇村徐氏合葬沙岡坐寅向申兼甲庚之原妾林氏生於嘉慶甲戌七月二十一終于光緒丙戌二月初六享壽八十三葬竹逕土名大松岡蘇公坑衆上向還坑本村后岡坐丑向未兼癸丁之原三妾何氏終於光緒乙酉五月十九享壽七十六葬后岡大松園在靜翁祖

山右邊生八子　始基何氏　守基林氏出出繼　壯基
林氏出　國基何氏出　鈿基林氏出　升基何氏出
旋基何氏出　廣基何氏出
燦垣國原名鈞揚字名顯號名稱鐵珊秩元五子嫡
母李氏生母黄氏生於道光乙未正月十八日公生平孝
友持身正大憐恤孤寡好讀儒書胸羅卷運阻孫山迨光
緒己卯乙酉兩科北赴順天鏖戰棘圍依然龍門點額退
培桃李幸而鶴發稱傷同治丁卯封帛理重建大宗祠光
緒丁丑總理生建季房祠光緒丁亥督修族譜社學推為
鄉正三十餘年任勞任怨保良攻匪秉正不阿賭博肅清
地方安靖凡有益鄉族翕為有損鄉族翕革與鄉人處好
善惡公弗恤焉終于民國壬子八月廿九日享壽七十八
葬石仔岡内土名屈吼安在中穴坐乙向辛兼卯酉之原
妻竹逕關氏妾莘涌馮氏生五子　長基關氏出　胃基
關氏出　騷基關氏出早亡　洛基馮氏出　佑基馮氏

出
成才字諒兼號明德開隆長子母杜氏生於乾隆甲
申八月二十九終于道先丙申四月二十八享壽七十二
妻馮氏合葬沙岡妾張氏三子　長興馮氏出長發　長
仁張氏出
成會字諒詢開隆次子母杜氏生於乾隆丙戌八月
初四終于道光壬寅十一月十八享壽七十七妻李氏合
葬沙岡一子　長勝
成開字諒宏赤隆長子母方氏生於嘉慶庚申三月
十六終于道光戊寅六月初二妻方氏合葬蜆殼岡一子
長莫早亡
成貴字諒顯赤隆次子母方氏生於嘉慶乙丑六月
初三終葬莫考妻周氏繼娶陳氏一子　長渠早亡
憲光字　俊裘長子母區氏生於甲午十月初九二
終　己未十一月二十六妻高氏合葬細嶺二子應宏

應有華夏新村住
告光字　海裘子母馮氏生於丙申十二月初七終
于戊午十一月十三妻梁氏合葬嶺二子　應泰　應
祥　華夏新村住
英彩字健光號乾峰煒長長子母潘氏生於嘉慶丁
巳十一月十九終于光緒丙子十二月初五享壽八十一
葬岡嘴妻孔邊方氏四子　松林　悦林　遇林　晚林
早亡
利彩字　煒長次子母潘氏生於嘉慶己未十二月
十二未娶而終于道光壬辰五月初四葬岡嘴無嗣
禧彩字才光號干峰煒長三子母潘氏生於嘉慶丁
卯十月初一終于光緒壬午正月初二享壽七十五葬后
岡妻梁氏一子　景林
正彩字　煒長四子母潘氏生於嘉慶戊寅十一月
二十終葬莫考

耀彩字　煒長五子母潘氏生於嘉慶未娶而終于
道光己亥十一月二十八葬岡嘴無嗣
靛彩字　諫長長子母方氏生於嘉慶丙子正月初
八未娶而終于道光己丑十一月初二葬上坑岡
檔彩字聲光號耀峰諫長次子母方氏生於道光辛
巳二月二十六終于光緒辛丑九月二十五享壽八十二
葬竹逕岡坐壬向丙兼子午之原妻馮氏二子　允林
放林
權彩字紹光秩長子母蘇氏生于嘉慶壬申正月初
三終葬莫考妻梁氏二子　炳林　壁林
奕保字　英長子母陳氏生於嘉慶庚申四月十二
終于咸豐乙卯日月莫考葬竹路岡邊無嗣
順保字　升長長子母陳氏生於嘉慶庚午十月初
一終于光緒壬午十月初一享壽七十三葬后岡妻勞氏
無嗣

興保字　千長次子母陳氏生于嘉慶丙子十一月
十八終葬莫考妻　氏一子　金水
九保字　升長子子母陳氏生于道光乙酉四月十
七終葬莫考無嗣
新在字　日聖長子母李氏終葬莫考沙邊住
在金字　日聖次子母李氏生終葬莫考沙邊住
新端字　聰聖子母倫氏生終葬莫考沙邊住
鄧家字　聰　聖子　陳氏生于道光癸未正月十一終
于道光庚戌二月葬竹徑岡無嗣
錦雄字廣章林大長子母霍氏生于道光甲申五月
十八終于咸豐庚申五月十一葬竹逕岡妻別適無嗣
錦有字明章林大次子母霍氏生于道光丙戌十一
月十二終于光緒庚寅二月十六享壽六十二葬竹徑岡
妻陳氏一子　拱平
錦騷字建章林大三子母霍氏生于道光庚子十月

二十四終莫考寄葬星架波妻麗山陳氏一子　信平
貴平字文和號養忠林秀長子母方氏生于嘉慶癸
亥十月十七終于光緒壬午十月初一享壽八十葬竹徑
岡妻陳氏三子　萬春　萬富　萬爵
貴遠字文成號信忠林秀次子母方氏生于嘉慶戊
辰妻杜氏三子　萬順　萬德　萬開　錦華字彩章
林茂長子母馮氏生于嘉慶丙辰三月初十終于道光乙
未十月十二享年四十葬省城青龍嘴妻黄氏二子　端
平　廣平
錦麗字秀章號紫山林茂次子母馮氏生于嘉慶乙
丑正月初六終于光緒乙未享壽九十一葬莫考妻陳氏
無嗣
錦梅字榮章號華山獄林茂三子母馮氏生于嘉慶壬
申十一月十一終于光緒乙亥正月初七享壽六十五葬
區伏岡妻陳一一子　芳平

錦開字　林茂四子母氏氏生于嘉慶丙子九月二
十八終葬莫考無嗣
錦和字調章全芳長子母馮氏生于嘉慶丁丑十一
月十七終于光緒　年二月二十八葬新社岡妻陳氏先
故葬竹逕岡
錦元字占章全芳次子母馮氏生于道光乙酉十二
月二十五終于光緒丙午九月二十四享壽七十二葬新
社岡妻謝氏三子　今平　金平　祐平早亡
錦來字德章全芳三子母馮氏生于道光庚寅十二
月初五終于光緒辛丑正月二十享壽七十二葬竹逕岡
妻丹竈謝氏八子　新平　昌平　瑞平　維平　紹平
早亡　清平　昭平　志平
秋魁字　如恩長子母　氏生終葬莫考省城住
春魁字　如恩次子母　氏生終葬莫考省城住
振宗字興全賜雄子母陳氏生于乾隆丙子十一月

二十四終于嘉慶壬申六月初二葬竹逕岡東向妻葉氏
別適一子　滿枝
振剛字聲宏伯達長子母陳氏生于嘉慶乙未正月
初三終于咸豐壬子三月二十二享年五十六葬竹徑岡
妻沙浦陳氏繼娶何氏維氏立一子　保枝
振輝字聲德號文山伯達次子母陳氏生于嘉慶癸
亥九月二十七終于同治辛未五月十六享壽六十八葬
潤螺岡坐甲向庚兼寅申之原妻本里何氏四子　和枝
材枝　保枝出繼　盛枝
振榮字聲全伯達三子母陳氏生于嘉慶己巳二月
初五終于咸豐庚申六月初五享壽六十二葬大坑岡妻
岡頭林氏二子　蓮枝　成枝
振華字聲潮伯昌子母林氏生于嘉慶丙子九月初
十終于同治丙寅八月二十九葬后岡妻謝氏無嗣
閏開字觀海進昌長子母蘇氏生于嘉慶戊辰十月

二十五終于同治甲戌七月初九享壽六十七葬后岡妻
陳氏四子　恢寧早亡　養寧　潛寧　果寧
閏歷字潮海進昌次子母蘇氏生于嘉慶癸酉四月
初五終于同治癸酉閏六月初八葬沙岡妻蘇氏繼娶張
氏四子　葵寧早亡　東寧　西寧　魏寧
閏珠字光海進蒼長子母鄧氏生于嘉慶丙子十二
月二十四終于同治丁卯十二月十五享年五十二區岡
嘴妻張氏二子　自寧　實寧
閏平字　進蒼次子母鄧氏生于道光戊子十一月
初六終葬莫考無嗣
閏定字　進蒼三子母鄧氏生于道光庚寅十月初
一終于咸豐辛酉八月初九享年三十六葬北江咸先地
無嗣
福餘字恒海啓明子母謝氏道光已亥十一月二十
四終于光緒丙子八月初八享年三十三葬竹逕岡妻别

適無嗣

福緒字汪海啓光長子母陳氏生于道光癸未三月初五終于咸豐乙卯三月十一享年三十三葬省城譚龍

妻別適無嗣

福弛字恩海啓先次子母陳氏生于道光六月初六終于光緒己卯三月二十葬區伏岡妻張氏葬省城譚龍無嗣

福裔字炤啓宗長子母陳氏生于乙酉十一月十二未娶而終于道光五月二十一葬村頭岡無嗣

渾煇字日海啓宗次子母陳氏生于道光癸巳十一月初三終葬莫考妻陳氏三子　興矩　興訓　興勇早亡

煇燃字珍海啓宗三子母陳氏生于道光丙申十月十三終葬莫考妻鄧氏

煇朋字　啓宗四子母陳氏生于道光己亥六月十

六終于道光己酉六月十三葬村頭岡早亡
保遠字卓光全明子母張氏生于嘉慶丙子十二月
二十八終于咸豐辛酉十月二十八享年四十五葬沙岡
妻孔邊方氏無嗣
保禮字卓棚全勝長子母陳氏生于嘉慶乙丑十月
十三終于咸豐乙卯七月初六享年五十一葬沙岡妻杜
氏二子　凌翰　凌教早亡
保章字卓經全勝次子母陳氏生于道光甲申五月
二十二終于光緒丙戌十一月初九享壽六十三葬潤螺
岡妻張氏繼室潘氏二子　凌調　凌容潘氏出早亡
保珍字卓號瓊南全福長子母孔氏生于道光癸未
六月二十七終于民國甲寅九月十五享壽九十二葬潤
螺岡妻丹竈黎氏三子　凌泰　凌符早亡　凌隆
保昭字卓輝全福次子母孔氏生于道光丁亥十月
二十三終于同治己巳六月初一享年四十三葬潤螺岡

妻大杏梁氏五子　凌良　凌安　凌北　凌浩　凌荀

保儒字卓高全福四子母孔氏生于道光丁酉八月十四終于民國癸丑十月十五享壽七十七葬潤螺岡妻伏水陳氏繼室用里林氏七子　凌森　凌衆　凌邦　凌蘊　凌桔以上俱陳氏出　凌紹　凌早俱林氏出

保亮字卓芳號潤軒全興繼子生母孔氏生于道光辛卯五月十四終于光緒丁未四月十六享壽七十七葬潤螺岡妻旺邊蘇氏妾梁氏五子　凌强蘇氏出　凌河梁氏出　凌鑑梁氏出　凌基　凌樞俱梁氏出

保林字卓茂全慶子母杜氏生于道光巳丑二月初一終于光緒庚子四月二十七享壽七十二葬仙人岡妻大果何氏五子　凌滿早亡　凌珠　凌載　凌養　凌純

新富字錫光萬舉長子母馮氏生于乾隆乙未十月初八終于道光庚子四月二十一葬區伏岡妻伏水陳氏

葬沙岡一子　騰開

新榮字耀光萬明長子陳氏生于乾隆庚子六月十五終于道光乙未九月初二妻何氏合葬獅頭岡坐丙向壬兼巳亥二子　成林　健林

新華字裕光萬明次子母陳氏生于乾隆癸卯正月十五終于嘉慶丁丑十二月十八葬上坑岡妻潘氏四子　同林　相林　才林出繼　吉林早亡

新茂字秀光萬明四子母陳氏生于乾隆庚戌十二月十四終于咸豐庚申三初二享壽七十葬村頭岡妻陳氏二子　胖林　眷林

新基字　萬明五子母陳氏生于乾隆乙卯十一月二十九終于道光戊子正月二十七葬松岡立一子　才林

孟房二十二世

炳華字益新自長繼子生母梁氏生於乾隆甲寅十
月二十七終於嘉慶戊午五月十一享年三十八妻本里
陳氏一子　壽德

秋華字諒新號家騮勝長次子母方氏生於嘉慶巳
未九月二十三議叙九品終於同治乙丑正月十七享壽
六十七葬石仔岡坐午向子兼丙壬之原妻西城陳氏三
子　悦富　潤富　祥富

裔華字　勝長三子母方氏生於嘉慶壬戌十二月
初四終於　八月二十三葬獅頭岡無嗣

焕華字明新恩長子母杜氏生終葬莫考妻伏水陳
氏無嗣

順華字和新幸長長子母鄧氏生於道光癸未八月
十五終於光緒甲申五月二十八享壽六十二葬省城羅

姓義墳妻陳氏二子　錫富　堂富
彥華字　　幸長次子母鄧氏生於道光癸巳二月二
十一終於道光辛丑二月二十九葬后岡早亡
遇錦字鑑禮深榮長子母徐氏生於光緒乙亥六月
十四終於民國己未六月葬莫考妻蘇氏二子　大珠
細珠
遇棉字　　深榮次子母徐氏生於光緒甲申九月初
四妻　氏
遇相字　　輝潛子母關氏生於光緒丙戌十一月二
十四
遇丙字　　輝甜次子母陳氏生於光緒丙午十月初
六
遇登字　　輝田子母梁氏生於光緒辛丑二月十五
遇佳字景禮輝燦長子母陳氏生於光緒乙亥三月二十
四妻蘇氏二子　耀忠　照忠

遇標字炳禮輝燦次子母陳氏生於光緒己卯八月
二十六妻張氏
遇波字濤禮輝純長子母潘氏生於光緒丁丑八月
二十四終於光緒乙巳四月十五葬沙岡妻　氏別適
遇清字　輝純次子母潘氏生於光緒癸未九月初
七
遇冬字　輝純三子母潘氏生於光緒辛卯四月二
十九終於民國丁巳六月初八葬沙岡
炳開字　光泰長子母張氏生於咸豐庚申五月二
十七終葬莫考
發開字大斌光泰次子母張氏生於同治甲子十一
月十六終於光緒癸卯八月十四葬石仔岡妻孔邊方氏
二子瑞芳喬芳
遇開字啓斌號壽山上遠長子母梁氏生於道光辛
卯九月二直三公一生撲實克儉克勤和平忠厚友愛可

嘉終於光緒戊申十月二十七享壽七十八葬伏水岡坐
乙向申兼辰戌之原妻西城潘氏終於民國乙卯五月二
十八葬梅步鳳凰岡高要岐州鄧氏終於民國丙辰九月
二十四葬仙人岡五子　才芳　芬芳　錦芳　騰芳
林芳俱鄧氏出
榮開字盛　斌號福然上遠三子母梁氏生於道光庚
子十二月十八公生平謙讓克恭克友正直居心終於民
國癸丑六月十八享壽七十三葬佛山二清岡右便横龍
垂乳肪形山雙金扛水坐未向丑兼丁癸之原妻佛山霍
氏葬佛山三清岡三子　杰芳　華芳　錫芳
勝奇字　張耀子母梁氏生於道光癸未十二月十
二終於光緒丁丑四月十六葬竹逕岡坐卯向酉兼甲庚
之原無嗣
有成字廷斌號俊卿基耀子母梁氏生於道光丁酉
十一月二十五充廣州府掾吏報捐縣丞職銜終於光緒

丙申九月十八享壽六十葬潤螺岡妻大杏張氏妾黄氏
盧氏二子　麗芳黄氏出　慶芳盧氏出
廷魁字鴻斌參耀子母徐氏生於道光乙未九月十
八終於同治庚午五月二十六享年三十六葬竹逕岡坐
卯向酉兼甲庚之原妻赤勘陳氏葬大松岡五子　聯芳
茂芳　允芳　奇芳　賢芳
祥魁字文斌别字慶雲喜耀子母謝氏生於同治乙
丑九月初二終于民國辛酉族衆公舉編輯譜系妻蘇村
陳氏三子　銘芳早亡　銓芳早亡　榴芳
登魁字榮斌禄耀長子母關氏生於咸豐丙辰三月
初四終於民國丙辰七月初六享壽六十一葬屈龍岡妻
孔邊方氏葬屈龍岡繼娶歐陽氏三子　元芳　鈴芳俱
方氏出　定芳
經魁字儀斌禄耀三子母關氏生於
咸豐庚申四月二十八終於光緒丁未十二月十三享年
四十八葬竹逕岡妻莊邊梁氏妻　氏五子　灼芳　鋭

芳　培芳早亡　般芳俱梁氏出　渾芳妾氏出隨母外
出
彥魁字達斌星耀長子母馮氏生於道光戊戌十一
月十二終葬莫考妻陳氏妾鄭氏一子　棣芳鄭氏出
應魁字肇斌星耀四子母馮氏生於咸豐丙辰六月
十八終葬莫考妻麥氏無嗣
吉慶字顯榮祖賜長子母杜氏生於嘉慶丙寅九月
二十六妻　氏別適外出
衍慶字超榮祖賜長子母杜氏生於嘉慶戊辰閏五
月二十九終葬莫考妻用里林氏二子　能文　能仁
餘慶字　祖賜三子母杜氏生於嘉慶丙子九月二
十八外出
雄慶字　祖賜四子母杜氏生於道光辛未八月初
十
閏慶字　祖賜五子母杜氏生於道光甲戌五月十

四外出
新有字初榮連璧子母　氏生於乾隆癸丑九月二
十七終於咸豐丁巳享壽七十五葬大坑岡妻薛氏一子
能秀
新定字贊榮連城長子母陳氏生於嘉慶壬申正月
二十終於光緒丁亥七月二十三享壽七十六葬大坑岡
妻方氏二子　能興　能養
新名字亮榮連城次子母陳氏生於嘉慶丙子四月
初四終于光緒乙酉三月二十享壽六十九葬三丫銜岡
坐丁向癸兼午子之原妻黄氏一子　能婢
柱材字　連長子母游氏生於乾隆甲寅五月終葬
莫考無嗣
棟材字　連登子母歐陽氏生於乾隆庚戌九月二
十五終葬莫考妻吴氏一子　滔秀
彬材字俊廣連珠長子母杜氏生於嘉慶辛酉正月

十六終於光緒己卯五月二十七葬省城三眼竈妻陳氏
四子　錦錫　輝錫　健錫　洪錫早亡
棋材字財廣連珠次子母杜氏生於嘉慶甲子十月
二十終於咸豐辛亥正月十九妻游氏無嗣
杰材字鑑廣連珠三子母杜氏生於嘉慶甲戌終於
光緒丙子十二月二十七葬省城妻潘氏一子　基錫
權材字衡廣連泰四子母區氏生於嘉慶甲子七月
二十終於道光甲午二月初九葬白雲岡妻陳氏無嗣
意材字　連泰五子母區氏生於嘉慶辛未十月十
六終於咸豐甲寅十二月十二葬大坑岡妻程氏三子
陶錫　現錫　千錫俱外出
杞材字志廣連泰八子母區氏生於道光甲申二月
初八終於光緒　十二月二十四葬石仔岡妻陳氏四子
襟錫　潛錫　注錫　當錫早亡
滎廣字亮堯連柏子母梁氏生於嘉慶八月二十終

葬莫考妻陳氏一子　能翰早亡
鉅富字亮和文清次子母潘氏生於道光壬辰二月
二十八終於同治乙丑十一月初八享年三十四葬大坑
岡妻陳氏一子　能昭
開富字亮華文清三子母潘氏生於道光乙未九月
十七終於民國壬子七月十六享壽七十八葬潤螺岡妻
李氏一子　能佳
潤章字　秋成子母陳氏生於道光乙未六月初一
失傳
昌隆字盛泰永興長子母杜氏生於道光壬寅六月
初十終於光緒癸未七月初十享年四十一葬石仔岡妻
杜氏一子　世康
聚隆字萃泰永興四子母杜氏生於道光乙巳十月
十九終於光緒癸卯四月十一享年五十九葬葫蘆岡妻
高氏十馮氏一子　世朗高氏出

福隆字錫泰永興五子嫡母杜氏生母劉氏生於道
光戊申正月二十七向治戊辰充廣府禮中典吏報捐國
學生終於民國丁巳十二月十七享壽七十葬竹逕沙妻
陳氏妾黎氏五子　世鄉陳氏出　二騷黎氏出　三騷
黎氏出早亡　世忠黎氏出　世儒陳氏出
兆隆字德泰善興子母陳氏生於嘉慶戊寅二月二
十四終於咸豐甲寅十二月十五享年三十七葬葫蘆岡
坐子向午兼壬丙之原妻潘氏二子　世焰　世熾
添隆字鴻泰齊興三子嫡母梁氏生母黃氏生於道
光戊申十月初十公提倡修築　始祖山墳親自督工助
出力終於民國戊午三月初四享壽七十一葬一社岡妻
麥氏五子　世熙　世英　世良　世杰　世勤
亮進字　章秀長子母楊氏生終葬莫考
高進字標業章秀次子母楊氏生於道光丁未三月
十一終於咸豐辛酉八月十一妻楊氏一子　煖江早亡

興進字　章秀三子母楊氏生於道光庚戌十二月
十四終於光緒丁丑二月二十九享年二十八葬番禺
萬進字敬業有生長子母何氏生於道光己丑十一
月十八終於光緒乙未二月十五享壽六十七葬潤螺岡
妻麗山陳氏九子　順江　利江　餘江　接江　汝江
喬江　七江早亡　八江　昆江
廣進字炳業號肇南有生次子母何氏生於道光辛
丑閏三月初十公處世謙厚創辦本族義學力提倡終於
民國甲寅十月初七享壽七十四葬竹逕岡妻蘇村陳氏
葬后岡林仔林妾香山隆都水塘頭陳氏四子　銘江嫡
出　祺江庶出　堯江嫡出　七江庶出早亡
昭進字　達生長子嫡母陳氏生母陳氏生於道光
己亥十月十二終莫考葬潤螺岡無嗣
連進字壯業達生次子平陳氏生母陳氏生於咸豐
丙辰十月十三終葬莫考妻蘇村陳氏無嗣

毅進字權業來生長子母林氏生於道光壬午十一月十六終於光緒辛巳二月十二葬后岡妻丹竈謝氏一子　志江

謀進字建業來生次子母林氏生於道光己丑九月初三終於光緒丙戌三月初六享年五十八葬后岡妻蘇坑黃氏妾馮氏無嗣

初進字　同生長子母李氏生於道光甲申八月十七終於道光癸巳六月初八葬后岡北向之原

秩進字　同生次子母李氏生於道光丙申八月初五終於道光己亥十二月十八葬后岡北向之原庚戌九月初四終莫考葬竹逕岡妻西城潘氏三子　添江　熾江　禎江

南進字　才生長子母陳氏生於道光辛酉丑十月三十終葬莫考

樂進字良葉同生繼子繼母李氏生母陳氏生于道

光庚戌九月初四終莫考葬竹逕岡妻城潘氏三子添江
熾江　禎江
允進字恒業才生次子母陳氏生於道光庚戌五月
初五終於光緒壬戌五月初六葬村頭岡妻本里梁氏二
子容江　恩江
滿進字漢業準生子母陳氏生於道光丁酉十一月
初五終於民國甲寅六月二十葬后岡三榕樹仔妻伏水
陳氏三子務江　坤江　煜江
宇進字創業光生長子母陳氏生於道光甲辰二月
十六終於同治辛未九月初三享年二十八葬潤螺岡妻
大仙岡陳氏葬潤螺岡無嗣
宙進字開業號伯堂光生次子母陳氏生於道光丁
未十一月初五妻清塘徐氏葬潤螺岡繼娶竈頭鄧氏六
子崧江　享江　秋江俱徐氏出　錫江　河江早亡
淡江俱鄧氏出

海進字干業光生三子母陳氏生於咸豐甲寅七月
初七終於民國辛酉五月十二享壽六十八妻蘇村陳氏
合葬竹逕岡坐北向南之原十子　杏江　炎江　枝江
發江　五江早亡　煊江　溢江　猷江　定江早亡
十江早亡
棨珍字華業祖平子母方氏生於道光丁未三月初
十終於民國乙卯十一月十七妻石牛岡蘇氏合葬三株
榕后岡二子　盛江　純江
富珍字　祖儉長子母潘氏生於咸豐辛亥八月十
五終於光緒丙子三月十六享年二十六葬后岡
占珍字長業祖儉次子母潘氏生於咸豐戊午六月
十七終於民國己未二月二十四妻陳氏合葬后岡一子
泮江
勇珍字英業祖儉三子母潘氏生於咸豐辛酉九月
十二終於民國丁巳十一月初二葬后岡妻蘇村陳氏

道珍字修業祖儉四子母潘氏生於同治壬申九月
初六妻蘇村陳氏妾胡氏三子　湘江　曉江俱胡氏出
香江陳氏出
騰珍字球業祖繼長子母陳氏生於咸豐庚申二月
初二終於民國甲寅六月二十一葬區家岡妻孔邊方氏
一子良江
儼珍字　祖繼次子母陳氏生於同治戊辰九月二
十一
浩珍字　祖繼三子母陳氏生於同治庚午八月十
八
筍珍字尚業祖明長子母陳氏生於同治戊辰正月
初六妻蘇村陳氏
玉珍字　祖明次子母陳氏生於同治癸酉正月初
七
進珍字　祖明三子母陳氏生於光緒辛巳二月初

十終於宣統辛亥三月二十九葬省城黃花岡七十二烈
士墳
文進字　復生子母方氏生於嘉慶己卯九月初九
終於咸豐乙卯二月十六享年三十七妻大果杜氏外出
韜進字宏業聯生次子母孔氏生於道光癸巳四月
二十八終於光緒己亥二月二十九葬后岡妻陳氏妾何
氏一子　謙舒何氏出
滚進字　裔生長子母陳氏生於道光甲午五月初
十終於道光庚戌十一月初五葬后岡無嗣
霖進字鴻業裔生次子母陳氏生於道光戊戌五月
初八終於光緒甲辰正月初六享壽六十七妻陳氏合葬
獅頭岡二子　鵬舒　暢舒
仕進字　緣生子母謝氏生於道光己亥十一月十
四終莫考葬後崗
重喜字　張帶子母吴氏生於嘉慶辛未九月十六

往順德黃連住
紹緒字進騰茂枝長子嫡母方氏生母薛氏生於道
光丁亥七月二十七終於咸豐乙卯五月二十六享年二
十九葬後崗妻陳氏一子　始雄
官緒字信騰茂枝次子嫡母方氏生母薛氏生於道
光己丑五月初八終於光緒丁未十一月初三葬獅頭崗
妻丹竈黄氏一子　景雄
維緒字富騰茂枝三子嫡母方氏生母薛氏生於道
光丙申二月二十九終於宣統辛亥六月十五葬獅頭崗
妻竹逕關氏五子　理雄　裕雄　祥雄早亡　四雄早
亡　定雄早亡
德緒字錦騰萬好長子嫡母方氏生母陳氏生於道
光辛卯十一月十六終葬莫考妻吴氏三子　周雄　禮
雄　樂雄
津緒字　貴騰萬好次子嫡母方氏生母陳氏生於

道光戊戌八月二十九終葬莫考妻蘇村蘇氏無嗣
顯緒字　萬好三子嫡母方氏生母陳氏生於道光
壬寅十二月二十四終葬莫考無嗣
容根字　本騰丁著子母曾氏生於咸豐丁己七月
初二終於光緒甲申七月十二葬省城北門外無嗣
玉燕字昆騰順寬子母潘氏生於嘉慶丙寅十一月
二十五終於同治丁卯九月十八享壽六十二葬竹逕崗
妻蘇村陳氏無嗣
瑞燕字　順言子母黃氏生於嘉慶丁丑八月十一
十終於道光乙酉十月二十九享年四十三葬獅頭崗妻
西城潘氏二子
宣富字恢緒義登長子母梁氏生于嘉慶癸酉正月
初十終于道光乙酉十月二十九享年四十三葬獅頭岡
妻西城潘氏二子　偉文　仰文
槐芳字　興邦長子母李氏生於道光壬午十二月

十七終於道光乙己六月二十享年二十四葬省城北門
外磨盆崗妻大寨杜氏未娶歸家守節葬大坑崗
坤芳字堯緒興邦次子母李氏生於道光乙酉二月
十三終於同治庚午六月初三享年四十六葬竹逕崗妻
謝氏繼娶周氏妾辛氏一子　應垣辛氏出
定芳字宏緒志邦子母甘氏生於道光戊申十二月
十五終於光緒丙申八月初三享年四十九葬市口崗嘴
妻旺邊蘇氏一子　應鐘
汝彥字　祖錫長子母甘氏生於道光庚寅九月十
三終於咸豐乙卯四月二十六享年二十六葬區屋崗無
嗣
汝杰字　俊熙祖錫次子母甘氏生於道光戊戌十
月二十六終於光緒庚寅正月初八享年五十三葬後崗
妻小杏黄氏葬區屋崗妾林氏三子　錦如　廣如林氏
出　個供氏出盛如林氏出

汝藏字贊熙號子偕祖蔭長子母杜氏生於道光癸
未七月十二公道光癸犯協修族譜光緒丁亥督修譜系
終於民國壬子十月二十享壽九十妻丹竈謝氏合葬三
丫銜沙崗坐乾向巽兼戌辰之原二子　瀚如　英如
汝遵字逢熙祖蔭次子母杜氏生於道光戊子九月
二十五終於同治丙寅五月初七享年三十九妻林村林
氏合葬遷墟崗東向之原二子　淦如　桂如
汝逵字　祖蔭三子母杜氏生於道光辛卯五月初
二終於咸豐乙卯二月二十九享年二十五葬省城杉吼
羅姓義墳無嗣
汝瑚字成熙祖蔭四子母陳氏生於道光癸卯九月
十六終於光緒已丑四月初五享年四十七葬區屋岡妻
蘇村徐氏妾霍氏二子　佑如　安如俱徐氏出
汝琚字　祖陰五子母陳氏生於咸豐辛亥九月初
九終於光緒丁亥閏四月初一享年三十七葬區屋岡無

嗣

汝泉字璇熙祖陰六子母陳氏生於咸豐丙辰七月
十七終於光緒辛丑四月初二享年四十六葬區屋岡妻
大渦張氏葬逕墟岡二子 裕如 漢如早亡

汝根字 祖光子母陳氏生於道光壬寅七月十三
終莫考葬區屋岡無嗣

業桂字雄機閏富子母高氏生於嘉慶丁丑十一月
初一終於同治己巳九月十四享年五十三葬獅頭岡妻
小杏黄氏二子 蘭芳 蘭瑞

卓林字 啓發子母杜氏生於道光丙申正月二十
三終葬莫考無嗣

麟照字泰英觀秀子母陳氏生於道光己丑十月十
一終於光緒己卯三月十六享年五十一葬潤螺岡妻李
氏無嗣

日照字 和秀子母潘氏生於道光丁酉八月初四

終於同治癸亥二月二十享年二十七葬佛蒙清岡無嗣

福松字遠英昌秀子母馮氏生于咸豐辛亥十二月

初一終于民國戊午正月十一葬省城小北門外妻朱氏

三子　養大　悠大　樹大

福榮字　時秀長子母陳氏生於咸豐辛酉十二月

十九終於同治庚午六月二十六葬獅頭岡無嗣

福善字富英時秀次子母陳氏生於同治甲子四月

十九終於民國已未六月初一葬大坑岡妻蘇村徐氏一

子　秋大

福照字瑞英森秀長子母張氏生於道光甲申十一

月十一終葬莫考妻　氏別適二子　宗漢失傳　宗義

失傳

福豐字純黄森秀次子母張氏生於道光丁亥二月

初八終葬莫考妻　氏別適無嗣

福衔字　俊秀子母游氏生於道光戊子六月十一

終葬莫考無嗣
福炎字鉅英號培之煥秀子母游氏生于道光壬寅
二月十九終於宣統庚戌十二月二十八享壽六十九葬
區屋岡妻林村林氏繼娶陳氏妾李氏一子　邦大李氏
出
協啓字元芳號健堂尚樂子母劉氏生於嘉慶己己
五月十五終於同治辛未六月十九享壽六十三葬大坑
岡坐丁向癸兼午子之原妻何氏四子　昆耀　昆焕
昆燦　昆煜
協融字藹芳尚舒長子母陳氏生於嘉慶戊辰十二
月二十終於咸豐乙卯二月初四葬區屋岡坐卯向酉兼
甲庚之原妻蘇氏繼娶杜氏無嗣
協章字文芳尚舒次子嫡母陳氏生母張氏生於嘉
慶壬申七月初四終於道光壬辰八月二十四葬伏水岡
坐癸向丁兼丑未之原妻方氏無嗣

協鏜字用芳尚興長子母林氏生於嘉慶庚辰十一月二十八終認光緒庚子享壽八十一葬岡嘴妻蘇氏一子　昆煊

協鑑字　尚興次子母潘氏生於道光癸未五月二十六終莫考葬香港無嗣

協鈴字　尚興三子母潘氏生於道光丙戌正月二十五終於道光庚戌七月初八葬香港無嗣

協銓字　尚興四子母潘氏生於道光已丑失傳

協春字澤芳尚廉長子母游氏生於道光乙酉六月初八終於光緒壬午五月初五享年五十八葬莫考妻鄭氏四子　昆信　昆戊早亡　昆宇早亡　昆著

協喬字贊芳尚廉次子母游氏生於道光丁酉九月二十八終于光緒庚子二月二十八享壽六十四葬竹逕岡新社南向妻孔邊方氏六子　焜載　焜兆早亡　梅　焜淦早亡　焜禄　焜鎣

協豐字盈芳尚純子母何氏生於道光已亥九月初

二終於民國乙卯八月初七享壽七十七葬大坑岡西向

妻本里陳氏五子　焜喬　焜滿　焜仲早亡　四早

亡　焜五

承恩字湛徽連枝次子母陳氏生於道光癸已二月

初八終於咸豐癸丑七月十一葬區屋岡妻別適無嗣

承先字嗣徽連科次子母陳氏生於道光已丑四焜

二十一終於同治癸亥四月十三享年三十五葬石仔岡

妻陳氏一子　玉宸

益旺字　啓蕃子母潘氏生於道光辛丑正月二十

二終於道光甲辰三月十五葬竹逕岡無嗣　焜

急旺字信祥啓著長子母方氏生於道光丁酉七月

二十三終莫考葬省城妻沙頭岸梁氏妾黄氏

添旺字　啓著次子母方氏生於道光辛丑九月初

九外出

貴旺字紹祥啓著三子母方氏生於咸豐乙卯十月
十六終葬莫考妻梁氏無嗣
晚旺字　啓著四子母方氏失傳
爵珍字殿輝恢緒長子母方氏生於乾隆壬子二月
初十終於道光戊戌八月二十一享年四十七妻黃氏合
葬三丫路北向繼娶　氏一子　日調黃氏出
爵明字　號曉堂纘緒次子母游氏生於嘉慶庚申
十二月妻勞氏往順德住
三弟字　世雄子母游氏生於道光甲午十二月二
十一終葬莫考附祀崇祀祠
爵盛　字福榮世勇子母勞氏生於道光戊戌十二月
十八終於同治癸酉十一月初七享年三十六葬竹逕岡
妻蘇氏一子　長智
爵韜字福昌世久子嫡母吴氏生母何氏生於道光
辛丑九月二址四終於道光戊申八月二十四葬竹逕岡

妻陳氏二子　長倫　長生外出
爵騷字　世和長子母方氏生於道光癸未十月十
七終葬莫考
爵升字　世和次子母方氏生於道光丙戌十月十
三終於咸豐癸丑四月二十一葬伏水岡無嗣
爵泰字　禎祥子母陳氏生於道光丙戌五月初七
失傳
泰傳字　禎禧長子母方氏生於道光甲申九月二
十一終葬莫考無嗣
泰杰字福英禎禧次子母劉氏生於道光庚子十月
二十六終葬莫考妻劉氏二子　長佳　長交外出
泰修字　禎禧三子母劉氏生於道光乙巳終葬莫
考
爵林字　世良子母陸氏生於道光己丑二月十一
終於光緒庚辰九月十七享年五十二葬省城拉茶坑無

嗣

爵官字廷輝世豪長子母方氏生於嘉慶丙寅十一
月二十四終於咸豐戊午三月二十四享年五十三葬岡
嘴妻何氏無嗣

爵華字燦輝世豪三子母方氏生於嘉慶辛未十月
初二終於光緒己丑正月初九享壽七十九葬沙岡東南
向妻沙浦陳氏三子　長允　長丁　長璧

爵榮字雄輝世豪四子母方氏生於嘉慶丙子四月
十六終於同治戊辰四月初六享年五十三葬沙岡妻劉
氏無嗣

爵慶字福盛世彦長子母陳氏生於嘉慶癸酉正月
初四終於同治甲戌四月十八享壽六十二葬竹逕岡妻
方氏三子　長瑞　長賡　長均

爵旺字　貢彦次子母陳氏生於嘉慶丁丑六月十
一終莫考葬竹逕岡無嗣

爵丕字福大世胤長子母李氏生於嘉慶戊寅十月
二十三終於光緒丙戌六月十八享壽六十九葬伏水岡
妻本里陳氏一子　長純
爵候字　世胤次子母李氏生於道光甲申十一月
初四終莫考葬沙浦岡無嗣
爵寧字世安子母陳氏生于道光丙申十一月初四
終葬莫考無嗣
爵儒字福珍世安次子母陳氏生於道樂庚子四月
初八終於光緒庚子十二月二十享壽六十一葬石仔岡
北向妻何氏四子　長賢　長田　長富早亡　長煖
爵善字福基世安三子母陳氏生於道光庚戌九月
初六終於光緒甲寅四月二十二享壽六十五葬沙浦杏
岡南向妻關氏三子　長勝　長進　長清
爵高字福綿世康子母陳氏生於道光甲辰十一月
初三終於民國丙辰二月二十九享壽七十三葬竹逕岡

南向妻陳氏無嗣
新桃字福源世邦子母江氏生於道光庚子十一月
十六終於光緒乙未正月初六享年五十六妻本里陳氏
合葬岡嘴八子　長貴　長寬　長珊　長鉅　長培
長六早亡　長七　長八
爵輝字福耀世彩子母陳氏生於道光甲辰七月初
三妻方氏三子　長崧　長幼　長三早亡
爵聯字福連世莊長子母梁氏生于庚戌二月二十
七妻謝氏一子　長全
爵創字福猷世莊次子母梁氏生於同治乙丑三月
十四妻西城游氏一子　長符
爵嘉字　世彰子母周氏往東莞住
爵行字　世錦子母甘氏外出
炳賢字福泰啓添長子母李氏生於同治壬戌十二
月初三妻西城大岡潘氏四子　長沛　長涇　長滎早

亡 長鎏
迪賢字 啓添次子母李氏生於同治甲子終於同
治庚午五月二十五葬大竹園后岡東南向
錫賢字 啓添三子母李氏生於同治丁卯終於光
緒丁丑七月十八葬市口岡嘴東北向
湛賢字福忠啓添四子母李氏生於同治庚午五月
二十五終於光緒丁酉五月初七葬屋架波妻孔邊方氏
會賢字 啓添五子母李氏生於光緒乙亥五月初
二終於光緒戊戌四月初七葬后岡東北向
達明字 輝良長子母吴氏生於光緒戊寅正月初
七
達勝字 輝良次子母吴氏生於光緒丙戌八月初
四
新貴字昭廷號邦著如陵長子母高氏生於乾隆甲
寅十月初六終於光緒己卯十一月十三享壽八十四葬

三丫衙岡南向妻麗山孔氏四子　益學　自學早亡
禮學早亡　成學
　新發字達廷如陵次子母高氏生於嘉慶己未十月
十三終莫考葬省城妻大杏杜氏葬獅頭岡繼娶大滘張
氏一子　志學張氏出
　新才字干廷如冬長子母謝氏生於嘉慶戊辰六月
十一終於同治乙丑十月二十八享年五十八葬獅頭岡
北向妻丹竈梁氏二子　般學　近學
　新進字　如冬次子母謝氏生於嘉慶庚午十一月
初二終葬莫考無嗣
　九來字樂廷號怡然如興長子母游氏生於嘉慶丁
巳六月十九終於光緒己卯五月二十九享壽八十七葬
三丫衙北向妻謝氏三子　文明　文升　文德
　春來字冠廷如興次子母游氏生於嘉慶丁卯十二
月二十四終於同治壬申四月初七享壽六十六葬大坑

岡北向妻梁氏二子　文利　文娣

新來字煥廷如恒子母馮氏生於嘉慶丙寅八月二十三終於道光壬寅十一月初七葬松園岡妻孔邊方氏一子　文現

炳芳字德遠閏福子母吴氏生於乾隆癸丑十月十六終於道光己亥正月二十九葬屈龍岡坐乙向辛兼辰戌之原妻沙浦杏陳氏二子　利章　定章早亡

信芳字誠遠聯福長子母梁氏生於嘉慶庚申八月初十終於道光庚寅十月初九妻陳氏合葬屈龍岡無嗣

茂芳字　聯福次子母梁氏生於嘉慶終葬莫考無嗣

錦芳字廣遠聯福三子母梁氏生於嘉慶終於道光五月十九享年四十九葬省城大北門五層樓后妻何氏二子　利斌　利餘

同章字協韶文開長子母甘氏生於嘉慶庚辰四月

十九終於咸豐乙卯五月二十八妻陳氏合葬菴邊岡南
向一子　汝廣
德章字　文開次子母甘氏生於道光癸未二月初
九終葬莫考
煥才字　奮勝長子母陳氏生於道光甲申十一月
初七終葬莫考
國才字德韶奮勝次子母李氏生於道光癸巳七月
初六終於民國戊午四月十六享壽八十六葬菴邊岡妻
葉氏一子　汝球
耀才字顯朝奮意長子母徐氏生於嘉慶丁丑八月
三十終於道光庚子七月十八葬潤螺岡妻　氏別適無
嗣
就才字作韶奮意次子母徐氏生於道光壬午九月
十九終於咸豐乙卯七月二十葬石仔岡南向妻西城游
氏立二子　汝載　汝惟

凌才字用韶奮意三子母徐氏生於道光丁亥五月十一終於光緒乙酉十二月初十葬陽春妻蘇村陳氏二子　汝松　汝載出繼

盛才字進韶奮意四子母徐氏生於道光辛卯正月初四終於民國癸丑七月二十九享壽八十三葬菴邊岡妻孔邊方氏三子　汝順　汝惟出繼　汝和

遇才字杰韶號獻能奮高長子母方氏生於嘉慶庚辰十一月十二終於光緒壬寅三月十一享壽八十三妻西城陳我合葬石仔岡二子　汝楊　汝瑶

堯才字瑞韶奮高次子母方氏生於道光甲申七月初二終於光緒甲午十月十一享壽七十一葬菴邊岡妻沙浦杏陳氏五子　汝贊　汝達　汝琚　汝澤　汝標

祖昌字寶華嘉憲子母何氏生於嘉慶甲子九月二十三終於同治丙寅九月十六葬對面岡東向妻孔邊方氏一子　興忠

祖恩字遇華嘉觳長子母何氏生於嘉慶辛酉三月
十七終於咸豐丙辰正月初四享年五十八葬對面岡南
向妻孔邊李氏三子　有進早亡　有志　有成早亡
祖扳字緒華嘉觳次子母何氏生於嘉慶甲子十月
初十終於光緒甲申四月三十享壽八十一葬邊岡南向
妻方氏繼娶馮氏一子　有洪馮氏出早亡
喬輝字華號東山嘉燕長子嫡母陳氏生母勞氏生
於嘉慶丙子八月初四終於光緒甲辰五月十六享壽八
十九葬石仔岡妻蘇村陳氏妾沙塘角梁氏周村杜氏六
子　兆倫　兆棠俱梁氏出　第三子違訓出族缺名第
三子之子啓河　啓湖以譜其后兆球梁氏出　兆海
兆相俱杜氏出
喬森字興華號遂生嘉燕次子嫡母陳氏生母勞氏
生於嘉慶已卯九月初二終於光緒戊寅十月初七享壽
六十葬沙岡東向妻大杏甘氏一子　兆藝

喬才字斌華號東平嘉燕三子嫡母陳氏生母何氏
生於道光癸未十月二十終於光緒庚寅七月初六葬菴
邊岡妻麗山陳氏葬沙岡四子　兆佳　兆隆　兆庚早
亡　兆邦早亡
喬枝字達華號東明嘉燕五子嫡母陳氏生母勞氏
生於道光丙戌五月二十一終於光緒三月十六享年四
十九葬邊岡南向妻本里方氏葬沙岡東向妾連氏二子
喬芳字毓華嘉燕五子嫡母陳氏生母勞氏生于道
光庚寅五月二十終于光緒戊寅三月十六享年四十九
葬　邊岡妻本里方氏二子　兆錫　兆樞
喬著字亮華嘉燕六子嫡母陳氏生母何氏生於道
光辛卯正月二十六終於光緒壬寅十二月初六葬大竹
園妻新馮村葬沙岡東向繼娶陳氏一子　兆梁陳氏出
喬業字紹華嘉燕七子嫡母陳氏生母勞氏生於道
光戊戌五月十五終於同治癸酉九月初三享年三十六

葬邊岡西向妻蓬村蘇氏別適二子　兆驥　兆清

喬蓁字以華嘉燕八子嫡母陳氏生母何氏於道光已亥十二月十六終於光緒乙酉八月初九享年四十六葬暹羅國妻孔邊方氏葬沙岡東向一子　兆鵬

喬瓊字彥華嘉翼子母梁氏生於道光丙戌正月初七終於光緒乙亥八月十五享年五十葬邊岡西向妻麗山陳氏無嗣

喬經字政華嘉爵長子母蘇氏生於道光丙戌六月十六終於同治辛未二月十六享年四十六葬邊岡西向馮氏妾陸氏俱葬屈龍岡西向一子　兆普陸氏出

喬祥字悅華嘉爵次子母蘇氏生於道光辛卯五月初八終於同治丙寅正月十八享年三十六葬三丫衛西向妻黎氏無嗣

喬慎字怡華嘉爵三子母蘇氏生於道光丁酉十月十六終於同治丁卯七月初九享年三十一葬三丫衛西

向妻　氏別適三子　兆鐺　兆泮　兆東

萬安字定華嘉秀長子母關氏生於嘉慶戊辰七月二十五終於同治乙丑九月初五享年五十八葬屈龍岡西向道光辛丑英夷滋事團練壯勇有功嘗給項戴妻廣西陳氏葬雷岡繼娶佛山唐氏立一子　興池

萬官字進華嘉秀次子母關氏生於嘉慶庚午十二月初八終於同治壬申九月三十享壽六十三葬邊岡南向妻金種黃氏妾陳氏張氏立一子　興干

萬勝字昭華嘉秀四子母關氏生於嘉慶己卯六月初十終於光緒乙亥四月初六享年五十七葬竹逕岡東略妻何氏妾黃氏四子　興干何氏出出繼　興亮黃氏出興池何氏出出繼　興惠何氏出

萬富字　嘉財長子母杜氏生終莫考葬獅頭岡西向妻　氏無嗣

萬貴字　嘉財次子母杜氏生終莫考葬獅頭岡西

向妻　氏無嗣
萬榮字　嘉財三子母杜氏生終莫考葬省城鷄扒
坑妻　氏無嗣
萬華字　嘉財四子母杜氏生終莫考葬獅頭岡西
向妻　氏無嗣
萬遠字英華嘉禮子嫡母張氏生母孔氏生於嘉慶
丁丑五月十九終於光緒壬午八月十八享壽六十六葬
松園岡東向妻本里區氏二子　興漢　興贊
勝湖字和昭蛟鳳子母周氏生於嘉慶辛酉十二月
初七終莫考葬對面岡南向妻沙頭岸何氏一子　鎮倫
勝裕字　色鳳長子母陳氏生於乾隆癸丑九月初
七未娶外出立一子　紹倫
勝楠字賢昭號潤堂色鳳四子母陳氏生於嘉慶甲
子五月初十終於光緒乙酉七月初二享壽八十二妻蘇
村徐氏合葬三丫銜三子　紹倫出繼　紹仰　紹協

勝舉字茂昭和鳳長子母周氏生於乾隆乙卯正月
二十九終於道光乙酉九月二十九享年三十一葬松園
岡東賂妻　氏別適立一子　紹恒
勝發字遠昭和鳳次子母周氏生於嘉慶丁巳十一
月十六終於道光庚戌四月十六享年五十四葬松園岡
東向妻沙水劉氏繼娶新涌馮氏合葬松園岡妾陳氏四
子　紹恒出繼　紹興　紹熙　紹光俱陳氏出
勝運字俊昭和鳳三子母周氏生於嘉慶丁卯二月
十九終於道光甲辰九月初十享年三十八葬西邊坑西
向妻　氏別適
勝保字全昭祥鳳次子母方氏生終葬莫考妻　氏
無嗣
勝章字　品鳳子母林氏生終葬莫考無嗣
勝昌字贊昭堂觀長子母陳氏生於嘉慶庚午三月
初十終於道光乙未九月初三葬三丫銜妻陳氏無嗣

源德字　成興子母杜氏生於乾隆癸亥三月初四
終於乾隆庚子四月十三葬蚺蛇岡妻李氏四子　聚慶
聚彩早亡　聚昆　聚友早亡
文玖字華昌紹遠子母薛氏生於乾隆庚寅四月初
十妻周氏終葬莫考無嗣
自明字全茂長成長子母胡氏生乾隆辛亥二月二
十六終莫考葬蚺蛇岡妻梁氏無嗣
自志字贊茂長成三子母胡氏生於嘉慶丁巳四月
二十一終莫考葬蚺蛇岡妻黄氏無嗣

仲房二十二世
新榮字永華喜歡長子母陸氏生於乾隆辛丑終於
道光癸巳三月二十二葬省城白雲山青龍嘴妻方氏别
適無嗣

新正字永茂喜歡次子母陸氏生終莫考葬羅定妻
游氏無嗣
新貴字永科喜歡三子母陸氏生於乾隆戊申十月
初八終於咸豐甲寅四月二十五享壽六十七葬省城妻
蘇村蘇氏妾陳氏三子　遇春　遇冬　遇清俱陳氏出
世學字順歡蘭玉三子之長子長孫母周氏生於嘉
慶辛酉十月十四終於同治辛未六月初一享壽七十二
葬大坑岡妻周氏無嗣
世倉字順從蘭玉三子之長子之次孫母周氏生於
嘉慶癸亥二月十九終於光緒庚辰十一月二十八享壽
八十葬大坑岡妻葉氏一子　遇枝
世維字順經蘭玉三子之長子之三孫母周氏生於
嘉慶庚午十二月三十終於咸豐癸丑十二月二十二享
年五十一葬石仔岡妻周氏無嗣
祖光字致材號勝福獻能長子母杜氏生於嘉慶壬

申十一月初九終於光緒辛巳十一月初八享壽七十一
葬石仔岡妻劉氏五子 廣養早亡 廣義早亡 廣忠
早亡 廣成早亡 全弟
祖輝字致祥獻能次子母杜氏生於嘉慶乙亥十月
十九終於光緒丙戌正月三十享壽七十一葬石仔岡妻
杜氏四子 廣培出繼 廣蔭 廣雲 廣降早亡
祖耀字 獻能三子母杜氏生於道光壬午八月二
十未娶早亡立一子 廣培
祖壁字致章獻能四子母杜氏生於道光丙戌十二
月十三終於咸豐乙卯九月十二葬石仔岡無嗣
祖要字 獻能五子母杜氏生於道光庚寅三月二
十一往順德大良住
祖力字致剛獻莊繼子生母杜氏生於道光丙戌六
月初四終於光緒丁酉十一月初八妻陳氏合葬大坑岡
二子 廣勤 廣恩

巨朋字致安萬冠子母陳氏生於嘉慶戊寅十月十
九終於光緒甲午八月初四葬沙岡妻李氏四子　悦錦
二騷早亡　泮錦　勇錦
巨貞字致歡號雲軒善冠長子母黃氏生於嘉慶癸
酉三月初一終於光緒丙申二月二十五享壽八十四葬
竹園岡妻李氏葬竹園岡繼室勞氏二子　潤錦早亡
文錦俱勞氏出
巨扳字致榮號德軒善冠次子母黃氏生於嘉慶乙
亥十月初一終於光緒丙戌十一月二十五享壽七十二
葬屈龍岡妻赤勘陳氏二子　燦錦　君錦
巨通字致享善冠三子母黃氏生於道光丙戌四月
二十六終於道光已酉五月十四葬石仔岡無嗣
新元字始言潤甦長子母鄧氏生於嘉慶癸酉二月
十九終於咸豐乙亥七月初四葬石仔岡妻灣頭杜氏無
嗣

新福字 潤魁次子母鄧氏生於嘉慶丙子七月十
二終於同治甲子正月初十葬佛山無嗣
新發字始興士享長子母林氏生於嘉慶已巳十一
月十四終莫考葬省城妻蘇氏二子 汝冲 汝漢
新科字始庸士享次子母林氏生於嘉慶乙亥九月
十四終於同治乙丑閏五月十五葬省城妻蘇村陳氏一
子 汝枝
新魁字始亮士享三子母林氏生於嘉慶庚辰四月
二十八終於光緒辛已潤七月二十六享壽六十二葬石
仔岡妻張氏四子 汝慶 汝周 汝劉 汝祥
新禧字 士享四子母林氏生於道光癸未正月十
七終於咸豐甲寅正月初九葬石仔岡妻林氏一子 汝
丁
新田字始盛士寧長子母勞氏生於道光甲申三月
初十終於 戊辰十一月十九享年四十四葬石仔岡妻陳

氏無嗣
新才字始恒士寧次子母勞氏生於道光丙戌七月
二十四終於光緒丙午八月二十二享壽八十一葬莫考
妻區氏四子 伯成 伯直 伯全 伯聯
新猷字 士益子母方氏生於道光辛巳正月十七
終莫考葬省城妻甘氏一子 汝根
新豪字 士勝長子母陳氏生於道光戊子十二月
初七終葬莫考無嗣
新作字始高士勝次子母陳氏生於道光庚子正月
二十終於民國庚申十一月二十五享壽八十七葬三丫
銜妻草尾吴氏二子 汝布 汝球
新國字始平士有繼子生母游氏生於道光乙未六
月二十八終於光緒丙午六月二十八享壽七十二葬三
丫銜妻潘氏一子 汝嵩
新居字 士保次子母游氏生於道光丁酉正月十

三
新冠字始鏡士保三子母游氏生於道光壬寅六月
初五終於光緒乙巳八月二十一享壽六十四妻何氏三
子　汝礪　汝添　汝盛早亡
新相字始元士保四子母游氏生於道光甲辰九月
二十三終於光緒甲申正月初六享年四十一葬石仔岡
無嗣
高柏字梓祥懷宗子母杜氏生於咸豐戊午九月十
六終於民國丙辰十月二十九享年五十九葬西邊坑妻
陳氏三子　裕凌　寬凌早亡　晚凌
高致字達祥因宗繼子生母林氏生於道光壬寅五
月二十二終於光緒癸未五月初五享年四十二葬上海
妻關氏二子　興凌　亨凌
高珠字嘉祥宗子母方氏生於道光庚戌九月二十
八妻陳氏終葬莫考

高咸字成祥賢宗子母陳氏生於咸豐戊午十月初
五終於民國辛酉五月初六享壽六十四葬獅頭岡妻丹
竈謝氏二子　德凌　波凌
高賜字晉祥紹開長子母游氏生於道光庚戌二月
十九終於光緒己丑六月三十享年四十妻西城陳氏三
子　熾凌　日凌　健凌
高贊字　紹開次子母游氏生於咸豐辛亥八月二
十六終於同治丙寅十一月初下葬石仔岡早亡
高榮字盛祥紹開三子母游氏生於咸豐甲寅十一
月初四妻梁氏五子　溪凌　煥凌　晃凌　坤凌　仿
凌早亡
高接字　紹開四子母游氏生於咸豐丙辰十一月
初二
文海字湛祥紹楊長子嫡母梁氏生母杜氏生於同
治癸酉正月初十妻大杏麥氏三子　保凌早亡　滿凌

顯凌

文卓字鴻祥紹楊次子嫡母梁氏生母杜氏生於光緒丙子二月初六妻竹逕關氏二子　挺凌早亡　喧凌

文照字燕祥紹楊三子嫡母梁氏生母杜氏生於光緒己卯十一月二十二終於民國己未五月二十三享年四十一葬大坑岡妻丹竈謝氏二子　輝凌　申凌

高球字　紹平長子母杜氏生於同治甲子二月二十四終莫考葬大坑岡

高耀字　紹平次子母杜氏生於同治庚午四月初一終葬莫考

容開字啓修有才長子母陸氏生於道光己亥六月十二終於民國辛亥二月二十一享壽七十四葬大竹園岡妻竹逕關氏妾陳氏一子　鄧賢

容柏字勤修有才次子母陸氏生於道光辛丑二月初二終於光緒己卯七月十三享年三十九葬大竹園妻

李氏繼娶方氏一子　自勝
容庚字能修有才三子母陸氏生於道光癸丑七月
二十終於光緒乙未八月初六享年五十三葬荔枝岡妻
本里陳氏一子　象賢
容乾字健修有才四子母陸氏生於道光乙巳六月
二十一終於光緒戊申五月十一享壽六十五葬大竹園
妻何氏一子　進榮
容簡字福修應才長子母區氏生於道光丁未八月
二十二終於光緒己亥四月十二享年五十一葬獅頭岡
妻孔邊方氏二子　保同　保亮外出
容落字　慶才次子母區氏生於咸豐己未四月十
三終於光緒癸未十二月二十八葬大竹園無嗣
容賜字　應才三子母區氏生治壬戌十二月十一
妻大杏甘氏終葬莫考
澤謙字榮修號湖屏潤成長子母黎氏生於道光甲

申十二月十七終於光緒乙巳四月初二享壽八十二葬
丹竈崩岡黎氏左便挂榜妻赤勘陳氏繼娶沙岸何氏二
子　朗賢陳氏出　餘賢陳氏出
澤信字華修潤成次子母黎氏生於道光壬辰十月
二十終於光緒己卯三月十一享年四十七葬邊岡妻本
里陳氏二子　滔賢　海賢
澤光字進修富成子母陳氏生于道光辛卯二月初
八終於同治丁卯三月二十四享年四十七葬沙岡妻大
仙岡陳氏一子　端賢
澤沛字德修紹昌子母何氏生於道光辛卯六月十
七終於光緒丁酉正月二十九享壽六十六葬省城五層
樓后便妻沙水劉氏三子　楝賢　暖賢早亡　河賢早
亡
艷光字耀堂柏壽子母黎氏生於嘉慶乙丑十月二
十一終於咸豐己未十月十八享年五十九合葬省城沙

帽池妻省城陳氏四子　文彬　文超　文寬　文興

艷標字耀祥永壽子母黎氏生於嘉慶己卯十二月

初二終於光緒乙未七月初五享壽六十四葬大松岡妻

赤勘陳氏繼娶黎村黎氏一子　文英黎氏出

以卓字桂芳敬才長子母方氏生於嘉慶丁丑九月

初九公生平硬宜好義樂施見善事不异捐資以助其成

見争端必力排解以釋基議在外朋友敬之居鄉鄰居服

之咸豐甲寅紅匪煽亂與康修光生等商辦同人圍練局

務咸敬重焉蒙督撫憲保舉六品項軍戴終於同治辛

未四月初三享年五十六葬潤螺岡坐丁向癸兼未丑之

原妻本里方氏三子　獻良　奕良　煜良

登卓字達芳敬才次子母方氏生於道光癸未九月

初十終於光緒戊子八月二十七享壽七十一妻大杏麥

氏三子　朝良　遇良早亡　騷良早亡

高卓字　敬才三子母方氏生於道光甲申六月十

二終於己酉九月初四葬大坑岡無葬
彥卓字榮芳號紫石會才長子母謝氏生於道光乙
酉十一月十八　敕授宣竿郎終於光緒壬寅正月十六
享壽七十六葬莊邊左便岡坐寅向申兼甲庚之原妻孔
邊方氏　敕封安人終於宣統己酉十月初九享壽八十
九葬本里獅頭岡坐良向坤兼丑未之原十一子　杰良
滔良　緒良　裕良　保良早亡　浩良早亡　景良早
亡　享良　勝良早亡　拾良　玉良　附列壽文於后
恭祝
敕授宣德郎榮芳翁姻家羅老先生七衷開六暨
德配
敕封安人羅母方太安人七衷開四雙壽大慶
人中似鶴是杖國之年堂上扶實孝子孝孫之慶而
況老人星側矛女齊明雲漢歌傳簧陶并奏是必靈和之
宅養貞固之天完用能奚福貞貞考祥尾尾住大千之世

界持不敝之精神唱隨諧音岐肄繞膝何必陀移號國臨
沅埋丹瞻并秀之眉黎信同餐乎酈菊

榮芳羅公生而會定長更聰疆環貴鳳清室家霜儉
為善最樂扶義獨尊雖學書不成也而非生瞳子之粗雖
强項不阿也而非黃發兒之悍含澤斯智度為仁赤心推
人銀手如斷固無文之絳灌實古誼之陳雷其侃侃生平
觥觥類是當其三年喜合十載垂忍衣單隅烘甚冷貌曾
曾之小子感項項之蕭辰漂摇先人之盧無餘夫之産林
有婦室亦生寒陸介無裝劍何從換未免笑
人於下土悲謫我於出門壯士顏姬姜憔悴此梁伯彎之
待竈而炊而王仲卿所擁衣而泣者也

公乃雇影昂藏撫躬奮發謂我辰安在當玉汝於成
恨不十年讀書願受一厘為氓遂乃業獨辟搞懷晏子高
鳳詎甘免守無聊便陳平專美持竺籌握箕億中多才操
奇計贏智珠在抱有無可共惟公瑾之知名然諾不渝識

貫高之尚在具斯偉抱宜宏遠謨處有守而有為群相說
項交以禮而接以道衆共推韓局等戰争商屢戰而皆捷
人稱市隱門近市而不器豈惟識英雄於未遇之年創箕
裘於方剛之呼偉矣至長安孺子皆識韓康南陽行商盡
法孔氏豈有雌雄伏在懷瑶之池 聲蜿蜒玉虹過薛願之
釜而不飲者哉聖人之氓善人是富非偶然也矧乃陰德
耳鳴古道腸熱錙銖積而不較財粟散而仍豐楊季之恤
孤原非市譽範巨卿能記后只在交固已淑風載鮮義問
寵集而且重蒸嘗而裕禄謀稷而馨鞭秦石而治康壯之
涂履周原而修蕩平之道良使謫仙詩筆無歌入蜀之難
子産乘輿不待涉溱之濟呼奇吴更可异者通賓高驛俠
士續各拔一毛旋袖雙手而
公財輕筆力兼胼胝每當雁齒營橋鳩工謀社公獨
一笠卓午兩屐晨霜指揮如意而忘疲負戴親嘗而不倦
惠也費也勞心而又勞力也非

公其孰能之

竿配方氏安人自穆壺儀克宣陰律著示樸榷無華

當蠶月而彌劬拘鹿車而匪懈主中饋數十年威姑以下

孫婦以上愉愉如也幫能金練引和玉昆齊列和凡教于

如七宿麗天含飴弄孫笑九龍姓路鳳銜詔至雀吐含環

然后知純嘏之錫有自由報施之天為不爽也兹者上章

紀從矩引年領梅開瑶池桃實舉齊眉之案瑟好琴調成

着手之春蘭芽桂茁曲唱陶朱之富賓聯浮白之歡燕山

列各子以齊登汾陽領諸孫而不識日壺高悦今朝晉爵

添籌稱彼兕觥同醉古稀之夫婦濃濡金管大書壽考之

文章謹序

大挑教諭丙子科舉人姻家愚弟方菁頓首拜撰誥

授奉政大夫同知銜前署杭州府餘杭糧廳浙江補用知

縣姻愚弟康達兼頓首拜書

花翎知府銜選用同知世愚弟潘棣榮世愚至壬午

科舉人内閣中書潘慈和乙酉科舉人潘志和兵部員外
郎潘金治中書科中書潘節和國學生潘永和邑庠生潘
紹鄧乃謙武生鄧乃斌陳桂遠候選縣丞愚表兄梁遇隆
姻愚弟林啓泰愚外兄陳自材愚襟兄黎澤輝愚外弟五
品項戴陳瑞附何斌兆方河圖襟愚弟陳浩賢表愚弟議
叙八品杜秉喬杜秉濂姻愚至乙酉科舉人方國球壬午
科舉人方國球壬午科舉人關三俊五品銜候選縣丞黃
佑齡已丑　恩科舉人黃心齡國學生林喜華關宜芹武
生關鎮藩五品軍功關宜彬議叙八品關宜燦邑庠生關
耀俊陳家源方美卿方立卿關耀章關耀晟關耀晚關耀
池表愚至壬午科副貢候選教諭梁騰芳邑庠生杜晉榮
潘聘侯杜殿榮候選巡檢杜焕榮國學生游嘉邦杜崇榮
議叙八品本壽榮愚婿周理常外甥陳啓猷陳卓猷陳遠
猷何在朝何在杰陳開陳慶外至方守傳姨甥黎旺進黎
善進黎溢進黎廣添黎廣垣黎廣珠關道芳關士松外甥

孫陳允通陳允隆陳允金陳允陳允溥陳允泗姻再至方
富衍方富汀方富垣宗至丙子科舉人光泰壬午科舉人
葆祺族叔國學生名顯九品錦泰族弟藍翎同知銜留補
用知縣廷斌議叙六品耀南榮斌八品贊禧族至邑增生
榮芬武生占魁五品項戴顯猷曾至孫國學生安邦仝頓
首拜祝光緒十六年次柒庚寅仲冬　　穀旦
　儉卓字德芳會才次子母謝氏生於道光戊子七月
初三終於光緒乙未五月十三享壽七十一妻赤勘陳氏
終於光緒乙未五月十三享壽七十一妻赤勘陳氏終於
光緒乙酉四月十三合葬石仔岡四子　怡良　協良早
亡　立良早亡
　恒卓字常芳會才三子母謝氏生於道光辛丑七月
二十七終於光緒戊戌二月十八享壽六十一葬潤螺岡
妻蘇村陳氏妾廣西悟州李氏四子　必良早亡　棣良
念良早亡　厚良早亡俱李氏出

干卓字和芳會才五子母謝氏生於道光甲辰四月二
十終於光緒癸卯十月三十享壽六十葬莊邊岡妻本里
方氏三子　汝良早亡　眷良早亡　訓良
權卓字宏芳號衡發添才長子母李生於道光戊子
九月二十八終於光緒戊寅九月初八享年五十一葬大
竹園岡妻蘇村陳氏二子　柱良早亡　壽良
君卓字　添才次子母李氏生於道光癸巳三月二
十五終葬莫考無嗣
達卓字用芳添才五子母李氏生於道光壬寅五月
二十一終葬莫考妻大果杜氏一子　德良
任卓字用芳添才五子母李氏生於道光乙巳十二
月十九終於光緒庚子三月二十七享年五十六妻大仙
岡陳氏合葬大竹園妄大仙岡陳氏三子　維良　志良
駒良早亡
篆卓字騰芳聚才長子母陳氏生於道光乙未二月

十九終於光緒己卯五月二十四享年五十四葬大松岡
妻別適無嗣
殿卓字　聚才次子母陳氏生於道光丁酉七月二
十七終於咸豐乙卯三月二十一享年十九葬省城杉吼
岡無嗣
成卓字瓊芳聚才三子母陳氏生於道光癸卯十一
月初六終於民國丁巳八月初七享壽七十二葬横頭里
孔岡妻赤勘陳氏無嗣
齡卓字培芳秋才長子母周氏生於道光辛丑正月
十八終於民國壬子十一月二十五享壽七十二葬西邊
坑妻竹逕關氏妾勞氏林氏無嗣
升卓字焕芳秋才次子母周氏生於道光丁未十二
月初二終於光緒庚子十月十八享年五十四葬西邊坑
妻孔邊方氏妾高氏無嗣
洪卓字健芳秋才三子母周氏生於咸豐丙辰十一

月二十六終於民國甲寅四月二十二享壽六十二葬大
坑岡妻竹逕關氏妾吳氏三子　必良　又良　六弟早
亡
喬卓字　一才子母蘇氏生於道光壬午九月十三
終於咸豐癸丑三月初十享年三十二葬沙岡無嗣
千卓字連芳號愛枝二子長子母陸氏生於道光丙
戌八月十六終於民國甲寅十一月十四享壽八十九葬
獅頭岡妻梁氏繼娶陳氏妾林氏五子　鉅良早亡　政
良早亡　紫良早亡　仲良　教良
山卓字有芳號聚仙二才次子母陸氏生於道光戊
子十二月十三終於光緒壬辰六月初十享壽七十六妻
赤勘陳氏終於光緒甲午十二月初十五子　清良早亡
池良　仕良早亡　煥良　鑑良
積卓字溢芳二才三子母陸氏生於道光庚寅五月
初七終於光緒丙申十一月十七享壽六十七妻竹逕關

氏終於民國辛亥正月二十五合葬區家后岡二子　大
良　餘良
笑卓字　二才四子母陸氏生於道光丁酉十月初
二終於咸豐乙卯十二月二十三葬沙岡無嗣
來卓字儀芳進才三子母李氏生於道光戊申六月
初五終於光緒丙戌二月十九享年三十九葬大竹園妻
丹竈謝氏三子　順良　樹良　閏良
聯卓字群芳尚才三子母陸氏生於道光戊申十二
月二十四妻本里方氏繼娶韶關蕭氏三子　翕良早亡
弼良早亡　昭良
堯卓字廷芳尚才四子母陸氏生於道光庚戌十二
月二十妻赤勘陳氏終於宣統已酉十二月十七享壽六
十葬韶關西河塡入龍歸大路邊西向一子　驥良
橋卓字定芳尚才五子母陸氏生於咸豐甲寅十二
月初六妻大杏杜氏六子俱早亡

道卓字仁芳尚才六子母陸氏生於咸豐己未七月
初四妻本里陳氏一子　毅良
興卓字蘭芳滿才子母謝氏生於咸豐乙卯二月初
九終於光緒丁亥八月十三享年三十三葬大坑岡妻麗
山陳氏二子　定良早亡　允良
聰帶字耀芳有枝長子母陳氏生於嘉慶己卯三月
二十七終於同治乙丑六月初八享年四十七葬沙岡坐
壬向丙兼亥巳之原妻莘涌李氏妾李氏梁氏三子　祝
良妾李氏出　佳良李氏出　舉良梁氏出
坤帶字禮芳倫枝繼子生母陳氏生於道光丁亥十
月初七終於同治丙寅巳兼壬丙之原妻西城游氏一子
迪良
宗帶字　奕枝子母潘氏往省城住
賓帶字文芳連枝長子母麥氏生於道光乙未六月
十六終於光緒己丑七月初十享年五十五葬雪黎山埠

妻高氏二子　盛良早亡　珠良早亡
佑帶字澤芳連枝次子母麥氏生於道光甲辰五月
二十三終於光緒丁亥六月十七享年四十四葬三丫銜
妻沙浦周氏無嗣
初帶字　球枝長子母梁氏生於道光已亥十一月
十四終於咸豐已未四月初三享年二十一葬獅頭岡無
嗣
明帶字誠芳球枝次子母梁氏生於道光辛丑十月
初五外出終葬莫考妻大杏杜氏一子　錫良
興帶字啓芳球枝六子母梁氏生於道光戊申六月
初五終於光緒已亥十一月二十享年五十二妻李氏四
子　惠良　本良　金良　交良
繼帶字殿芳純枝子母梁氏生於道光丁未十二月
初五終於光緒壬辰二月十五享年四十六葬白砂岡妻
陳氏四子　桂良　偉良　湛良早亡　作良

參帶字賽芳東枝長子母鄧氏生於道光戊申五月
二十終葬莫考妻本里陳氏二子　兆良早亡　顯良
鉅帶字盛芳東枝次子母麥氏生於咸豐已未九月
二十五終於光緒丙午十月初七享年四十八妻西城陳
氏一子　就良
根帶字　滿安子母　氏生於　往橫江住
胤波字　祖佑子母　氏生於道光乙酉十二月二
十二終莫考葬潤螺岡附祀崇祀祠無嗣
胤權字焕珍祖錫長子母葉氏生於嘉慶庚午六月
二十妻省城蕭氏終莫考葬潤岡附祀崇祀祠無嗣
胤華字　祖錫四子母蘇氏生於道光壬午九月初
八妻謝氏終莫考葬潤螺岡附祀崇祀祠無嗣
胤必字培珍祖庇繼子繼母區氏生於嘉慶已卯七
月初五終於道光壬寅八月初七葬潤螺岡妻蘇村陳氏
未娶歸家守節附祀崇祀祠無嗣

當權字　祖柱字母徐氏生於道光甲申正月初九
終享莫考葬潤螺岡附祀祠無嗣
貴發字達昌號聯海華帶次子母徐氏生於乾隆癸
丑六月十九終於同治庚午二月二十四享壽七十一葬
潤螺岡妻丹竈謝氏葬烏飯岡二子　良和　良森早亡
英發字杰昌號東海華帶三子母徐氏生於嘉慶甲
子正月二十終於光緒壬辰四月十八享壽九十一葬大
坑岡妻丹竈謝氏付祀崇祀祖二子　良以　良羽
源發字衍昌號寬海儒帶長子母張氏生於嘉慶丙
辰正月二十一也增登仕郎公生平謙恭接物孝友傳家
浚細涌以利耕農辦糧務以完　國課道光癸卯寅三月
二十一享年五十九妻蘇村黃氏合葬屈龍岡內向坐巽
向乾兼已亥外向坐乙向辛兼辰戌之原一子　良弼
泗發字作昌號振海儒帶次子母張氏生於嘉慶己
未十一月十九議叙八品公生平孝友素性堅剛同治丁

卯重建　始祖祠推為督理事事認真終於同治辛未五
月初五享壽七十四葬屈龍岡妻大渦張氏葬后岡四子
大騷早亡　良善　良言早亡　良吉早亡
廣發字偉昌號學海儒帶三子母張氏生於嘉慶辛
酉九月十八議叙八品公生平孝友兄弟堪嘉設教本房
裁成子弟留心族務排解紛争同治丁卯重建二十四享
壽六十九葬石牛石馬岡坐卯向酉兼甲庚之原妻灣頭
杜氏葬荔枝岡坐癸向丁兼丑未之原四子　新騷早亡
良鉽　良楫　良淳早亡
祖發字　丁大長子母劉氏生於乾隆辛亥六月初
七終於乾隆丙申十月十九葬區屋岡未娶早亡立一子
儀興
連發字　丁大次子母劉氏生於乾隆辛丑十一月
十一終於是年十一月二十未娶早亡立一子　意興
宗發字漢昌丁大五子母劉氏生於嘉慶癸亥二月

初二妻大岡林氏在省住終葬莫考一子　意興出繼
閏發字　鰲大子母陳氏生於嘉慶丁巳三月初二
終莫考葬何屋岡無嗣
喜發字懋昌遠大長子母劉氏生於嘉慶戊午五月
初七終於同治戊辰二月二十八享壽七十一葬大坑岡
妻大果杜氏一子　遇興
順發字應昌號仰峰遠大次子母劉氏生於嘉慶庚
申九月初九終於同治辛未四月十四享壽七十八葬竹
逕后馬岡妻沙頭岸梁氏三子　泰興　盛興　錦興
永發字憲昌遠大三子母劉氏生於嘉慶甲子十月
十四終於道光丙午十二月初六享年四十二葬大坑岡
妻丹竈謝氏繼娶麗山陳氏其謝氏葬潤螺岡無嗣
興發字翰昌遠大四子母劉氏生於嘉慶戊寅九月
十三終於咸豐庚申十月十三享年四十三葬大坑岡妻
關氏三子　享禮早亡　添禮早亡　津禮

平發字謚昌輝大長子母陳氏生於嘉慶己未四月
十四終享莫考葬省城北門外妻省城區氏無嗣
沄發字　輝大次子母陳氏生於嘉慶己巳正月初
七終莫考葬省城杉吼羅姓義墳無嗣
齊發字　輝大三子母陳氏生於嘉慶丁丑八月十
八終莫考葬省城白雲山無嗣
冬富字奇昌路龍子母梁氏於乾隆己丑十月十一
終於道光癸未四月二十五享年五十五葬烏飯岡妻赤
勘陳氏二子　萬興　聚興
洋輝字姚昌秋霖長子母杜氏於嘉慶庚申二月十
八終於咸豐壬子八月二十享年五十三葬大坑岡坐丁
向癸兼未丑之原妻旺邊蘇氏葬西邊坑五子　福興
裔興早亡　禄興　榮興　華興早亡
澤輝字惠昌秋霖次子母杜氏生於嘉慶壬戌九月
二十三終於咸豐戊午七月初八享年五十七妻西城游

氏合葬石仔岡坐艮向坤兼丑未之原妾高氏無嗣

滿輝字成昌秋霖三子母杜氏生於嘉慶癸酉十月

十七終於光緒丙于八月初三享壽六十四葬大坑岡坐

午向子兼丙壬之原妻小杏何氏三子　來興　賜興

仁興

德富字仁昌長帶長子母杜氏生於嘉慶甲子十二

月二十三終於同治戊辰五月十四享壽六十三葬丹竈

碧石岡妻旺邊蘇氏葬大坑岡三子　牛才　狗才　來

才

盛富字顯昌長帶次子母杜氏生於嘉慶庚午十一

月十三終於咸豐乙卯十月初九享年四十六葬烏飯岡

妻龍池陳氏二子　廣才　遇才

炳富字振昌興帶長子母陳氏生於嘉慶癸亥五月

二十二終於道光戊申七月二十三享年四十六葬逕墟

岡西向妻蘇村陳氏二子　添才　長才

潤富字浩昌興帶次子母陳氏生於嘉慶癸酉十二月初八終於咸豐甲寅四月二址八享年四十二葬獅頭岡妻大杏張氏葬后岡無嗣

基富字健昌發帶子母杜氏生於嘉慶己巳十二月十六妻大杏陳氏在省城貿易終葬莫考三子　珠才　輝才　著佑

元富字華昌達帶長子母陳氏生於嘉慶戊辰七月二十六終於咸豐壬子八月二十六享年四十五葬烏飯岡坐巽向乾兼巳亥之原無嗣妻大仙岡陳氏

勝富字以昌達帶次子母陳氏生於嘉慶庚辰十一月初五終於咸豐丁巳五月初七享年三十八葬莫考妻陳氏無嗣

金富字貫昌號寶海禄帶長子母徐氏生於嘉慶丙子八月十一終於光緒辛卯八月初三享壽七十六葬大坑岡坐南向北之原妻甘氏六子　大鵬　大萬　大有　大四

大鰲　大海
玉富字　禄帶次子徐氏生於嘉慶戊寅三月初十終
於同治癸亥六月十六享年四十六葬省城妻方氏無嗣
滿富字贊昌號壽海禄帶三子母徐氏生於道光癸未
七月十五終於光緒甲午享壽七十二合葬沙岡妻鍾氏二
子　大滔　大培
堂富字　禄帶四子母徐氏生於道光乙酉七月十八
終於道光癸卯正月初八葬獅頭岡無嗣
再富字貴昌號福海禄帶五子母徐氏生於道光丁酉
八月十六終於光緒乙丑四月二十九葬大坑岡妻馮氏三
子　大維出繼　大光　大利
錦富字繼昌仁帶長子母張氏生於乾隆壬子九月十
三終於道光己丑十月初五葬白雲岡妻蘇村徐氏二子
有成　有就
耀富字永昌仁帶次子母張氏生於嘉慶丁巳六月十

八終於道光己未六月初三葬何屋岡無嗣
廷富字敬昌仁帶三子母張氏生於嘉慶癸亥三月
初四終於同治庚午六月二十四享壽六十八葬大松岡
妻大杏麥氏二子　有連　有林
如富字裕昌仁帶四子母張氏生於嘉慶乙丑二月
十四終享莫考葬省城拉茶坑妻蘇氏陳氏無嗣
長富字盈昌號雨泉仕振長子母何氏生於嘉慶庚
午七月十六終於光緒丁丑十一月十七享壽七十一葬
三丫街路上級坐巽向乾之原妻大杏杜氏二子　鉅堂
釗堂
長潤字澤昌號灝泉仕振次子母何氏生於道光壬
午閏三月初十國學生終於咸豐甲寅八月十八享年三
十三葬三丫街岡妻沙頭岸梁氏孀居孤守四十三年撫
訓三子以成人享壽七十二葬大坑岡三子　汝堂　榮
堂　華堂

長帶字定昌學大長子母李氏生於嘉慶丁丑十二
月初三終於同治乙丑三月初六享年四十九葬省城杉
吼羅姓義墳妻杜氏無嗣
長順字　福大繼子生母李氏生於道光癸未八月
初三往佛山住
長進字　順昌繼子生母李氏生於道光己丑五月
十四終享莫考葬省城杉吼羅姓義墳無嗣

季房二十二世
務庶字　逢立子母方氏生於乾隆乙巳五月十三
未娶而亡終葬莫考立一子　成經
務榮字成基逢日長子母陸氏生於嘉慶丙寅三月
初三葬馬鞍岡脚妻　氏無嗣

務富字林基逢日三子母陸氏生於嘉慶壬申八月
初八終葬莫考妻勞氏一子　成英
務享字錫基逢高長子綫陳氏生於嘉慶丙寅六月
十九終莫考妻方氏俱葬省城義墳立一子　成永
務多字啓基逢高次子母陳氏生於嘉慶辛未十一
月初十終於光緒庚辰十二月初六享壽六十九葬后岡
妻關氏繼娶鄧氏五子　成文　成朋　成寵　成就
成亮俱鄧氏出
務邦字創基達高三子母陳氏生於嘉慶壬申七月
二十八終莫考葬省城義墳妻高氏五子　成秋　成細
成永出繼　成才　成悌早亡葬后岡
務聖字敏基逢高四子母陳氏生於嘉慶丁丑二月
二十六終於咸豐乙卯十二月二十四享年三十九葬后
岡妻別適無嗣
務本字仁基逢昌長子母游氏生於乾隆戊申十一

月十八終莫考葬區屋岡繼娶龔氏六子　新騷早亡方
氏出　成登早亡　成進　成君早亡　成經出繼　成
干俱龔氏出
務生字　逢昌三子母游氏生於嘉慶甲子正月二
十四終於咸豐丙辰八月十七享年五十三葬區屋岡無
嗣
奴婢字順基仕爵長子嫡母梁氏生母陳氏生於道
光乙酉閏七月十九終於光緒丁丑十月十五享年五十
三葬村頭岡妻何氏一子　成臻早亡
務彩字　美發子母方氏生於嘉慶癸酉終莫考葬
省城義墳無嗣
遠光字和經文佳長子母張氏生於嘉慶壬戌八月
二十二終葬莫考妻大杏甘氏無嗣
祥光字　文佳次子母張氏生於嘉慶壬申五月初
七終葬莫考無嗣

以光字　文元長子母區氏生於道光壬午二月初
三終葬莫考無嗣
乾光字卓經文元次子母區氏生於道光乙酉六月
二十六終於宣統辛亥十月十六葬后岡妻杜氏一子
繼桐
仕光字　文元三子母區氏生於道光丁亥九月初
五終葬莫考無嗣
定光字　文元四子母區氏生於道光巳丑八月初
三終葬莫考無嗣
迎斌字為經士華長子母謝氏生於乾隆乙未十二
月十五終於道光癸未三月初九葬屈龍岡西向之原妻
陳氏三子　繼志　繼獻　繼臨早亡
秀斌字文經士華次子嫡母謝氏生母林氏生於乾
隆壬子七月初三終於嘉慶辛未二月二十四享年二十
葬村后岡北向之原妻本里區氏立一子　繼彰

安泰原名儀斌字浚經士華三子嫡母謝氏生母林
氏生於乾隆甲寅五月初九道光丁亥報捐即用縣尉在
籍候選有志移風易俗介達鄉中保良會道光癸卯纂修
族譜終於咸豐甲寅四月二十享壽六十一葬村尾岡邊
南向之原妻本里陳氏妾簡氏二子　繼彰陳氏出出繼
繼昭簡氏出

遂斌字懷經士華四子嫡母謝氏生母林氏生於嘉
慶戊午十一月十四終於道光癸巳九月十四葬后岡南
向之原妻沙頭岸梁氏無嗣

堯斌字明經士龍子母黃氏生莫考終於道光丙戌十二
月初六葬屈龍岡西向之原妻梁氏三子　繼祖　繼平
繼光

錫斌字純經正弟長子母張氏生於乾隆辛亥五月
二十五終於同治癸亥三月二十五享壽七十三葬獅頭
岡妻方氏葬村后岡繼室孔氏葬獅頭岡六子　繼中早

亡　繼知早亡　繼羊　繼狗　繼蟲　繼能俱孔氏出
盛斌字　正弟次子母張氏生於乾隆癸丑九月二
十五終莫考葬村后岡無嗣
登朝字協經文會子母方氏生於嘉慶庚申二月十
五終葬莫考妻黃氏妾麥氏二子　炳焯　炳標俱麥氏
出早亡
須勤字為光遂熊長子母徐氏生於乾隆庚戌十二
月初八終於道光壬辰四月初十葬村后岡妻梁氏繼娶
杜氏二子　御開　啓開俱杜氏出
須儉字銘光號敬賢遂熊次子母徐氏生於乾隆癸
丑四月十三終於同治甲子正月二十七享壽七十二葬
村后岡妻陳氏三子　寧開　柏開　榮開
須鑒字觀光遂熊四子母徐氏生於嘉慶丁丑二月
初七終於同治丙寅十二月初六妻陳氏合葬區屋岡無
嗣

邇升字　新和長子母李氏生於道光戊戌七月二
十五往香山黃浦住妻　氏四子　聯興　勤興　阿九
阿觀
尚升字　新和次子母李氏生於道光辛丑九月二
十九往香山黃浦住
章升字文邦興和長子母吴氏生於嘉慶丙辰十月
初六終於同治丁卯八月二十四享壽七十二葬省城杉
吼岡妻陳氏三子　達群　盛群　汝群
順升字贊邦興和次子母吴氏生於嘉慶庚申　終
於咸豐甲寅十一月二十三享壽六十五葬省觀音山后
妻徐氏一子　錫群
元升字振邦義和子母陳氏生於嘉慶丙辰　妻
氏二子　超群外出　茂群外出
善才字麟謙在寧子母杜氏生於道光丙戌九月終
於同治乙丑正月二十八享年四十妻何氏合葬竹逕岡

繼娶陳氏無嗣
心才字　顯寧子母杜氏生於咸豐丙辰終於同治
壬戌正月十八葬大坑岡無嗣
作才字金謙斌寧長子母陳氏生於道光甲辰十二
月二十八終於光緒壬寅十月初九葬后岡妻方氏二子
杰忠　衎忠
地才字求謙斌寧次子母陳氏生於咸豐壬字十月
初六妻麥氏一子　兆忠
德才字尚謙修寧子母張氏生於道光甲辰九月二
十九終於民國壬子十二月初一葬后岡妻大渦張氏妝
氏五子　建忠　祺忠俱張氏出　元忠　亨忠早亡
成忠俱庶出
居才字　邦寧子母陳氏生於咸豐甲寅九月二十
五出洋
樂才字和謙廣寧子母陳氏生於道光戊申六月二

十三終於民國辛酉正月二十六葬大坑岡妻陳氏無嗣
熾才字長謙啓寧長子母甘氏生於道光癸卯三月
十八終於民國乙卯十一月二十三葬石仔岡妻張氏一
子　珍湖
意才字鉅謙啓寧次子母甘氏生於道光庚戌十月
二十一妻陳氏先故葬横塘李岡二子　拔湖　允湖
接才字進謙啓寧三子母甘氏生於咸豐丁巳正月
初六終於民國戊午九月二十九葬横塘李岡妻馮氏三
子　就湖　揖湖　初湖
閏才字元謙號澤年綿寧長子母何氏生於咸豐辛
亥十一月初七妻陳氏妾潘氏
占才字盛謙錦寧四子母何氏生於咸豐庚申九月
十五終於光緒丙申十一月初五葬紅毛埠錫山妻陳氏
二子　堯忠　流忠
志才字錫謙錦寧五子母何氏生於同治壬戌九月

二十八妻大杏薛氏妾李氏一子　為忠李氏出
信才字友謙綏寧繼子生母潘氏生於道光已丑九
月十七終於光緒丁丑六月二十三葬后岡妻劉氏二子
滔隆　贊隆
令才字政謙海寧次子母潘氏生於道光庚子三月
十六終於同治甲戌四月初一葬后岡妻何氏一子　達
隆
寬才字　海寧三子母潘氏生於道光甲辰十一月
十六終於光緒戊子九月十四葬火磚山妻　氏無嗣
亮才字聯謙海寧四子母潘氏生於道光丁未八月
二十二終於光緒甲辰三月二十三葬石仔岡妻李氏三
子　蚤隆　宇隆　新隆早亡
運才字　海寧五子母潘氏生於道光已酉七月十
五終於光緒　五月二十三葬火磚山妻關氏無嗣
成才字守謙永寧長子母陳氏生於嘉慶丁丑正月

三十終於同治庚午八月二十七享年五十四葬后岡妻
杜氏繼室林氏三子　仕隆　裕隆　浩隆俱林氏出
　喜才字志謙永寧次子母陳氏生於嘉慶己卯十一
月初十終於　十月二十二葬后岡妻陳氏二子　昌隆
紹隆早亡
　沛才字湛謙永寧三子母陳氏生於道光丁亥九月
初四終於咸豐庚申五月　妻陳氏合葬竹逕岡一子
隆早亡無嗣葬竹逕岡
　高才字　永寧四子母陳氏生於道光壬寅四月十
二終莫考葬后岡無嗣
　拾才字鳴謙輝寧子母黃氏生於道光丙申八月十
九妻陳氏出洋
　富才字　壽寧子母陳氏生於道光庚子十月初一
終於同治丙寅八月二十葬大坑岡無嗣
　緒才字禮謙著寧子母劉氏生於道光癸未二月二

十三妻馮氏先故葬省大北門外象岡繼室温氏七子
鑑湖馮氏出　鉅湖馮氏出　鍔湖温氏出　鍰湖馮氏
出　多湖温氏出　敖湖温氏出　鏗湖温氏出

柏才字桐謙卷寧長子母陳氏生於道光戊申九月
初六妻大杏張氏三子　周湖　潘湖　詳湖

樫才字清謙卷寧次子母陳氏生於咸豐乙卯十二
月二古終葬莫考妻大杏張氏一子　澤湖早亡

景才字新謙卷寧三子母陳氏生於咸豐丁巳九月
二十四終於宣統庚戌十月十三葬伏水岡妻蘇村陳氏
妾何氏三子　林湖陳氏出　南湖陳氏出　北湖何氏
出

盈才字　以寧子母　氏生終葬莫考

岸才字仰謙梅寧子母林氏生於咸豐甲寅二月初
五妻梁氏四子　元湖　相湖　津湖　瑗湖

健才字仰謙泉寧子母蘇氏生於道光壬午十一月

二十八終於光緒丙申三十二葬大坑岡妻西城游氏二
子 煒湖 新湖早亡
干才字繼謙官寧子母方氏生於道光乙酉六月二
十六終於光緒戊寅五月初八葬市口岡嘴妻杜氏四子
悦湖 庚湖出繼 貞湖 相湖早亡
贊才字 恩寧子母陳氏生於道光丙午五月初五
終於同治戊辰三月十五葬潤螺岡立一子 庚湖
添才字國謙詢寧三子母甘氏生於道光壬午二月
二十終於民國乙卯二月十二葬后岡妻游氏繼室黄氏
一子 近湖游氏出
益才字暢謙詢寧四子母甘氏生於道光丁亥三月
十五終葬莫考妻別適無嗣
桂才字 詢寧五子母甘氏生於道光己丑二月十
四終葬莫考無嗣
遇才字 詢寧六子母甘氏生於道光庚寅十二月

二十五終葬莫考無嗣
聚有字　占元長子母杜氏生於道光乙未五月十
三終葬莫考無嗣
近有字　占元次子母杜氏生於道光庚子五月初
五終於道光戊申　葬后岡無嗣
堂禮字　浩源長子母區氏生道光壬午正月十二
終於道光癸卯三月初六葬省城白雲山青龍嘴無嗣
純禮字粹能浩源三子母區氏生於道光丁亥三月
初十終於光緒辛巳六月十八享年五十五葬區伏岡妻
丹竈謝氏一子　其太
儒禮字英能浩源四子母區氏生於道光甲午二月
十三終於光緒癸卯正月初四葬后岡妻丹竈謝氏一子
恢太
柏禮字柱能浩源五子區氏生道光丙申三月初八
終葬莫考妻關氏二子　猷太　為太

鈿禮字彥能浩源六子母區氏生於道光庚子六月二十八終於光緒庚辰十一月十一享年四十一葬后岡妻丹竈梁氏一子　禧太

周禮字作能浩泉繼子生母區氏生於道光庚子十一月十二終於同治壬戌二月初六享年四十三葬后岡妻本里方氏無嗣

廣禮字　殿源長子母勞氏生於道光戊戌三月十四終於光緒癸未二月初十享年四十六妻陳氏合葬省城義墳一子　蘇太

秉禮字　殿源次子母勞氏生於道光庚子七月二十九終於光緒甲申二月十三享年四十五妻朱氏合葬省城義墳無嗣

政禮字　殿源三子母蘇氏生於道光壬寅七月初四終葬莫考妻陸氏無嗣

崇禮字道能瓊揚長子母陳氏生於道光己丑十月

二十終葬莫考妻大果杜氏一子　宏太
敦禮字衍能瓊揚次子母陳氏生於道光丁酉七月
十五終於光緒丙子二月初三享年四十區石仔岡妻大
杏科氏葬市口岡繼娶朗心馮氏一子　培太
汝漢字升能祥長子母陳氏生於道光己丑六月二
十六終葬莫考妻河南芳草黃氏一子　炳昆
汝成字閏能敬祥次子母陳氏生於道光丙申三月
初四終葬莫考妻周氏二子　炳楠早亡　炳林
勝才字　恒發長子母徐氏生道光庚寅十月二十
二終於光緒丁巳十一月初七葬后岡無嗣
現才字　恒發次子母徐氏生於道光丁酉正月十
二終於咸豐庚申十月二十葬區屋岡無嗣
瑞才字　恒發三子母徐氏生於道光己亥六月二
十六終葬莫考無嗣
蔭才字燕能滿發長子母黃氏生於道光戊申十二

月二十二妻蘇村陳氏一子 高太
自才字 滿發次子母黄氏生終葬莫考無嗣
鴻才字 紹發子母黄氏生終葬莫考無
仕勤字顯能新發長子母陳氏生於道光壬午三月
二十七終於光緒庚辰三月二十九享年五十九葬后岡
妻林村林氏四子 聯太早亡 閏太早亡 庚太 利
太
仕有字建能新發次子母陳氏生於道光丙申正月
二十終於光緒甲辰十一月十五葬石仔岡妻孔邊方氏
一子 珍太
仕英字 新發三子母陳氏生於道光辛丑十二月二
十三終葬莫考無嗣
仕載字亮能新冬長子母陳氏生道光丁酉十月初
七終於同治丁卯六月二十一享年三十三葬潤螺岡妻
本里方氏二子 開太 祥太

仕繼字緒能新冬次子母陳氏生於道光辛丑三月
十七終於光緒己卯三月二十四享年三十九葬潤螺岡
妻西城潘氏無嗣
仕富字貴能新冬三子母陳氏生於道光己酉三月
初九終於光緒丙申十二月二十五葬大坑岡妻孔邊方
氏一子　廣太
仕政字意能新興子母楊氏生於道樂戊戌十二月
二十四終葬莫考妻冼氏一子　寬太早亡無嗣
仕禮字國能新安長子母何氏生於道光壬寅七月
初五終於光緒壬寅十一月十四享壽六十一葬后岡妻
本里梁氏無嗣
仕應字京能新安次子母何氏生於道光甲辰五月
十八終於光緒壬寅十二月二十六享年五十九葬后岡
妻本里方氏無嗣
仕昆字壯能新安三子母何氏生於咸豐辛亥九月

初九終於光緒癸卯四月十四葬伏水岡妻番禺黄氏四
子忠太　尚太　曉太　當太
仕明字遠能新安四子母何氏生於咸豐甲寅九月
十一終葬莫考妻鶴山吕氏無嗣
仕梁字棟能新會子母區氏生於咸豐乙卯十月二
十八妻大杏甘氏妾林氏六子　莊太　基太　海太
享太　旋太俱甘氏出　橋太林氏出
仕成字以能新秋長子母杜氏生於道光甲午四月
初一終我緒丁亥六月初八葬省城杉吼妻何氏五子
凌太　枝術　全太　生太　星太
仕坤字　新秋次子母杜氏生於道光丙申二月二
十七早亡
錦全字雲珍錫味子母方氏生於同治戊辰五月十
五妻大果鄧氏繼娶渦村李氏二子　赤桐　淡桐俱李
氏出

仕鰲字名珍號聘朝蒲振子母温氏生於道光庚寅
八月十八終於光緒戊申正月十九享壽七十九葬石仔
岡妻蘇坑黄氏五子　萬桐　亮桐　相桐　樂桐　壽
桐早亡
仕仰字翹嵩蒲茂子母林氏生於道光庚寅十一月
初五終於光緒丁未九月十五葬竹逕岡妻丹竈謝氏一
子　聯倉
苟　字華秀蒲偉子母陳氏生於　七月初五妻陳
氏一子　福才
根基字遂元蒲開長子母潘氏生於咸豐辛亥七月
二十二終於　癸酉五月初十享年二十二葬市口岡妻大
果陳氏無嗣
深基字道光蒲開次子母潘我生於咸豐癸丑十月
二十二終於光緒丁酉正月十六葬伏水岡妻西城游氏
二子　坤長　妹長

添基字經元蒲開三子母潘氏生於咸豐丙辰十月初一終於光緒庚子五月二十三葬竹逕岡妻石龍村區氏妾丹竈梁氏三子　全長　佑長　曠長俱梁氏出

溢基字紹元蒲開四子母潘氏於咸豐庚申九月二十三終於民國癸丑八月初三葬竹逕岡妻小杏何氏一子　金長早亡

燎基字庭元蒲開五子母潘氏生於同治癸亥正月初九終於光緒丙戌二月二十九享年二十四葬屈龍妻孔邊方氏無嗣

教基字　蒲開六子母潘氏生於同治丁卯七月初九終於光緒辛巳十一月十地享年十五葬屈龍岡妻大仙岡陳氏未娶歸守

業才字鴻珍清蘭長子母徐氏生於道光庚子十二月初五終葬莫考妻蘇村徐氏一子　象桐

迪才字懷珍肖蘭次子母徐氏生於道光癸卯二月

十九終於光緒庚辰正月二十四妻示勘陳氏合葬竹逕

岡無嗣

志昆字尚培輝揚子母陳氏生於咸豐壬子十二月

初九妻西城游氏一子　勝恩

耀昆字德培泗楊子母潘氏生於光緒庚辰八月初

六妻竹逕馮氏妾蘇村陳氏

鉅昆字剛培念揚子母陳氏生於同治庚午二月十

二妻大杏梁氏一子　勝洛

應聰字　連德長子母游氏生於道光丁亥十月二

十終葬莫考無嗣

然聰字　連德次子母游氏生於道光辛丑八月十

五終葬莫考無嗣

啓能字千祥祖勝次子母杜氏生於道光甲辰八月

初一妻蘇村陳氏一子　湛光

啓旺字達祥祖勝三子母杜氏生於咸豐壬子十一

月十一終於民國丙辰九月初七享壽六十六葬竹逕岡
妻大渦張氏一子　炳光
有幸字升賢敦典次子在氏生於道光丁未十二月
二十九終於光緒　八月二十七葬竹逕岡妻赤勘陳氏
妾　氏四子　初靖陳氏出　初牛　初芬　新騷三名
俱早亡庶出
有德字　典能長子母劉氏生於咸豐壬子十一月
實十終於民國庚申十一月二十享壽六十九葬竹逕岡
終身未娶無嗣
有泰字　典能次子母劉氏生於同治壬戌二月初
八終於同治丙寅五月初六葬后岡早亡
有津字　彩造子母方氏生於同治已巳十月初三
終葬莫考
有泉字　尚桐長子嫡母陳氏生母謝氏生於同治
壬戌六月十一終於同治癸亥七月二十四葬省城杉吼

胞至初銘兼祀

有聯字炳賢別字澡雲職名炳賢尚桐次子嫡母陳
氏生母謝氏生於同治甲子七月初六自少業儒天性聰
處世忠厚抑已利人年十六出應試歷蒙惲徐名學使招
覆張廣府鄒知縣出案皆前列后因事終未獲選士人惜
之遂弃儒就商於美洲雖身在异邦而心則時時懷念
祖國時駐秘國李參贊經叙委囑籌辦越南防務經費集
款鉅萬异常出力得由監生以直州州判分省補用旋升
以實缺知縣分省補用加給五品頂戴光緒二十二年二
月二十二日奉
旨賞戴花翎民國二年癸丑九月廣東民政長李任
命為鎮平縣知事因北京内閣總理財政部總長熊電聘
入都參商政未果泣任光緒二十八年介辦闔族義學以
新智識教訓子至認捐全堂應用書籍三年成才甚衆光
緒丁亥修譜任編輯民國辛酉修譜族衆舉為督修辦理

鄉事族事皆見義勇為鄉人德之妻孔邊方氏清封宜人
治家勤儉性情和靄奉待翁姑教訓子女均克盡婦道生
於同治甲子五月二十七終於民國丁巳正月十五享年
五十四葬竹逕岡秀山公山下坐午向子兼丁癸之原二
妾江氏先故三妾冼氏三子　初銘兼祀　脆伯　初植
俱方氏出　初權冼氏出

有根字立賢尚桐三子嫡母陳氏生母謝氏生於同
治庚午閏十月二十三妻伏水陳氏一子　初苗

有盛字永賢晉楚長子母甘氏生於道光丁亥十一
月初五終於光緒庚辰正月二十享年五十五葬后岡妻
蘇村陳氏終於民國戊午九月十二葬岡嘴四子　初宏
初笋　初棉　初學

有朋字標賢晉楚次子母甘氏生於道光庚子正月
二十二終於光緒庚辰四月二十享年四十一葬省城杉
吼妻高氏終葬莫考無嗣

有敬字　晉興長子母謝氏生道光已亥五月十一
終於道光甲辰七月初五葬竹逕岡早亡
有才字超賢晉興次子母謝氏生於道光辛丑四月
二十七終於光緒辛巳九月二十六享年四十一葬省城
杉吼妻李氏終於　七月十七葬竹逕岡一子　初珍
有題字　晉饒子母勞氏生於咸豐辛亥七月二十
終葬莫考
有恒字　新開長子母陳氏生於同治庚午九月初
一終葬莫考
有干字　新開次子母陳氏生於光緒丙子三月二
十四終於宣統辛亥三月二十九從事革命陣亡葬省城
黄花岡烈士墳
有煊字　新開四子母陳氏生於光緒庚辰三月二
十八
有林字　新開五子母陳氏生於光緒癸未五月十

五

有枝字森賢進儉次子母李氏生於光緒甲申九月
初一妻沙浦杏周氏三子　初蓮　初葉　初柱

有發字高賢進儉三子母李氏生於光緒戊子五月
初九妻丹竈馬氏一子　初丁

紹德字智亮廣福長子母林氏生於乾隆丁酉十月
初五終葬莫考妻馮氏葬后岡繼娶梁氏一子　祖澤馮
氏出

紹能字勝亮廣福次子母林氏生於乾隆乙巳四月
初一終於道光甲午三月初十葬后岡妻李氏二子　祖
社　祖恩

綸原名紹麟字宗亮號獅山保赤長子母陳氏生于
乾隆戊子八月十四公小讀興起后學終于道光癸巳九
月二十九妻大杏甘氏合葬逕墟岡存神門側南向四子
祖榮　祖輝早亡　祖耀　祖光早亡

紹獻字　保赤次子母陳氏生於乾隆癸巳十月十
五未娶而終於嘉慶辛未十月二十三葬行路地頭
梁材字成亮嵩赤長子母李氏生於乾隆甲寅七月
二十一終於咸豐乙卯六月初一享壽六十二葬大地妻
小杏黃氏葬官山海口二子　祖華　祖國
梁柱字建亮號挺之嵩赤次子母李氏生於嘉慶丁
巳二月二十地生平硬介有才同治丁卯重建始祖祠推
為督理事事皆實心實力焉終於光緒丙子十月十六享
壽八十妻陳氏合葬后岡一子　祖級
紹馴字維亮福赤長子母陳氏生於乾隆乙未七月
初六終於道樂癸未七月初三區行路妻陸氏一子　求
聚
紹昌字敬亮福赤次子母陳氏生於乾隆終於道光
年月日莫考葬順德龍山妻　氏別適無嗣
紹梅字顯亮四福子母陳氏生於乾隆丁未七月十

一終於咸豐丙辰十一月十一享壽七十妻孔邊方氏合
葬沙岡一子　根珠
紹明字啓亮五福子母梁氏生終莫考葬省城妻本
里方氏三子　華東失傳　華照失傳　華河失傳
恩芳字德新卿發長子母梁氏生於乾隆戊申六月
初四終於道光乙未三月初五享年四十八葬沙岡坐卯
向酉兼乙申之原妻横村劉氏三子　以和　以信　以
端
恩寵字德惠號仁峰卿發次子母梁氏生於嘉慶丁
巳六月初一公生平有智慧同治丁卯重建
始祖祠推為督理量度咸宜焉終於光緒丁丑十月
二十四享壽八十一妻蘇村陳氏合葬行路上級一子
以敦
恩遠字德孚號峻峰卿發三子母梁氏生於嘉慶癸
亥閏七月初七終於光緒丁亥正月二十九享壽八十五

葬横塘里后岡妻沙浦陳氏葬市口后岡三子　以約
以鎮　以時
恩沾字德潤卿發四子母梁氏生於嘉慶丙寅十一
月二十九終於道光庚戌二月二十一享年四十二妻伏
水陳氏合葬市口后岡妾楊氏二子　以祺陳氏出　以
敬楊氏出
恩苗字德裔卿雲長子母謝氏生於乾隆乙卯十一
月二十終於道光丙寅正月初九葬岡嘴妻大杏薛氏一
子　以善早亡
恩萱字德明卿雲次子母謝氏生於嘉慶丁巳九月
二終於咸豐己未十月十二享壽八十妻幸涌李氏合葬
岡嘴無嗣
恩勇字　卿雲三子母謝氏生於嘉慶己未八月初
五終莫考葬上坑岡早亡
恩榮字德華號彩峰卿雲四子母謝氏生於嘉慶壬

戌二月二十終於同治壬申三月二十九享壽七十一妻
丹竈謝氏合葬市口岡嘴無嗣
恩茂字德林號松峰卿雲五子母謝氏生於嘉慶甲
子四月二十八終於光緒丁丑九月初八享壽七十三葬
市口岡嘴妻渦村李氏無嗣
恩蒲字　卿雲六子嫡母謝氏生母游氏生於嘉慶
庚午四月初七終莫考葬大坑岡未娶無嗣
恩莊字德彪卿雲七子嫡母謝氏生母游生於嘉慶
戊寅十一月二十一終於道光甲辰十一月二十一享年
二十七葬大坑岡妻關氏別適一子　以流
恩祖字德培卿福長子母方氏生於乾隆丁未十一
月三十終於嘉慶乙亥四月二十六享年二十九葬區屋
岡坐巳向亥兼巽乾之原妻清塘陸氏一子　以勤
恩誥字德健卿福次子主氏生於乾隆壬子四月二
十三終於嘉慶壬申九月十七妻謝氏合葬后岡坐坤向

艮兼申寅之原立一子　以湖

恩波字德盛卿福三子嫡母方氏生母梁氏生於嘉慶庚辰三月初四終於同治乙丑七月初十享年四十六妻冉里林氏合葬后岡三子　以周　以貢　以嚴

恩濟字德旋卿福四子嫡母方氏生母梁氏生於道光壬午四月十六終於同治癸亥四月初七享年四十二妻大杏張氏合葬后岡三子　以湖出繼　以琚　以初

恩裕字德饒卿禄長子母劉氏生於乾隆辛亥十一月二十一終於嘉慶壬戌正月初六葬后岡妻謝氏合葬立一子　以仁

恩普字德揚號秀峰卿禄次子母劉氏生於嘉慶丁巳十月初八終於咸豐己未六月二十六享壽六十三葬獅頭岡妻謝氏繼娶張氏同葬逕墟岡坐乙向辛兼卯酉之原再娶譚氏葬西瓜岡四子　以仁出繼　以讓　以衡謝氏出　以禮張氏出

大廷字恒政號庸生卿襄長子母麥氏生於乾隆癸丑五月二十六議叙九品公一生平和有智慧咸豐甲寅紅匪乳推為鄉正斷事明決有條不紊攻匪保良正直端方和睦鄉黨忠厚致誠終於同治乙丑四月二十六享壽七十三

誥贈奉政大夫妻西城游氏

誥贈宜人游太宜人生於乾隆甲寅十一月二十九終於同治己巳正月二十六享壽七十五合葬丹竈龍岡坐庚向甲兼申寅之原十子 奔揚 鷹揚 清揚 恂揚 福揚 宇揚 菊揚 高揚 翅揚 賡揚

大任字友政卿襄次子母麥氏生於嘉慶丁巳三月二十八終葬莫考妻關氏一子 森揚

大仰字廣政卿襄五子嫡母麥氏生母蕭氏生於嘉慶戊辰四月二十終於道光戊戌四月初六享年二十一葬省城北門外青龍岡嘴妻林氏一子 揮揚早亡

大儀字昌政卿元繼子繼母　氏生母麥氏生於嘉慶辛酉三月二十三終於道光丁未十一月十三享年四十七葬上坑岡妻謝氏無嗣

大佐字德政卿領繼子繼母徐氏生蕭氏生於嘉慶乙未九月二十終於道光甲午九月十五享年三十六葬上坑岡妻小杏黄氏二子　景揚早亡　秋揚

大安字德寧卿品長子母陳氏生於嘉慶戊午正月二十四終於道光丁酉四月二十享年四十葬旺邊荔枝岡妻陳氏别適無嗣附祀行素公

大寬字　卿品次子母陳氏生於嘉慶壬戌終於道光癸巳月日均莫考葬上坑岡未娶無嗣附祀行素公

大秉字　細妹長子母謝氏生於嘉慶乙丑正月十九終於道光壬辰十二月二十八葬佛山無嗣

大猷字協政細妹次子母謝氏生於嘉慶己巳九月初五終於咸豐戊午四月二十三享年五十六葬官山海

口岡妻陳氏葬區屋岡無嗣附祀仲學祖
作基字　世揚子母謝氏生道光壬寅十月十三終
葬莫考未娶無嗣
守基字勤緒世揚繼子繼母謝氏生母林氏生於道
光已亥十二月二十五終於咸豐辛酉十二月初二葬后
岡青錢祖山下級坐丁向癸兼未丑之原妻丹竈梁氏胞
侄兆杞兼祀
建基字啓緒錫揚子母區氏生於道光甲申正月十
四終於道光戊申四月十七葬后岡表錢祖山下級坐丁
向癸兼未丑之原妻方氏無嗣
培基字華緒繼祖繼子生母陳氏生於道光丁亥五
月初六即用把總終於同治癸酉八月十六享年四十六
葬伏水岡西向之原妻孔邊方氏四子　蘇早亡　心早
亡　兆林外出　松早亡
楠基字干緒鉅揚次子嫡母陳氏生母黄氏生於道

光己丑八月初六終於同治丁卯六月十八享年三十九
葬區屋岡漢基公右便坐丙向壬兼巳亥之原妻横村劉
氏無嗣
廣基字鴻緒鉅揚三子母陳氏生於道光巳丑十一
月初七終於光緒庚寅七月二十二葬潤螺岡妻大渦鄧
氏葬后岡妾何氏葬岡嘴六子　兆祥早亡　兆熙早亡
兆鏗早亡　兆柏　兆芳　兆芬早亡俱鄧氏出
漢基字綿緒鉅揚四子嫡母陳氏生母黄氏生於道
光辛卯十月初三終於咸豐癸丑七月十一享年二十三
葬區屋岡敏魁公右便坐丙壬兼巳亥之原妻别適無嗣
成基字紹緒鉅揚五子母陳氏生於道光癸巳正月
二十四終於光緒庚寅　月　日享年五十八妻竹逕關
氏合葬后岡二子　應綸早亡　兆桐
文基字翰緒鉅揚六子嫡母陳氏生母黄氏生於道
光甲午十月二十四終於光緒巳亥月日享壽六十八妻

大沙何氏合葬旺邊岡四子 兆兼早亡 兆簡 兆教
兆棟早亡

始基字興緒釗揚長子嫡母徐氏生母何氏生於道光己亥五月十八終於光緒辛丑十月 葬 坐艮向坤兼丑未之原妻大杏張氏葬區屋岡楠基山右便坐丙向壬兼巳亥之原繼娶陳氏一子 兆鐸陳氏出

壯基字丕緒號展雲國學生釗揚三子嫡母徐氏生母林氏生於道光癸卯六月十一妻沙浦陳氏終於民國乙卯三月二十三葬潤螺岡坐巳向亥兼丙壬之原妾張氏陳氏五子 兆杞兼祀伯守其陳氏出 兆騷早亡張氏出 兆吉張氏出 兆豐三妾陳氏出 兆年張氏出

國基字瑶緒釗揚四子嫡母徐氏生母何氏生於道光癸卯十二月初三終於光緒庚寅 月 妻竹逕關氏終於民國乙卯正月十三合葬區屋岡坐丙向壬兼巳亥之原無嗣

鈿基字鏡緒號蓉甫釗揚五子嫡母徐氏生母林氏
生於道光己酉正月初一報捐國學生提倡捐款興辦本
族義學倡議修築
始祖山墳首先捐款實力鼓吹倡辦挑築新涌接引隨龍
水歸
始祖祠前救旱利農修築大有圍决口歷己未庚申兩年
櫛風沐雨親力親為任勞任怨六姓舉為鄉正辦鄉事族
事實心實力焉妻孔邊方氏先故葬竹逕岡坐癸向丁兼
子午原妾陳氏簡氏五子　兆斌早亡　兆光早亡俱陳
氏出　兆永　兆沛　兆科俱簡氏出
升基字恒緒釗揚六子嫡母徐氏生母何氏生於咸
豐壬子十月初一終於光緒丁丑十二月初三葬坑表岡
坐乾向巽兼戌辰之原妻孔邊方氏未娶先故葬孔邊岡
繼娶大果杜氏二子　兆平　兆謙
旋基字慶緒釗揚七子嫡母徐氏生母何氏生於同

治壬戌二月二十二妻竹逕關氏三子　兆崧　兆河早
亡　兆生
　曠基字珍緒釗揚八子嫡母徐氏生母何氏生於同
治乙丑三月初九妻麗山孔氏先故寄葬上海三子　兆
廉　新騷早亡　兆松
　長基字高緒鈞楊長子母關氏生於咸豐乙卯十月
初二公生平孝友克儉克勤由儒別業技法丹青兼習岐
黄存心濟世著手成春處世和平待人謙厚内外無間言
矣終於光緒丁亥閏四月初二享年三十三葬潤螺岡坐
丁向癸兼未丑之原配孔邊方氏未娶先故葬孔邊岡繼
娶大仙岡陳氏二子　兆藻　兆恩
　熠基字榮緒鈞揚次子母關氏生於同治癸亥七月
十二妻蘇村陳氏先故葬潤螺岡坐巽向乾兼巳亥之原
妾隔海阮涌鄉區氏六子　兆卓　兆澎　兆勇　兆布
俱陳氏出　新騷早亡　兆燕俱區氏出

洛基字祥緒鈞揚三子嫡母關氏生母馮氏生於光
緒乙酉九月初八妻蘇村黃氏先故葬潤螺岡坐巽向乾
兼辰戌之原一子　兆術早亡
佑基字佐緒鈞揚四子嫡母關氏生母馮氏生於光
緒己丑七月初三終於民國辛酉四月二十四享年三十
三葬竹逕岡坐癸向丁兼丑未之原妻麗山陳氏二子
兆錦　兆淮
長興字元光成才長子母馮氏生於乾隆甲寅二月
二十五終於道光丙午九月初十享年五十三葬沙岡妻
大岡潘氏三子　新福　新挺　新蔭
長發字元茂成才次子嫡母馮氏生母張氏生於嘉
慶己卯八月二十五終於光緒壬午七月初六享壽六十
四葬沙岡妻大渦張氏一子　新騷早亡
長仁字元平成才三子嫡母馮氏生母張氏生於道
光甲申十月二十七終於咸豐丁巳月日莫考葬沙岡妻

別適無嗣
長勝字瑞光成會長子母李氏生於嘉慶己未正月
十八終於同治乙丑四月二十九享壽六十七葬沙岡妻
孔邊方氏三子　新意　新培　新奇
應宏字偉章憲光長子母高氏生於　己未九月十
八終於道光癸卯二月初六妻吴氏合葬細領五子　維
清　維瑶　維居早亡　維庸　維敏早亡華夏新村住
應有字彩章憲光次子母高氏生於　壬戌三月初
十妻游氏失傳華夏新村住
應泰字國章告光次子母梁氏生於　庚申七月十
四終於　甲寅八月二十六妻陳氏合葬細領四子　維
平失傳　維顯失傳　維時失傳　維由華夏新村住
應祥字順章告光三子母梁氏生於　乙丑七月初
四終於　辛未十一月十三妻馮氏合葬細領四子　維
和早亡　維益早亡　維以　維坤華夏新村住

松林字廣元健光長子母方氏生於道光辛卯十月初三終於同治辛未四月十九享年四十一葬岡嘴妻蘇氏一子 海榮

悦林字 健光次子母方氏生於道光辛丑九月初二終於咸豐辛酉十一月十二葬岡嘴妻本里方氏未娶歸守

遇林字浩元健光三子母方氏生於道光丙午九月十五妻何氏三子 鑑榮 㮋榮早亡 拔榮早亡

景林字超元禧彩子母梁氏生於道光戊戌十一月十九終於光緒癸巳五月二十七享年五十六葬竹逕岡妻李氏妾招氏一子 樂榮

允林字蔭元檔彩長子母馮氏生于咸豐辛亥九月初十終於光緒壬辰六月十五葬竹逕岡妻陳氏三子本榮 顯榮 江榮

放林字始元檔彩次子母馮氏生於咸豐丁巳三月

初一終於光緒丙申三月十三葬岡嘴妻何氏三子　喜
榮　堯榮　聶榮
炳林字　紹光長子母梁氏生於道光庚子十一月
二十七終葬莫考無嗣
璧林字　紹光次子母梁氏生於道光壬寅二月二
十九終葬莫考無嗣
金水字　興保子母　氏生終葬莫考無嗣
拱平字治初錦有子母陳氏生於同治癸亥九月初
六妻沙塘角梁氏六子　福樹　福楠　福漢　福獻早
亡　福求　福利早亡
信平字成初錦騷子母陳氏生於光緒戊寅三月初
六終於光緒丁未三月　葬竹逕岡妻丹竈謝氏無嗣
萬春字建祥貴平長子母陳氏生於道光丁酉正月
十七終光緒乙巳九月二十八享壽六十九葬竹逕岡妻
陳氏二子　興泰　興猷

萬富字溢祥貴平次子母陳氏生於道光戊戌十一月二十二終葬莫考妻陳氏繼娶黃氏二子　允自　永自俱黃氏出

萬爵字紹祥貴平三子母陳氏生於道光辛丑二月初七終葬莫考妻莫氏無嗣

萬順字國祥貴遠長子母杜氏生於道光庚子六月初一妻陳氏

萬德字道祥貴遠次子母杜氏生於咸豐甲寅六月二十終於光緒丙申九月十五葬竹逕岡妻李氏三子新騷早亡　福光　福標

萬開字啓祥貴遠三子母杜氏生於咸豐丁巳七月初九妻陳氏四子　福貴　福棉　福玲　福禄

端平字楷模錦華長子母黃氏生於嘉慶戊寅十二月初五終葬莫考妻杜氏一子　國輝外出失傳

廣平字　錦華次子母杜氏生於道光戊子十一月

十五終葬莫考未娶無嗣
芳平字良模錦梅子母陳氏生於道光丁未四月初
一終葬莫考妻陳氏葬橫塘李岡繼娶神氏葬竹逕岡一
子　國貞神氏出
衿平字搢初錦元長子母謝氏生於同治癸亥二月
初八終於光緒庚寅四月二十九葬竹逕岡坐艮向坤之
原妻大果杜氏一子　福基早亡
金平字恒初錦元次子母謝氏生於同治丙寅十一
月二十終於光緒甲辰八月二十一享年四十葬竹逕岡
妻赤勘陳氏一子　福葵
新平字喜初錦來長子母謝氏生於咸豐己未八月
初二妻丹竈謝氏七子　福祥　新騷早亡　福厚　福
添早亡　福賜　福安　福盛
昌平字　錦來次子母謝氏生於咸豐辛酉二月二
十六終葬莫考未娶

瑞平字　錦來三子母謝氏生於同治壬戌九月十
七終於光緒　二月二十二葬竹逕岡未娶
維平字明初錦來四子母謝氏生於同治己巳三月
十九經商美國念鄉族有勤捐之事見義勇為盡力樂發
麗山孔氏一子　新騷早亡
清平字潤初錦來六子母謝氏生於光緒丙子正月
二十妻丹竈梁氏三子　福慶　福澄　福潮
昭平字耀初錦來七子母謝氏生於光緒戊寅七月
十二妻丹竈梁氏一子　福餘
志平字　錦來八子母謝氏生於光緒辛巳三月初
四終於光緒　六月初二葬竹逕岡未娶
滿枝字　振宗子母葉氏生於嘉慶癸酉二月初九
終葬莫考無嗣
保枝字富能振剛繼子繼母陳氏生母何氏生於道
光癸卯九月初五終於光緒己丑十二月初八葬后岡坐

艮向坤之原妻張氏二子　日元　應元
和枝字瑞能振輝長子母何氏生於道光庚子十月
十四終於光緒丁亥閏四月二十五葬竹逕岡妻陳氏無
嗣
材枝字順能振輝次子母何氏生於道光辛丑八月
十六終於光緒丙申五月二十四享年五十七葬后岡坐
坤向艮之原妻黄氏五子　惠元　以元　旺元　偉元
卓元
盛枝字信能振輝四子母何氏生於道光丙午八月
二十二終於光緒辛卯五月二十四享年四十六葬后岡
坐坤向艮之原妻徐氏妾黄氏無嗣
連枝字錫能振榮長子母林我生於道光辛丑十二
月初四終於光緒戊寅十一月十六葬潤螺岡妻方氏繼
娶游氏一子　騷元游氏出
成枝字昭能振榮次子母林氏生於咸豐辛酉正月

十三終於民國癸丑十二月十二葬后岡妻陳氏一子
相元
養寧字懷安閏開長子母陳氏生於道光丁酉十一
月初五終於同治辛巳三月十九葬沙岡妻謝氏無嗣
贊寧字　閏開次子母陳氏生於道光辛丑十月十
三往東莞住
果寧字德安閏開五子母陳氏生於道光丙子七月
二十六終於光緒乙亥十一月十二葬竹逕岡妻張氏無
嗣
東寧字　閏歷次子母張氏生於咸豐乙卯　月終
於民國甲寅四月二十享壽六十葬省城杉吼妻梁氏無
嗣
西寧字　閏歷三子母張氏生終莫考葬后岡妻麗
山陳氏別適無嗣
魏寧字良安閏歷四子母張氏生於咸豐壬子二月

二十四終莫考葬岡嘴妻林村林氏別適無嗣
聚寧字會安閏珠次子母張氏生於道光已酉九月
二十七妻謝氏三子　汝韶　汝芬　汝勤早亡
實寧字　閏珠三子母張氏生於咸豐壬子正月二
十三終於民國癸丑十一月二十一享壽六十二葬岡嘴
妻華氏一子　汝振早亡
興矩字　輝長子母陳氏生於同治丙寅十月初四
終葬莫考未娶無嗣
興訓字　輝次子母陳氏生於光緒已卯七月初五
終葬莫考未娶無嗣
凌翰字宏本保禮長子母杜氏生於道光丙午二月
二十一終於光緒丁亥五月初九葬佛山妻竹逕關氏一
子　尹進
凌調字定本保章子母張氏生於道光戊申十月初
八終光緒甲辰正月二十四葬省城義墳妻潘氏三子

滚進　登進　澄進

凌泰字贊本保珍長子母黎氏生於道光甲辰九月初十終於光緒庚寅五月初十葬大坑岡妻蘇村陳氏三子　垣進　東進早亡　南進早亡

凌隆字湛本保珍三子母黎氏生於道光庚戌八月十五終於光緒己丑十一月二十四葬竹逕岡妻孔邊方氏二子　發進早亡　鐸進

凌良字　保昭長子母梁氏生道光庚戌八月十二終於同治甲戌二月初四葬　立一子　松進

凌安字錫本保昭次子母梁氏生於咸豐甲寅正月二十四終於民國丙辰十一月二十三葬潤螺岡妻小杏黄氏一子　松進出繼

凌北字鉅本保昭三子母梁氏生於咸豐庚申七月二十四妻大仙岡陳氏七子　一至三嫡出早亡　四五庶出早亡　蘇進庶出　赤進庶出

凌浩字　保昭四子母妗氏生於同治壬戌四月十
七終葬莫考未娶
凌苟字　保昭五子母梁氏生於同治癸亥十月初
二終於光緒丙申十一月初七葬潤螺岡妻陳氏一子
昆進
凌森字維本保儒長子母陳氏生於咸豐庚申九月
十二終於光緒己卯十二月十九葬潤螺岡妻辛涌李氏
無嗣
凌蘊字　保儒四子母陳氏生於同治已巳六月初
八終於光緒戊戌閏三月初十葬潤螺岡妻蘇村陳氏
凌桔字　保儒五子母陳氏生於光緒丁丑十二月
十七
凌紹字榮本保儒六子嫡母陳氏生母林氏生於光
緒丙戌三月十四妻何氏一子　水進
凌藻字　保儒七子嫡母陳氏生母林氏生於光緒

乙未閏五月十三
凌强字　保亮長子嫡母蘇氏生母梁氏生於同治
壬戌七月十六終於光緒戊寅七月二十三葬沙岡妻大
果仁氏未娶歸守
凌河字　保亮次子嫡母蘇氏生母梁氏生於光緒
甲申五月初四終於光緒丙午十一月二十九葬潤螺岡
妻沙浦陳氏妾徐氏
凌鑑字　保亮三子嫡母蘇氏生母梁氏生於光緒
丙戌十月初八終於光緒辛丑四月初八葬潤螺岡妻西
城游氏
凌基字根本保亮四子嫡母蘇氏生母梁氏生於光
緒甲午七月二十五妻歐陽氏
凌樞字　保亮五子嫡母蘇氏生母梁氏生於光緒
戊戌四月二十七
凌珠字順本保林次子母何氏生於同治乙丑正月

十七終於光緒乙未七月十二葬潤螺岡妻伏水張氏
凌載字升本保林三子何氏生於同治戊辰八月初
十妻旺邊吴氏三子　橋進　高進早亡　漢進
凌養字　保林四子母何氏生於同治辛未十月初
八妻陳氏
凌純字　保林五子母何氏生於同治甲戌五月初
七終於光緒已亥三月初一葬大坑岡
騰開字懿本號純軒新富子母陳氏生於嘉慶已巳
閏五月二科於光緒壬辰六月初八葬伏水羅傘岡坐乾
向巽兼亥巳之原妻丹竈謝氏四子　先童早亡　群進
驥進　貫進
成林字干本號迎高新榮長子母何氏生於嘉慶丙
寅六月初八終於光緒戊正月初二享壽七十葬大坑岡
妻林氏三子　添進　來進　基三子達訓出族缺名三
子之子　遇享　遇永

健林字銳本新榮次子母何氏生於道光壬午二月

二十八終莫考葬后岡妻林氏無嗣

同林字　新華長子母潘氏生於嘉慶甲子十月二

十二終莫考葬竹逕岡無嗣

相林字紹本新華次子母潘氏生於嘉慶戊辰正月

十六終葬莫考妻黃氏一子　興進往陽山住

胖林字慎本新茂長子母陳氏生於嘉慶丁丑十二

月二十九終於光緒辛卯四月十一葬后岡妻梁氏四子

凌進　顏進　德進　敬進

眷林字達本新茂次子母陳氏生於道光戊子二月

二十九終於宣統庚戌六月二十三葬后岡妻黃氏三子

魁進　梯進　報進

材林字國本基繼子生母潘氏生於嘉慶壬申四月

十三終葬莫考妻張氏別適一子　順進往連州住